大学生社会主义核心价值观教育创新研究与实践

陈 亮 ◎ 著

北京工业大学出版社

图书在版编目（CIP）数据

大学生社会主义核心价值观教育创新研究与实践 / 陈亮著. — 北京：北京工业大学出版社，2018.12（2021.5重印）
ISBN 978-7-5639-6517-5

Ⅰ．①大… Ⅱ．①陈… Ⅲ．①大学生－思想政治教育－教学研究－中国 Ⅳ．①G641

中国版本图书馆CIP数据核字（2019）第020755号

大学生社会主义核心价值观教育创新研究与实践

著　　者：陈　亮
责任编辑：申路好
封面设计：晟　熙
出版发行：北京工业大学出版社
　　　　　（北京市朝阳区平乐园100号　邮编：100124）
　　　　　010-67391722（传真）　bgdcbs@sina.com
经销单位：全国各地新华书店
承印单位：三河市明华印务有限公司
开　　本：787毫米×1092毫米　1/16
印　　张：10.5
字　　数：210千字
版　　次：2018年12月第1版
印　　次：2021年5月第2次印刷
标准书号：ISBN 978-7-5639-6517-5
定　　价：56.00元

版权所有　　翻印必究

（如发现印装质量问题，请寄本社发行部调换 010-67391106）

前　言

在全球思想文化交流交锋的大背景下，党中央提出了积极培育社会主义核心价值观的重大战略任务，这不仅是对以往历史经验的深刻总结，也是中国应对西方价值输出和构建社会主义和谐社会的重要举措。新世纪新阶段，我国意识形态领域面临着一系列新情况、新问题，社会主义核心价值观是社会主义意识形态的本质体现，加强社会主义核心价值观教育体现着时代的紧迫性和现实的重要性。高校是意识形态争锋的重要阵地，大学生是资本主义意识形态试图渗透的重要对象。

大学生思想政治教育是高校教育的重要组成部分，是培养当代青年的重要环节。教育大学生树立正确的世界观、价值观和人生观，是思想政治教育的根本任务。大学生是祖国的未来、民族的希望，是国家宝贵的人才资源，是社会主义建设事业的有生力量，是传承和弘扬中华民族优秀文化传统与价值观念的主力军。促进大学生健康成长成才，关系到祖国的前途与命运，联系着中华民族的伟大复兴，关切着中国梦的实现。加强大学生的思想教育，以社会主义核心价值观教育当代大学生，使他们树立起正确的世界观、人生观、价值观，这不仅是一个急需解决的重大理论课题，更是一个亟须解决的重大实践课题。

当前，全球化的浪潮已经延伸到世界的每一个角落，信息网络化的迅猛发展、改革的逐步深入以及社会转型的日趋发展等一系列的复杂形势给大学生社会主义核心价值观教育带来了冲击与挑战。因此，立足于新环境，通过科学的方法，加强对大学生社会主义核心价值观的教育工作，已是我国社会主义事业发展过程中必须长期坚持并要妥善解决的一个重大问题。

本书立足于社会主义核心价值观教育实践，以马克思主义的世界观和方法论为指导，结合时代境遇与大学生的特点和需求，系统研究了社会主义核心价值观教育创新的思想基础、基本原则、模式研究、实践探索等一系列问题。

由于作者水平有限，加之时间仓促，书中难免存在不足之处，敬请广大读者批评指正。

目 录

第一章 大学生社会主义核心价值观教育创新的背景解读 …… 1

 第一节 大学生社会主义核心价值观教育创新的文化基础 ……… 1

 第二节 大学生社会主义核心价值观教育创新的现实背景 ……… 9

 第三节 大学生社会主义核心价值观教育创新的丰富蕴涵 ……… 20

 第四节 新时代大学生社会主义核心价值观教育创新的重要意义 … 24

第二章 大学生社会主义核心价值观教育创新的挑战与机遇 … 31

 第一节 大学生社会主义核心价值观教育创新的环境 …………… 31

 第二节 大学生社会主义核心价值观教育创新的方法构建 ……… 40

第三章 大学生社会主义核心价值观教育创新的基本原则 …… 51

 第一节 大学生社会主义核心价值观教育创新的理念体系 ……… 51

 第二节 大学生社会主义核心价值观教育创新遵循的原则 ……… 63

 第三节 大学生社会主义核心价值观教育创新的具体方法 ……… 68

第四章 大学生社会主义核心价值观教育创新的模式研究 …… 79

 第一节 大学生社会主义核心价值观教育创新的模式概述 ……… 79

 第二节 大学生社会主义核心价值观教育创新的模式选择 ……… 80

 第三节 大学生社会主义核心价值观教育创新的机制构建 …… 104

第五章　大学生社会主义核心价值观教育创新的实践探索… 117

第一节　社会主义核心价值观与爱国主义教育实践………… 117
第二节　社会主义核心价值观与理想信念教育实践………… 129
第三节　社会主义核心价值观与道德教育实践……………… 143
第四节　社会主义核心价值观与法制教育实践……………… 151

参考文献……………………………………………………………… 161

第一章 大学生社会主义核心价值观教育创新的背景解读

第一节 大学生社会主义核心价值观教育创新的文化基础

一、价值、价值观、核心价值观、社会主义核心价值观

社会主义核心价值观之中的价值,是从哲学意义上讲的。马克思指出:"价值这个普遍的概念是从人们对待满足他们需要的外界物的关系中产生的。"马克思和恩格斯在他们的论著中多次谈到价值,其中有这样一句话:"工人存在的全部价值只不过在于他是一种生产力而已;资本家就是这样来对待工人的。"这句话表明,工人本身是一种生产力,所以他有价值。资本家之所以雇佣工人,就是因为工人是生产力、有价值,资本家把工人看作生产力而不是人。工人的价值大小就是他作为生产力为资本家带来利益的多少。所以,价值的存在是相对于另一方而说的,价值就表现为对另一方的有用性,价值量的大小也可以用有用性的多少来衡量。根据马克思的观点,我们可以看出,价值指的是一种关系范畴,是一种为我而存在的关系。价值既不是实体范畴,也不是属性范畴,而是关系范畴。价值只能相对于人而言,没有了人,即使是客观事物的自然属性依然存在,也谈不上有价值。价值离不开主客体的相互作用,是在实践的过程中实现的。"价值是主体在实践过程中建立起来的,以主体尺度为尺度的一种客体对主体的效应。"

关于价值观的界定,不同的学科研究的侧重点是不同的。"哲学关注价值观所反映的主体和客体之间的关系;伦理学关注价值观对人的行为的规范性;人类学关注价值观表达的文化特征;教育学关注影响价值观形成和改变的个体社会化过程及其教育干预;社会学关注社会结构及社会变迁对价值观的影响;社会心理学关注价值观的心理结构、过程、功能及其测量。"价值和价值观有什么不同呢?价值表现为客体对主体的客观效应,而价值观则是对价值的主观认识。价值是客观的,而价值观是主观的。价值观的形成是个人在总结生活经验的基础上,对事物各种价值的认识与概括。有什么样的世界观,就有什么样的人生观和价值观。同样,价值观也会影响人生观和世界观。世界观、人生观、价值观是相

互包含、相互影响的。关于价值观的定义，学者们有很多种提法，在总结这些经验的基础上，我们认为，价值观是人们对于客观世界中主客体效应关系的一种看法或者基本观念。

我国学术界对于核心价值观内涵的界定，是仁者见仁、智者见智，各抒己见。要把握核心价值观，首先要知道什么是核心。"核心"一词在现代汉语中，首先是指中心，其次是指事物有主导性的作用，再次是指事物中的主要部分。在社会众多的价值观中，既有一般价值观，也有核心价值观。核心价值观在众多价值观中，处于中心地位，具有主导性的作用，它规定或者影响其他价值观的形成和发展方向，在整个价值体系中，它占据主要的部分。可见，核心价值观既来源于价值观，又不同于一般价值观，它约束和统率其他处于非核心地位的价值观，而社会中各种价值观的总和又构成了价值体系。

社会主义作为一种制度形态，实际上也是一种价值观念体系。从广义上说，社会主义的价值观就是对社会主义的总的看法和根本观点，从狭义上说，社会主义价值观也是一个不断发展的历史范畴，在不同的历史时期和不同国家，其内涵和表现形式是不同的。社会主义由空想到科学，其间经历了数百年的实践探索，也形成了对社会主义价值观的诸多看法。其中既有科学的社会主义价值观念，也有非科学的社会主义价值观念。不同的价值观所处的地位和所起的作用是不同的。社会主义核心价值观则是指在社会主义核心价值观念体系中居于核心地位、具有指导作用，从深层次上回答社会主义的本质属性，在马克思主义理论体系中居于核心地位的价值理念。社会主义核心价值观贯穿于社会主义发展的始终，它是一个相对稳定的概念，体现着社会发展的内在需求和最终价值驱使。社会主义核心价值观具体包括哪些内容呢？国内外对这一问题都有较多的思考，如民主社会主义者认为"公平、互助、合作"是社会主义的本质特征，后现代主义者认为社会主义就是要为实现人的自由和全面发展创造条件。近年来，我国学界对社会主义核心价值观也进行了深入的探讨，如"自由、平等、和谐、民主、富强、友爱"等都被纳入社会主义核心价值观的研究领域。在对社会主义基本价值观的确认上，国内外学者达成了某些共识，也构成了社会主义制度的一些基础特征。在党的十八大报告中，明确提出了"三个倡导"的口号，倡导富强、民主、文明、和谐，倡导自由、平等、公平、法治，倡导爱国、敬业、诚信、友善，号召积极培育社会主义核心价值观。自此，十八大从国家、社会、公民三个层面概括出了社会主义核心价值观的内容、目标、取向和准则。这"三个倡导"所总结出的24个字的内容，勾勒出了国家的价值内核和社会的共同理想，形成了社会主义核心价值观的基本内容。

二、社会主义核心价值体系及社会主义核心价值观

什么是社会主义核心价值体系呢？笔者认为，社会主义核心价值体系是指建立在社会主义经济基础之上的价值认同系统，其内容涉及经济、政治、文化以及思想等社会生活的方方面面，它是社会主义意识形态的本质体现，也是社会主义思想道德建设的指导方针，是激励中华民族积极向上的精神力量和维系中华民族和睦团结的精神纽带。社会主义核心价值体系不同于其他类型社会的核心价值体系。封建社会的核心价值体系是为了维护封建

统治阶级的利益,在核心价值体系的内容与教育方法上都具有欺骗性。同样,资本主义社会的核心价值体系是为了维护少数资本家的利益,统治阶级作为资本家的代表,他们所宣扬的核心价值体系内容,他们教育公民所采用的方法,同样也具有欺骗性。无论是在资本主义社会发展的高峰期还是低谷期,支撑广大劳动者奋斗的始终是对物质财富的渴望,缺少精神层面的动力推动,这将成为资本主义社会走向灭亡的必然因素。而社会主义核心价值体系则产生于中国人民进行革命和建设的实践过程中,是中国共产党和广大人民对社会主义理想的共同追求,为广大人民所普遍认可。2006年,党的十六届六中全会中通过了《中共中央关于构建社会主义和谐社会若干重大问题的决定》,文中指出:马克思主义指导思想,中国特色社会主义共同理想,以爱国主义为核心的民族精神和以改革创新为核心的时代精神,社会主义荣辱观,构成了社会主义核心价值体系的基本内容。社会主义核心价值体系集中地体现了指导思想、理想信念、精神支柱以及道德规范四个价值层面,成为社会主义的精神内核。社会主义核心价值体系体现了社会主义的文化取向,是社会主义意识形态的本质体现,是在中国漫长的历史发展进程中形成的文明成果,能够保障我国经济、政治、文化的稳定与发展。

要理解社会主义核心价值体系,还应该明确它和社会主义核心价值观的关系。社会主义核心价值观与社会主义核心价值体系,两者虽然关系密切,不可分割,但还是有一些区别的。社会主义核心价值观是对社会主义核心价值体系精神的高度概括,是社会主义核心价值体系的灵魂,它用更形象、直观、具体的形式来展现社会主义核心价值体系的基本精神,对社会主义核心价值体系的构建具有引领作用。社会主义核心价值体系则是社会主义核心价值观的载体与表现形式,如果没有社会主义核心价值体系,也就不会产生社会主义核心价值观。社会主义核心价值体系的内容要比社会主义核心价值观的内涵广泛丰富得多。"社会主义核心价值体系,是对社会主义价值观、价值体系、核心价值体系的总的看法和最根本的观点。"社会主义核心价值体系是一个融汇了社会主义价值观、社会主义核心价值观、社会主义价值体系在内的有机整体,是一个内容丰富的多层次体系,它侧重的是理论与精神层面,而社会主义核心价值观侧重的则是现实层面的可操作性与引领性。两者之间是相互联系、有机统一和互相体现的关系。

三、思想政治教育与大学生思想政治教育及大学生社会主义核心价值观教育

思想政治教育,概括地说,就是指一定的政党、阶级或社会群体用一定的政治观点、思想观念、道德规范,对社会成员施加有目的、有计划、有组织的影响,使他们形成符合一定社会或一定阶级所需要的思想品德的社会实践活动。我国所从事的是马克思主义思想政治教育,和历史上一切剥削阶级的思想政治教育是有区别的。因此,需要对我国以马克思主义为引导的思想政治教育做进一步的说明,马克思主义的思想政治教育是为了保证党

和人民奋斗目标的实现，以宣传社会主义和共产主义思想体系，引领人们的政治态度，解决各种思想问题，提高思想、心理和道德素质，完善人格和调动积极性为根本任务的教育。因此，也可以说，思想政治教育也是一种完善人格的教育。

思想政治教育不仅能够促进社会经济、政治和文化等的发展，而且能够帮助个人成长，促进人的全面发展，具有一定的社会价值和个体价值。大学生作为社会主义建设的主力军，是国家和民族的希望，他们的思想素质如何，直接关系着国家和民族的未来发展方向，因此，大学生是思想政治教育工作的重点对象。一般来说，大学生思想政治教育是指高校通过一定的教育实践活动，使大学生具有符合一定时代、一定社会和人类自身发展要求的政治观念、思想观念和道德品质的教育活动。大学生思想政治教育是高校思想政治工作的重要内容，也是高校培养政治合格人才的重要保证。从教育内容来看，大学生思想政治教育包括系统思想政治教育、日常思想政治教育和心理健康教育几个方面。系统思想政治教育是高校思想政治教育的核心，包括科学的世界观、人生观、价值观、政治观、道德观、文明观等教育内容；日常思想政治教育是结合当前党和国家的形势政策和具体问题而进行的思想政治教育，它主要包括形势政策、革命传统、民族精神等几项教育；心理健康教育指的是大学生个性心理品质的培养与提高。

关于大学生社会主义核心价值观教育的界定，不同学者从自己研究的需要出发，对这个概念的内涵做了不同的阐释。有研究者认为"大学生社会主义核心价值观教育，就是通过对学生进行系统的教育，使其牢固树立起马克思主义指导思想，坚定中国特色社会主义共同理想，形成以爱国主义为核心的民族精神和以改革创新为核心的时代精神，并具有良好的社会主义荣辱观。简言之，就是要使大学生具备坚定的政治素养、较高的道德素质和科学的价值观"。有研究者认为，大学生社会主义核心价值观教育就是："以理想信念教育为核心，深入进行世界观、价值观和人生观教育；以爱国主义教育为重点，深入开展民族精神教育；以基本道德规范为基础，深入实施公民教育；以大学生全面发展为目标，深入开展素质教育。"有研究者认为："大学生社会主义核心价值观教育，就是要根据大学生的思想特点，通过多种途径、多种形式向大学生传播马克思主义理论，用社会主义核心价值观引领大学生的世界观、价值观和人生观。"国内研究者关于这一概念的论述还有很多，但总结起来，可以得出以下三方面的共同点：一是大学生社会主义核心价值观教育就是用社会主义核心价值观的内容武装大学生；二是大学生社会主义核心价值观教育的目标就是要使大学生提高政治素养，树立起科学的世界观、人生观和价值观；三是大学生社会主义核心价值观教育是一个全面而综合的过程，是要使大学生实现由认知到认同，由认同到践行的行为转化过程。由此，我们认为，大学生社会主义核心价值观教育就是以高校为依托，通过家庭、社会、网络等多种途径，运用多种方法，用社会主义核心价值观内容教育大学生，使其具有坚定的政治信仰，树立起正确的世界观、人生观和价值观，并在实践中形成良好的文明行为习惯的过程。

在经济全球化、政治多极化、高科技日益突飞猛进的新时期，高校大学生思想政治教育面临着一些亟待解决的现实问题，某些师生也存在着许多深层次的思想问题。党的社会主义核心价值观理论的提出，为高校思想政治教育工作的开展树立了前进的旗帜，提供了新的理论支撑，注入了新的动力。用社会主义核心价值观内容引领大学生思想政治教育工作，不仅是高校搞好党建工作的出发点，也是时代赋予高校的历史使命。

四、方法与思想政治教育方法及大学生社会主义核心价值观教育方法

简单地说，方法就是人们为了实现某种目的而采取的具体手段或者行为方式。方法一词，最早来源于西方古希腊，具有"道路"和"方向"的意思。在西方，英国哲学家培根把方法比喻为在黑暗中为行人照亮道路的明灯，在德国的《哲学和自然科学词典》中，方法又是这样被描述的："人的一切有意识、有目的活动的调节原则所组成的体系；达到业已精确陈述目的的途径。"而在我国古代，方法最初指的是度量方形的法则。这从《墨子·天之中》可以看出："中吾矩者谓之方，不中吾矩者谓之不方……是以方与不方……则方法名也。"在《现代汉语词典中》，方法是指"关于解决说话、思想、行动等问题的程序、门路等"。因此，结合中西方习惯上对于方法的认识，总起来说，我们认为：方法是人们在认识世界和改造世界的过程中，为了达到预期效果而采用的活动方式及其手段的总合。

方法并不能孤立地存在，任何方法的实施都必须依托于一定的途径，离开途径，方法就缺失了依存的载体。途径既有科学的，也有非科学的，既有捷径，也有弯路，非科学的途径是注定不能够实现目的的，而殊途同归则是指正确途径的多元性。任何方法都必须借助于一定的途径来实现，而任何途径，也必须借助于一定的方法才能实施，缺少方法的途径只能是想象中的途径，是注定无法到达目的地的。如对大学生进行社会主义核心价值观教育，就必须依托于家庭、社会、高校、课堂等诸多教育途径，但具体到教育的开展与落实，又需要借助于理论讲解、情感关怀等具体方法才能得以进行。可见，途径与方法的关系是密不可分、相互依赖、相互体现的。

要准确理解方法的概念，还需要把握好这几个因素：首先，方法是作为非实体性的因素存在的。方法作为一种抽象概念是存在于人的头脑中的，是看不见、摸不着的东西。虽然，人们为了达到一定的目的，必须借助于一定的实体工具才能实现，但方法本身是一种思想、一种智慧，是连接主体与作用对象的中介因素。其次，方法并不是一种神秘的东西，而是在人的实践活动过程中产生的，是人改造客观世界与主观世界的经验总结。随着人们实践经验的越发丰富，方法会愈加科学化与成熟化。最后，方法必须运用于实践。方法的存在以它的应用为标准，存在于头脑中的方法是否现实、是否实用，还必须经过在实际生活中进行试验。如果方法仅仅存在于思想之中，同样只能是一种想法而不是方法。总起来说，方法具有以下特征：

一是方法具有客观性。虽然方法不是实体性的东西，但方法不是凭空产生的，它是对

主体的客观活动的反映,是在主体实践经验的基础上产生的,是为了解决主体在改造客观世界以及主观世界的过程中遇到的问题而产生的。因此,方法的产生是一种客观现实的存在,是基于实践的需求而产生的,具体的方法本身必须依据现实的条件而产生,在现实的条件不允许的条件下,方法只能是空想或者幻想。

二是方法具有目的性。方法产生的首要目的就是解决实践活动中遇到的问题。没有了目的,也就不会有方法,目的是前提,方法是手段。只有科学的方法才能实现正当的目的,如果人的目的不正确,那么选择的方法就很难实现最终目的。

三是方法具有发展性。方法不是凝固不变的,不能守着陈旧的方法解决新问题。实践在发展,方法也要变化,各种方法之间也是相互交织、共同作用于目的的。没有孤立的方法,因为万事万物都是相互联系的,因此方法也是相互渗透、相互作用的。

四是方法具有系统性。很多种方法并不是杂乱无章地排列在一块的,而是有一定的结构体系。就方法而言,第一层次是哲学方法,它指导着一般的具体方法,具有为一般方法提供理论与方向的指引作用,如归纳法;第二层次是一般方法,它一般适用于某一个具体的学科,如系统论方法等;第三层次是具体方法,这种方法只适用于特定的行为目的,如治疗心理问题的心理咨询法等。而大学生社会主义核心价值观教育方法是教育者为了实现对大学生的教育目的而采用的,这样的具体方法以哲学方法为指导,借鉴一般方法,共同为实现教育目的服务。具体到思想政治教育方法,则是指教育者在思想政治教育过程中所采用的方式、形式、工具、程序等手段的总和,是教育者为了实现特定的教育目的所必需的中介要素和关系要素。在思想政治教育具体实施的过程中,教育者广泛采用的方法一般有理论教育法、实践教育法、情感教育法等。

大学生的社会主义核心价值观教育方法,是教育者为了实现社会主义核心价值观的教育目标而采用的各种手段的总合。大学生社会主义核心价值观教育方法是社会主义核心价值观教育的重要组成部分,它是发挥社会主义核心价值观教育激励与引导作用的重要手段,是实现社会主义核心价值观教育目标和影响社会主义核心价值观教育效果的重要因素。着眼于社会主义核心价值观的发展和对大学生教育效果的增强,这是一个具有重大理论价值和现实意义的课题。

大学生社会主义核心价值观教育方法是对思想政治教育方法的继承和发展,思想政治教育内容的宽泛性决定了它的使用方法的宽泛性,凡是符合思想政治教育的方法原则上也适用于大学生社会主义核心价值观教育。但是,从更严格的意义上来讲,社会主义核心价值观教育对思想政治教育的引领性,决定了大学生社会主义核心价值观教育方法更富有时代性和科学性,在教育主体方面更强调全员性和主动性。思想政治教育方法是大学生社会主义核心价值观教育方法的基础,分类极为细致和全面,如观察法、预防法等,这些都是思想政治教育的基本方法,只有有了健全的人格特征,才能为社会各类教育主体更好地开展好社会主义核心价值观教育工作准备好前提条件。大学生社会主义核心价值观教育方法更多地从宏观层面上来把控,而思想政治教育方法则主要是从微观和基础层面着手的。

大学生社会主义核心价值观教育方法具有一般方法的特征。首先，大学生社会主义核心价值观教育方法具有客观性。社会主义核心价值观的产生是社会主义建设事业发展的需要，也是人的精神世界发展的需要。一种先进的理念不会自动进入人的头脑中去，因此，这就要求对人的思想领域进行灌输教育，要求借助于一定的载体，需要科学的理论进行指导，方法的产生是自然而然的事情。其次，大学生社会主义核心价值观教育方法具有中介性。社会主义核心价值观教育方法不同于社会主义核心价值观教育的内容。社会主义核心价值观内容体系以知识形态的理论而存在，虽然大学生社会主义核心价值观教育方法也体现为一种思想、智慧、知识，但它是以工具形态而存在的，它联系着教育者和受教育者，体现了它的中介性。最后，方法和大学生社会主义核心价值观教育方法是一般和特殊的关系。一般意义上"方法"的内涵和性质，既有大学生社会主义核心价值观教育方法的一般属性，也是界定和阐释大学生社会主义核心价值观教育方法的理论基础。为了更好地把握住大学生社会主义核心价值观教育的方法，需要对其做进一步分析：

一是大学生社会主义核心价值观教育方法产生的依据。大学生社会主义核心价值观教育是一项意识形态教育工作，意义深远，国内外形势复杂，加上大学生是国家的宝贵人力资源，同时又处于青春期，各方面还很不成熟，思想容易冲动。所有这些前提条件决定了教育方法选择的多层次性。它既不同于某一具体学科特有的方法，也不同于研究自然科学所运用的方法，但是这些方法都可以为其所借鉴。大学生社会主义核心价值观教育方法属于教育学、心理学、伦理学等学科研究的一部分，和思想政治教育有很多交叉的内容，但它也有自己本身的特点，政治色彩浓厚。因此，一定要突出大学生社会主义核心价值观教育方法自身的特色，在选择方法上，需要注意这几个方面：首先，方法的选择要符合大学生进行社会主义核心价值观教育的要求。社会主义核心价值观是中国共产党带领人民在革命与建设的过程中形成的文明成果，是国民发展的精神支柱，是社会主义事业稳定的风向标。社会主义核心价值观教育是社会主义核心价值观建设的一部分，大学生社会主义核心价值观教育方法具有工具性特征，它要始终围绕社会主义核心价值观培育这个目的去进行。其次，大学生社会主义核心价值观教育要充分体现意识形态建设的特点。意识形态建设是一个国家的精神动力部分，也是人们加强自身素质建设的重要内容和途径。大学生社会主义核心价值观教育，要根据意识形态的发展、变化需求来确定教育的形式与方式。再次，大学生社会主义核心价值观教育方法要符合社会发展的需求。社会主义核心价值观教育实际上也是社会主义现代化建设的一个方面。虽然大学生社会主义核心价值观教育方法是一种主观性的形式，但它的选择是依据于客观现实而进行的，是对社会存在的反映，是社会发展的一部分内容，是解决人与人关系、人与社会关系的重要手段，因此，方法的选择一定要符合社会发展进步的需要，体现出时代性与科学性。最后，大学生社会主义核心价值观教育方法要认识到大学生自身的认知能力和实践能力。方法具有很强的实践性与操作性，选择什么样的方法，如何实施这些方法，这本身就像是一门艺术。教育者不管如何去选择与操作，都要根据受教育者本身的特点，不能脱离开受教育主体的实际状况。

二是大学生社会主义核心价值观教育方法的结构层次。体系性是方法的特征之一，大学生社会主义核心价值观教育方法也具有这样的层次性。就方法而言，第一层次是原则性的方法，它为大学生社会主义核心价值观教育提供了原则性和方向性的指导，使其具有科学性与合理性。原则性方法为具体方法的选择提供依据，保证具体方法不偏离意识形态教育的性质和方向，是具体方法开展的准则要求。它不仅具有方法论的特征，也具有实践性特征，如政治性原则、创新性原则等，既体现了原则性方法的特点，也符合科学性与时代性的要求。第二层次是大学生社会主义核心价值观教育的具体方法。具体方法是大学生社会主义核心价值观教育开展的具体方式，是根据受教育者的特点选择的实践性方法。如环境优化法、网络互动法等。第三层次是大学生社会主义核心价值观教育方法的实施技巧。手段和工具选好了，是否能实现预定的目的，这就需要运用一定的技巧去掌握工具，良好的操作方式和技巧是有效实现教育目的的重要条件。根据以上对方法的层次性分析可知，在方法的选择与运用方面，主要是指第二层次的具体方法。

三是大学生社会主义核心价值观教育方法和方法论的关系。要深刻理解大学生社会主义核心价值观教育的方法，还需搞清楚大学生社会主义核心价值观教育方法与方法论的关系。从联系方面来说，方法和方法论都是在教育者对教育对象进行教育的过程中，为了实现一定的教育目的，在总结实践经验的基础上产生和实施的。对大学生社会主义核心价值观教育方法的总结和提炼，可以上升为理论的高度，形成方法论。可以说，没有大学生社会主义核心价值观教育方法，就不会有方法论，反过来，如果没有方法论的理论指导，大学生社会主义核心价值观教育的方法就很难把握方向。从区别来看，大学生社会主义核心价值观教育方法是手段和工具，是联系教育者和大学生的中介因素，是围绕着大学生身心特点而进行教育的具体方法。而方法论是使方法上升为理论层面的东西，有助于具体方法更好地实现，它与教育双方没有直接的联系，对教育目标的实现具有间接性作用。

四是大学生社会主义核心价值观教育方法的价值目标。在此，价值目标不仅仅指大学生社会主义核心价值观教育方法本身，作为工具性手段本身价值的实现，也包括教育主体经过一定的教育过程，实现对教育对象的预期教育目的。具体来说，价值目标的实现包括两个方面的内容：一是大学生社会主义核心价值观教育方法的价值目标。通过方法的实施，使教育目的实现最大化效果，为此，在方法的选择方面要具有科学性和适用性。二是指教育者通过运用一定的教育方法，实现对受教育对象的教育目的。教育者通过对大学生的教育，一方面使大学生在个人素质方面得到提升，积极地投身到社会主义事业的建设中，增强其爱国爱民的情感，提升思想水平，锻炼其意志，规范其行为，使其做一个积极向上的好公民；另一方面，教育者通过对大学生社会主义核心价值观的教育，使这支有生力量进一步做好宣传与带动工作，巩固社会主义意识形态建设，使越来越多的公民都具有良好的素质修养，增强社会成员的责任心，共同促进社会的和谐发展，维护社会主义制度建设，实现社会主义核心价值观的社会价值。

通过以上分析可以看出，大学生社会主义核心价值观教育和思想政治教育内容是有区别的，表现为社会主义核心价值观对思想政治教育的指导和引领作用。教育内容的不同决定着教育方法也不会完全相同，表现为大学生社会主义核心价值观教育方法的选择更加规范与严谨，对教育方法实施者的要求更高，对教育合力的依赖性更强等。大学生社会主义核心价值观教育方法的选择与实施效果，成为决定大学生社会主义核心价值观教育是否成功的关键性问题。

第二节 大学生社会主义核心价值观教育创新的现实背景

面临全球化、市场化、信息化、去中心化和多元化的时代大背景，生存于其中的每一个人都需要顺应这个时代的要求调整自己、发展自己。大学生群体也是如此。对他们进行社会主义核心价值观教育不仅仅是为了使他们适应时代对其生存与发展所提出的客观要求，而且也是为了使他们承担起时代新发展赋予社会高层次人才的新任务，即以先锋模范作用引领整个社会的价值观念。因此需要着重分析对大学生群体进行社会主义核心价值观教育的外部境遇，以便深入理解这一任务的时代必然性。

一、最现实的时代背景——全球化

全球化是当今世界不可逆的潮流，无论是社会主义国家抑或是资本主义国家都无一避免地卷入这一潮流之中。随着全球化的发展和深入，它显然已经不仅仅局限于经济和技术交流的范畴。全球化给社会主义核心价值观教育带来的影响有利有弊，我们应在弄清全球化内涵与实质的基础上，把握机遇，应对挑战，更好地融入全球化进程中，并在全球化的进程中趋利避害。

（一）全球化使人与人之间的全面依存关系得到深入发展

世界市场的日趋拓展使得物质资料、精神产品在全球范围内"共享"，打破了国家和民族的局限，形成了资源在全球范围内流动和传播的态势。随着生产力发展水平和对外交往水平的提高，不同国家之间、民族之间的交流与合作越来越频繁，其中"地域性"的个人也已被"世界历史性的个人、经验上普遍的个人所代替"。人与人之间的关系变化为全面的依存关系，各个看似独立性的个人在世界体系之中都有着普遍的联系和交往。

全球化是由经济领域的全球化所引领的政治、文化等多领域的全球一体化进程，故而，经济全球化、政治全球化、文化全球化乃是全球化表现的应有之义。其中，在意识形态领域，以文化全球化影响最为突出，即便对还在学校围墙之内的大学生群体来说，也产生着不可估量的作用。

文化全球化浪潮来势汹汹，各国文化不仅仅是国家软实力的象征，也是各国之间交往的纽带。随着各国交往越来越密切，文化在综合国力中的作用也越来越突显。科学的进步、技术的发展，使得交流手段越来越先进，交流渠道越来越多样，某种文化的流行，很容易演变为全球范围内的时尚。如韩流席卷全球、好莱坞电影遍布世界，这些都是鲜明的例子。文化全球化一方面促进了各国文化的交流，另一方面也极大地冲击着本土文化。

正是在这种多元领域中的冲突与合作造就了世界历史性的个人，形成了这种个人之间的普遍交往。现代社会之中，任谁也无法逃脱人类发展中的这一最为现实的时代背景。

（二）全球化背景下的价值观教育的必要性

全球化已然是不可抗拒的潮流，以前所未有的速度席卷世界每一个角落。在这种背景下，如果人们还处于封闭、对抗的关系中的话就会变得落后，而开放、合作则给人们带来双赢、共赢。这就要求人们在相互交往中打破种族、国别、地区、宗教、文化等的界限和不同，超越具体主体的个性化需要和多样性诉求，在诸多共同的、统一的目的和需要的引导下，从整体、全局的视角来看待问题，特别注意相互之间的关系、利益的协调一致。因此，在开放性、多样性的具体主体的价值取向之间，也必然存在着社会的、历史的统一性或一致趋势。在这样的大环境中，尤其是在全球化已加速了人们普遍交往和越来越密切的依存关系的前提下，价值观念的冲突在所难免。

不同文化、不同背景的各个国家要在世界各价值文化碰撞中竞争、生存、发展，就必须要适应全球化所提出的挑战。中国自鸦片战争被迫打开国门之时，中西两大文明在价值观念上的碰撞就已出现，并持续至今。放眼世界，西方价值体系、中华价值体系和伊斯兰价值体系，以及世界其他本土价值理念之间的接触、融合十分频繁。

在全球化浪潮下，西方的拜金主义、享乐主义、个人主义等不良思想传入中国，不仅腐蚀着意志不坚定者的内心，更使得他们在不良思潮的影响下，对中国特色社会主义共同理想产生怀疑，对社会主义核心价值观产生动摇。西方思潮的传播，不仅仅带来了多元的文化和习俗，同时也为西方国家意识形态的渗透打开了便利之门，很容易使对西方社会缺乏实际了解的人心生向往，甚至对当前国内社会环境产生误解和质疑，在心理上逐步向西方社会靠拢。因此，在全球化浪潮中、在对外开放进程中抵御西方不良思想就显得尤为重要。适应全球化和增强民族认同是全球化背景下培育和践行社会主义核心价值观不可回避的一项辩证课题。正如亨廷顿所言："人类在文化上正在趋同，全世界各民族正在日益接受共同的价值、信仰、方向、实践和体制。"

在竞争如此激烈的全球舞台上，想要有一席之地，唯有提高自身的文化软实力。提高文化软实力很重要的一点在于对本国文化有着充分的自信，这在我国体现为对中国特色社会主义共同理想的坚持、对社会主义核心价值体系的支持、对社会主义核心价值观的认同。在多元文化激荡的今天，唯有明确民族文化的重要性，以民族文化为主导，才能立于世界之林，让世界更加了解中国文化，以促进世界更好地了解中国。以社会主义核心价值观为核心，不断对其进行完善，使群众对本国文化更有归属感、更有自信，使人民的行为有所约束和规范，以此促进社会主义共同理想的实现，从而更好地建设中国特色社会主义。

面对全球化的冲击，我们需要正视西方意识形态的渗透与挑战，不断完善社会主义核心价值体系建设，捍卫我国意识形态安全，以社会主义核心价值观来引导中国特色社会主义建设事业持续走向新的高峰。

二、最基础的时代背景——市场化经济

市场经济是当代影响中国发展的最重要的社会因素之一。改革开放以来，市场化改革一直是中国社会的普遍共识和共同价值取向，对于改革的想法和方式可能不统一，但对于市场经济的选择却取得了高度一致。改革开放的深入发展使得中国社会主义市场经济高速发展，取得了举世瞩目的成绩。但市场经济在给社会带来巨大发展和进步的同时，也给人们的精神世界带来了不可忽视的撞击，当前社会中与市场经济发展不相适应的精神文化建设问题日益突出。精神文化建设比之市场经济的迅猛发展来说显得相对滞后，因此出现了一系列的社会精神层面问题，如道德受损、精神倦怠、信仰动摇，等等，一些人最后走上违法犯罪的道路，令人惋惜。正是这种种的问题，需要我们重视社会主义核心价值观的践行。

（一）市场经济的竞争性特征

市场经济是以市场为基础，实现资源有效配置的一种经济运行方式。资源配置的有效性体现了社会效率，对于效率的追求，使各市场主体不得不具备竞争意识。竞争是市场经济的一大特点。同时，市场经济产生于西方资本主义国家，追求私利是其永恒的目标。在市场经济体制下，人们的经济活动均与经济利益息息相关，所以趋利成了市场经济的又一重要特征。

一方面，竞争性的市场化激发了个人的主体性和能动性。以"为我性"为主要标志的独立个人在竞争中谋取自身利益。个人可以自由地进行买与卖，缔结平等的交易关系。市场化的竞争不仅通过这种自由的交易满足了人们的基本需求，而且丰富了人的社会关系，促进了人的价值实现，使人们更具竞争力，更有效率，有了更多的闲暇时间，促进人更全面地发展。但另一方面，在传统社会中，人们对社会伦理具有自己的底线和准则，通常会恪守自己内心信仰的人生观、价值观。然而，当前这些准则、信仰却受到严峻的考验。社会上一系列令人发指或心痛的事件、现象背后，实际上反映了人们内心出现的不同程度的道德失落、理想缺失、信仰危机；市场经济使得贫富差距拉大，许多人失去了心灵的宁静，产生了诸如焦虑、紧张、浮躁、无奈、受挫等情绪问题，最终导致个体的心理失衡；同时，由于缺乏精神支撑，拜金主义、享乐主义、个人主义乘虚而入，精神生活缺失，现实生活被物化。

同时，这种竞争性的以个人利益为目标的经济形式还暗藏着异化的逻辑。在《资本论》中，马克思发现了资本主义剥削的秘密——"剩余价值"，深化了这种市场竞争所带来的

异化实质。市场经济使人对物的依赖加剧,由此带来了拜金主义、个人利己主义、享乐主义,对社会主义道德观产生了强烈的冲击。一切旧道德烟消云散,有的只是在金钱关系掩盖下的人与人之间的物化关系。

人类社会历史的发展证明,物质生活对人们的精神生活具有反作用,物质生活的增长会给人们的精神生活带来深刻的影响。但是一个社会中物质生活的丰裕并不代表精神生活的进步,也不一定能带来一个充实的精神生活。在一个社会,如果只有物质财富而缺乏精神财富的话,这个社会必然是一个有缺陷的社会,"一个民族、一个国家,如果没有自己的精神支柱,就等于没有灵魂,就会失去凝聚力和生命力,有没有高昂的民族精神"。一个没有精神支柱的民族是没有前途的,也是无法屹立在世界先进民族之林的。

(二)市场化背景下的价值观教育的必要性

务实是现代人的一种生存法则,但人作为人本身,或者说因为人在生存之外还有"生活"的需要,所以人还必须学会"务虚",在现实之中保持一种守望理想的姿态。竞争化的市场充斥着短期的理性算计,一些需要相当长时间才能见效的东西必然容易被忽略。

大学生作为未来参与市场经济的一大重要群体,在市场化的竞争中必然发挥着重要的作用,同时也深受市场化竞争性特征所带来的积极与消极的双重影响。大学生群体为这个竞争日趋激烈的市场贡献知识力量,同时,他们的行为模式、思维方式和价值观念也受着这个市场化时代深刻的反作用。这主要表现在以下两个方面:第一,竞争性的市场经济使得大学生的竞争意识有所增强。随着社会主义市场经济的建立,经济体制的改革使得高校就业制度也发生了改变。市场经济背景下,我国高校实行"自主择业,双向选择"的政策,一方面提升了大学生就业的自主性,另一方面也加剧了就业的竞争性。双向选择不仅意味着大学生可以根据自身的情况选择自己喜欢的工作,也意味着用人单位拥有用人的自主权,意味着用人单位对于大学生的个人素质,无论是专业知识还是个人能力抑或素质品行都有了更高的要求。为了适应市场发展和职业能力的要求,他们会产生一种"危机"意识和"竞争"意识,从而不断地提升自己,培养各方面的能力,使自己成为一专多能的人才,拓宽自己的专业面和知识面。第二,竞争性的市场经济对大学生的辐射效应还体现为大学生群体受物化关系的影响,其社会关系有功利化、自私化的倾向。一方面,大学生的价值取向无论是对于个人抑或是社会发展都有着重要的意义;另一方面,大学生在当前社会转型的关键时期尚未形成与市场经济相适应的价值观,大学生在人生价值的问题上还受到市场经济所带来的消极影响的冲击。市场经济的逐利性,会产生拜金主义和极端利己主义,这就很容易产生见利忘义、坑蒙拐骗、损人利己的现象。因此,引导大学生树立与市场经济相适应的价值取向尤为必要。

三、最活跃的时代背景——信息化发展

不同的时代背景、历史环境和生产方式会带来不一样的生活方式。不同生活方式、实

践方式会使得特定社会的价值要求各异。随着科技的进步、信息时代的到来，社会主义核心价值观也在实践中不断地自我发展和自我完善，以反映时代的变迁，以回应时代的召唤。信息化作为最活跃的时代背景，既直接作为价值观的物质载体，又充当了价值观在现代社会形成和发展中的催化剂。

（一）信息化改变生产和生活方式

借助于互联网的迅猛发展，现代社会早已步入信息大爆炸的时代。海量的信息洪流不仅改变了人们的生产方式，也改变了人们的生活方式、交往方式。1975年开始的三次信息化浪潮催生了"信息生产力"。现在人们可以借助云计算、物联网等，并利用信息传感网络和分布控制系统，直接为生产与生活提供全景式的服务。信息资源成为现代社会生产中最为重要的生产能力，信息化的水平也标志着一个社会的整体发展水平和潜在能力。

不仅如此，信息化所带来的深刻变革还包含着人们生活方式和交往方式的巨大改变。如今，几乎所有人都被网罗到信息网络之中。信息化的发展带来了网络文化的生活化、常态化。通过移动手机、计算机等终端系统，人们可以轻松地从网络上获取所需要的信息，然后根据各自的需求将这些信息加工、整理，从而产生出新的信息数据、资源。

信息化不仅使信息的获取更加便捷，它还使人与人之间的交往、互动更为方便、频繁。一个开放的、平等的、自由的网络虚拟空间打破了人与人之间在社会实际生活中的种种隔阂。人们渴望表达，也愿意倾听。值得注意的是，在一个多元的、消除权威的扁平化网络空间之中，如果充斥着散漫的、游离的、虚伪的，甚至是恶意的声音，也会对人与人之间的平等交流产生影响。

价值观念的改变根源于生产方式的变革。现代信息化浪潮所带来的"信息生产力"必然使整个社会的生产关系发生重大改变，从而对人们的社会地位、主体关系产生巨大的影响。同代之间以及代与代之间的交往，不同群体之间的交流、互动，都会因此而有所不同。人们的生活观念、价值选择等也会出现很大的差别。因此，信息化作为这个时代最为活跃的生产因素和交往方式，必然会使人们的价值观产生历史性的转变。

（二）信息化背景下的价值观教育的必要性

随着互联网时代的到来，人类正在由工业化时代进入信息化时代。信息化的特征是：生产巨量化、内容碎片化、取向多元化、传播迅捷化等。

第一，信息化增强了价值观教育的主体意识。信息网络已经覆盖了人们生活的方方面面，为人们了解国内国外的动态提供了便利。信息网络更使得各民族、各国家之间实现了价值观念的跨地域、跨时空交流，让人们对于世界之大、文化之多也有了更充分的认识。对大学生群体来说，正是信息网络为他们提供了一种更有效的方式，为大学生了解世界、参与国家政治生活，打开了一个新的窗口，开阔了大学生价值认知的视野，增强了大学生价值观教育的主体意识。信息网络使大学生能够表达出在现实世界中不愿意表达、不敢表达、不方便表达的观点和想法。总的来说，信息网络对于新时代大学生群体主体意识的增强有着不可忽视的影响，如今的大学生，微博、微信、博客已然是其生活中不可或缺的一部分。这些工具的频繁运用也正促使着大学生更好地发现自己、认识自己、评价自己、实现自己。

第二，信息化对道德品质、价值观念和学习方式产生了深远的影响。首先，道德品质。信息化时代，人与人之间形成了现代社会中新的交往模式。由于不少网络行为主体具有匿名性、面具化特点，容易产生安全问题与道德失落，因此，加强道德自律就显得更为重要。其次，价值观念。现代信息化浪潮所带来的"信息生产力"必然使整个社会的生产关系发生重大改变，从而对人们的社会地位、主体关系产生巨大的影响。信息技术的进步，实际上改变了人类生活中一切要素流动的方式与规模，大大加速了经济全球化的步伐，而经济全球化的一个直接的副产品就是人们价值选择的多样化。最后，学习方式。信息化时代，大学生的学术生活与信息运用密不可分。学术生活与日常生活都需要遵守一定的道德要求、行为规范，也具有一定的价值追求。然而，移动媒体与搜索引擎容易将时间碎片化、将信息收集简易化而导致学术懈怠、学术不端，最终影响学生的品德形成。因此，要使学生认识并遵循做人的基本规范，培养并形成自己的思考方式，进行人际交往。

第三，信息化带来了价值观混乱的局面。网络空间多种思想交流交融交锋，价值观念日趋多元，对主流的思想意识带来挑战。信息网络以其信息量大、传播与更新速度快、涵盖范围广、开放性、平等性、互动性等特点深深地"抓住"了渴求知识与崇尚民主、自由、平等价值观的大学生群体。它在使大学生更快速便捷地了解世界，更方便地学习新知识、新技术的同时也不可避免地带来了一些负面的影响，造成了价值观教育的混乱局面。信息化时代使传统思想政治教育工作受到了挑战。西方的主流思想借助互联网信息传播优势，给思想政治教育工作带来了不小的挑战。一些错误思潮在网络空间甚嚣尘上，长此以往容易将青年学生的思想引上歧途。一方面，相对于传统社会一定意义上的"熟人社会"而言，信息网络世界中缺乏监督，网络信息的无序性，网络文化的鱼龙混杂、良莠不齐，很容易使大学生在思想观念上产生疑惑，在价值评判上出现混淆。网络信息没有国界，没有完善的监督体系，每个人都可以在网上畅所欲言，可以按照自己的意愿加以利用。但因为网络道德规范和信息网络法规的建设还不健全，某些不良言论盛行一时，会给大学生带来不良的示范，使其产生错误的行为，不和谐的价值观念会对大学生的价值观形成冲击，使其产生极端个人主义、利己主义等思想，与新时代社会所弘扬的主流价值观念相冲突。另一方面，网络信息依托于现代信息技术，西方发达国家在技术上占有优势，这便为他们拥有信息网络控制权提供了可能。部分别有用心的西方发达国家凭借其信息网络技术优势，利用互联网进行意识形态渗透，宣传历史虚无主义等社会思潮，使得一些大学生丧失明辨是非的能力，在信仰上迷茫，民族意识和民族情感削弱，甚至形成西方化倾向，对社会主义产生怀疑，在一定程度上增加了社会主义核心价值观教育的难度。

四、最深层的时代背景——个体化

个体化或者说"去中心化",是互联网 Web2.0 的核心理念之一,是指原有的中心意义被大大弱化或完全转向,变得更加个体化和多元化。去中心化的特点是用户中心论取代了权威中心论,文化的发展不再是一个受到少数精英阶层把持的、定向的、有限的过程,互联网用户反"客"为主,成为主流文化形成的推手。"网友"成为网络文化的真正主人,在动态中充当着文化权威的角色。少数的精英权威被分散的普通网民所代替。权威式的文化中心主体意志被淡化,平等自由的主体间的交往成为主流,所形成的文化关系则是"去中心化"的,进而产生了不同于传统的文化构成模式。在 Web2.0 里,网络文化一再呈现叛逆性的内容,传统文化认知被不断改变。个人喜好不同、视角不同,对事物的看法也有很大差别,网民可以通过创建、上传自己的作品来分享自己的文化观。"去中心化"极大地促进了网络文化个体化、多元化的转变。

(一)个体化浪潮发展

从一开始,个人便一方面接受着社会化的规定,另一方面又必须成为"个人",即拥有自我意识和自由意志,进行着个体化的过程。因此,社会化和个体化都是个人成为社会的个人、自觉和自主的个人的必要过程。当今时代开创了前所未有的个体化浪潮。社会自身的发展规律越来越要求以个人的个性和独立性为条件来发挥作用。每个人走出了对共同体和他人的依附,必须依靠自身的力量谋取生存资料,建构属于自己的生活方式。社会的发展要求每个人都要具有个性和独立性。现代的个人不同于以往蜷缩于狭隘的共同体中、受他人或政治等级关系束缚的传统个人,而是以自身的劳动能力或"占有其他生产条件"进行私人活动的个人。个人之间是平等的、自由的权力义务关系,因此祛除了传统个人那种情感性、模糊性和奴役性的关系特征。

现代化的进展促使个人能力的增长,个人个性的张扬有了前所未有的进步,同时这又是个人发挥自身"力量"的必然手段。人与人之间的关系物化了。个人与共同体之间出现了多重分裂和对立,对个人的价值和地位的关注就被边缘化,个人所遭受的控制其实更为深重和隐秘。在资本主义的个人关系中,政治统治、意识形态的强控制变为消费意识形态、技术理性的非批判思维的软控制。个人与社会之间深层的矛盾,个人之间关系物化,其根本原因就在于生产的社会化与资本主义私人占有制之间的矛盾。

具体到当代中国的个体化发展,个体化已经蔚然成风,具有不可逆转的趋势。市场经济的深入发展催生了具有独立意识和自主能力的个人。人们都普遍注重维护自身的个人利益和基本权利,一旦权利受损也会通过各种方式表达自己的诉求。在"去集体化"的趋势之下,个人得到了解放,现代意义的独立个人普遍成长起来。人们都在为争取和维护自身利益和个人幸福而奋不顾身、努力工作。

需要指出的是,个体化与社会化并不是相互对立和排斥的。其实,个体化不过是社会化在特定历史时代的一种表现方式。个人的社会化通过社会分化及个人自身的独立性和自由个性的增长等方式而实现。这样个体化和社会化其实是相辅相成的关系。但不可忽视的是，个体化在个人那里又并不都是积极的，当个人被"孤立化"或在观念上被当作"原子"来看待的时候，个人主义就企图将个人从社会中加以区隔，并使二者走向对立。个体化因为个人主义的出现使个人陷入孤立化发展的境地，进而社会也因此而产生各种危机和崩溃的迹象。

（二）个体化背景下的价值观教育的必要性

个体化对当前的价值观教育有着两方面的影响。首先，就个体化本身的必然出现而言，它作为人的现代化和社会化的一种方式，必然对价值观教育的内容和方式转变都有着积极的推动作用。其次，个体化对个人自身的发展而言，也有着自身的消极作用。

大学生群体普遍成长于信息化和网络化蓬勃兴起的时代。借助这种新的交往平台，年轻人更加愿意张扬自我个性，表现自身的独立性。他们的学习、生活，以及社会实践也都趋向于能够更加体现自身的独特个性，追求不同于其他个人的生活品位和活动方式。顺应这一心理，社会主义核心价值观教育若要俘获人心，尤其是打动这些年轻一代的灵魂，就需要在教育内容和教育方式，还有教育载体等方面有所创新。

第一，发挥个体化的积极作用，提高价值观教育的实效性。我们的社会主义核心价值观本身就是顺应新时代的客观要求而提出的。其三个层面都需要体现在"现代公民"的主体那里，同时，这些也都是现代意义上的独立平等的"公民"所应有的基本要求。现代公民正需要在个体化的社会趋势中获取自身的独立性和自由个性，而不是在"人群"中人云亦云，没有自己的独立判断和个人利益。所以，社会主义核心价值观教育本身就与个体化的方向相一致。

第二，避免个体化的消极作用，发挥价值观教育的正向引导。个体化也有着不可忽视的消极作用，正如马克思所指出的，现代资本社会是一个物化的社会，是一个普遍异化并且异化已经达到极端形式的社会。这样的社会虽然使个人普遍走向了独立化，但个人之间彼此又是相互对立的。现代流行的个人主义、消费主义和虚无主义等，其实都是个体化的严重后果，它造成个人越来越孤立化、冷漠化。另外，个体化的消极后果又造成对共同体的破坏。走向孤立化和冷漠化的个人彼此之间也就缺少了基本的信任和人的情感依靠。而社会主义核心价值观也是针对这种普遍的现代性后果应运而生的。个人走向孤立化，只以自身私利为目的，若不加以正向的引导，必然导致社会的溃败，到时也会危及每个人的生存。所以，社会主义核心价值观作为一种引领社会风尚和价值观念的新的指向标，必然对个体化所带来的这些消极作用有一个清晰的辨别，也应当有一些必要的规避机制。对大学生群体来讲，自觉认同社会主义核心价值观正是一个避免各种个人主义的、消费主义的和虚无主义的思想侵袭的有效途径。大学生群体努力追求个性自由，追求自我发展、个人利益和幸福生活的愿望，完全可以与践行社会主义核心价值观的活动紧紧捆绑在一起。只要对他们的个性自由表现出足够的尊重，对他们的个人梦想给予必要的支持，对他们的价值观选择提供正确的指引，大学生群体自己也能在自觉的实践活动中为社会主义核心价值观的发扬和再度阐释做出积极的贡献。

五、最包容的时代背景——多元化

人类文化的多样性是人类社会进步的象征，是人类生活得以丰富多彩、充满活力的基本保障。21世纪以来，人类文化的发展进入了新阶段，文化交往全球化将成为全球历史进程的必然过程，文化的多样性和丰富性是维护文化生态的前提，失去了这个前提就不复有文化的繁荣和发展。不同民族文化的交流与融合，形成了不同文化共存的局面，导致文化多元化。

（一）多元化的主要表现

1. 文化发展多元化

随着我国改革开放的深入，科学技术的迅速进步为我国多样化文化格局的形成提供了坚实的基础。生产力的发展成为文化多样化的推动力。文化的多样性是最广大人民对文化方面需求的增强的最好体现，是人民精神世界和个性特点的多样化的表达。文化的多样化是改革开放的必然产物，同时也是顺应我国改革开放、时代进步趋势的结果。文化多样化主要表现在以下几方面。

（1）主文化、亚文化以及负面文化的共存

文化的多样性首先表现在主文化、亚文化以及负面文化在文化市场中的共存上。主文化是指在社会中占据主导地位的文化，体现了一国的根本价值观。亚文化是指不在整个社会中占据主要地位，而只在特殊群体中受到推崇的文化，体现了社会转型加速期社会价值观念的分化。负面文化就是指完全与主文化相反的文化，对于人们的日常生活起不到积极作用。

（2）传统文化、西方文化以及当代马克思文化共同发展

文化的多样化不仅体现在国内各种文化的共存上，而且体现在国内外多种文化共同发展的特征上。当代中国的先进文化，是在继承和发扬我国传统优秀文化的基础上，代表最广大人民根本利益的文化，是以马克思主义为指导思想的文化。当然，在我国先进文化的发展过程中，难免要摒弃我国传统文化中糟粕、消极的部分，并积极吸取国外优秀文化的精髓，从而促进我国先进文化的发展。

我国当代文化的多样化表现出传统文化、西方文化以及当代马克思主义文化共同发展的趋势。传统文化就是指在进入现代社会之前，我国经过长期的发展和历史沿革所形成的独有的文化。传统文化经过长久的发展和继承，成为规范人们行为习惯的共同精神，并对人们价值观的形成和思维方式的养成具有重要的引导作用。西方文化就是指最早在欧洲形

成,并且逐渐在欧洲、北美洲等地区盛行的文化。从本质上来看,西方文化是一个个体文化,相对来说,东方文化是一种整体文化。当代马克思主义文化就是指将马克思主义联系中国实际,形成的一种具有中国特色的马克思主义文化。

在当今的社会环境中,文化的多样化不仅丰富了社会文化的内容,而且满足了人们对于精神文化不同层次、不同类别的需求。同时对人们来说是一次强烈的精神冲击,尤其对于价值观念尚未完善的人们来说,在这样文化迅猛发展的时代,要形成科学的人生观和价值观不是一件容易的事情,这也给思想政治教育带来了挑战。

2. 多样化社会思潮

传入我国的西方社会思潮种类繁多,但从根本上来说,西方社会思潮都是为西方社会服务、为资产阶级服务的。因此,从本质上来说,社会主义国家的核心价值体系与西方社会思潮是根本不同的,并且随着西方社会思潮进入中国,必然会在一定程度上危害和影响社会主义核心价值观。影响较深、传播范围较广的西方社会思潮主要是新自由主义思潮、民主社会主义思潮和极端个人主义思潮。

(1) 新自由主义思潮

自由主义思潮产生于17、18世纪英国和法国反封建专制的资产阶级革命时期,是在自由主义的基础上发展演化而来的,是资本主义的核心价值体系和主流意识形态。而新自由主义最初产生于20世纪50年代末60年代初,当时西方发达国家相继出现了经济停滞、通货膨胀和失业增加等诸多经济疾病,而凯恩斯主义又无法解释这一现象,因而新自由主义思潮于20世纪70年代在西方国家中流行起来,它是对自由主义的复活和发展。在以哈耶克为代表的伦敦学派和以弗里德曼为代表的货币主义学派的大力鼓吹下,新自由主义在西方社会的地位开始不断上升,并逐渐成为西方发达国家占统治地位的思想和意识形态。新自由主义作为对凯恩斯主义的继承和批判,有它自身合理的成分,但由于它主张贸易经济自由化、市场定价(使价格合理)、消除通货膨胀(使宏观经济稳定)和私有化,所以本质上是在维护资本主义,因而对发展中国家特别是对社会主义国家来说,就是西方发达国家控制和剥削发展中国家的一种工具和手段,是另一种"新帝国主义"。这种社会思潮对社会主义国家的经济体制改革、意识形态建设都带来了很大的冲击和影响。

(2) 民主社会主义思潮

民主社会主义是从社会民主主义一词演化而来的,它经过了一个发展的过程。在19世纪中后期,受马克思的影响,欧美国家建立了一些具有社会主义性质的政党,对资本主义的生产关系和政治制度持批判和否定的态度。19世纪末俄国"十月革命"爆发后,欧美国家走上了改良主义和修正主义的道路。但这一时期,民主社会主义对社会主义代替资本主义,建立公有制,推行国有化的社会主义道路还是赞成的。第二次世界大战以后,各国社会党在1951年组建了社会党国际,发表了《法兰克福声明》,这标志着民主社会主义与科学社会主义的正式决裂,它成为与科学社会主义相对抗的意识形态,在实现社会主义的手段、目标等方面开始与科学社会主义有了本质的不同。1959年德国社会民主党在《哥德斯堡纲领》中提出自由、公正、互助是社会主义的基本价值,并很快被各国社会党和社会党国际所接受。从此以后,民主社会主义与马克思主义已经成为两种根本不同的思想理论体系。民主社会主义或社会民主主义是因对资本主义的否定而产生的,但是这种否定不是从根本上的否定,只是认为资本主义可以通过改良产生一种新的社会制度,即他们所谓的社会主义。由此可以看出,民主社会主义实质上是一种改良的资本主义,它与科学社会主义是不同的,有着本质的区别。因此可以说,民主社会主义的本质是反对马克思主义的,并企图与资本主义共同生存,这显然与马克思主义以推翻资本主义建立共产主义为目标有着本质的区别。民主社会主义在目前的中国危害极大,他们主张指导思想的多元化,大肆鼓吹中国要实行私有制,更有甚者认为,拯救中国只能通过民主社会主义实现,对于现代的中国来说,已经实现了民主社会主义。对此,我们要严厉批判。

（3）极端个人主义思潮

极端个人主义思潮是在经济全球化的过程中,伴随着中国市场经济的建立和发展,掺杂在形形色色的西方社会思潮中涌入中国的。在改革开放的过程中,极端个人主义开始在我国逐渐抬头。个人主义或极端个人主义并不是西方特有的社会思潮,而是一种在东西方、古代和现代都存在的人性特征。在中国古代就有关于人性善恶的辩论,具体来说就是集体主义和个人主义的纷争。在私有制消除以前,这种思想在中国也一直都存在。同样,在私有制占主体地位的西方,个人主义或极端个人主义更是始终存在的。在资本主义社会里,追求利润的最大化是资本的唯一属性,反映在人与人的关系上,就是最大限度地保护自己的利益,因而极端个人主义思想在资本主义社会里也得到了最大的发展。

在当代的中国,随着全球化的深入发展,我国改革开放不断深化,在思想文化领域不断涌现出各种不同的思想观念以及社会思潮,相互碰撞,相互竞争,这不可避免地对人们的思想产生了重大影响。尤其近几年随着相对宽松的政策在社会思潮领域的实施,造成全社会呈现出多种社会思潮并存的局面,由此造成多种社会思潮之间正确与谬误、文明与愚昧、进步与落后、真善美与假恶丑之间的对立,甚至会导致多种思想观念的激荡和斗争。当前社会思潮多样化的特点,对我国在意识形态领域的工作提出了更高的要求,越是社会思潮和价值观念趋向多样化的时候,越需要用全社会所普遍认同的思想理论和价值观念来对价值取向进行整合,以便统一思想认识。由于社会主义核心价值观和其他社会思潮并存共生、彼此渗透,对此,解决"怎样引领社会思潮"问题的首选之举就是建立科学有效的引领机制。因此,在当前我国意识形态领域,做到以社会主义核心价值观引领多样化的社会思潮,已经成为一项非常紧迫的任务,这也是社会主义核心价值观的根本目的所在。

（二）多元化背景下的价值观教育的必要性

当前,多样的文化观念和价值观选择给我国社会的发展注入了活力,带来了生机。但是多元化的价值观念、道德规范也强烈地冲击着传统落后的思想观念,有利于讲究实效、发扬科学民主和平等竞争等价值观念的形成。因为市场经济之中存在的自发性和盲目性，一些不利于大学生精神发展的消极道德现象开始在我国社会滋长和蔓延，主要表现为拜金主义和享乐主义。

拜金主义是和金钱相关的。持有这类观点的人往往盲目崇拜金钱，认为金钱是万能的，人生以获得金钱为至上标准。在衡量他人价值之时，拜金主义者往往以其拥有多少金钱为标准，在衡量物品价值时，拜金主义者则仅仅以该物品相当于多少金钱为标准。

享乐主义者以尽情追求自己在物质上的享受和肉体上的愉悦为人生目的。享乐主义者乐于使用一切手段进行物质上的享受，用一切办法刺激自己的感官。为了得到更多的享受，享乐主义者往往拼命追求金钱。因此享乐主义者往往和拜金主义者具有一定的相通性。

总之，我国出现的这些现象在一定程度上影响了大学生的核心价值观，对社会主义市场经济建设与和谐文化构建造成了一定的冲击。因此，在今后的工作中，要加强大学生社会主义核心价值观教育，要给腐朽落后的思想以克制，确保大学生树立起一个正确的价值观，从而成为我国社会主义的合格建设者和接班人，促进全面建成小康社会工作的全面开展，确保我国社会能够沿着社会主义的方向奋勇前进，实现人民生活和社会建设两个方面的共同发展。

第三节 大学生社会主义核心价值观教育创新的丰富蕴涵

大学生是国家的栋梁，是祖国未来的建设者和接班人，是一个在心理上逐渐走向成熟但尚未成熟的特殊群体，具有一定的可塑性。能否将大学生塑造好、教育好、培养好，事关国家未来和民族兴旺。由于大学生思想上具有一定的可塑性，从大学生群体在我国未来社会主义建设中担当的重要角色这一角度出发，开展大学生社会主义核心价值观教育具有多方面的价值蕴含和重要意义。

一、开展大学生核心价值观教育是推进中国特色社会主义事业的基础工程和内在要求

在一个社会之中，无论是国家、民族还是个人，其轨迹运行都是在价值观的指引下进行的。中国特色社会主义事业"既需要不断完善经济、政治、文化、社会和生态文明等各方面制度，也需要不断探索社会主义在精神和价值层面的本质规定性；既需要为人们描绘未来社会物质生活方面的目标，也需要为人们指出未来社会精神价值的归宿"。因为价值观对人们的思想意识、道德评价、选择取向和实践行动都产生了深刻影响。整个社会正是在这一规律的基础上稳定运行的。因此，作为我国社会基础之一的大学生要不断加强自身的价值观教育，从而维持社会的长期稳定运行。因此，培养大学生的社会主义核心价值观

有利于中国特色社会主义事业的长久快速发展。

社会价值观对于整个社会来说具有重大的意义，是整个社会信念得以存在和发展的基础。每一个社会都有一定的正当性观念体系，这个体系是人们共同价值观念、政治信念的基础，已经得到了全体人民的认可。否则，在社会发展的过程中各种问题就会出现，整个社会都有可能无法长期持续发展。这一套价值观念的核心即是核心价值体系，这是维持社会长期稳定发展的重要基础。

当代大学生在社会发展之中承担着未来社会攻坚的核心力量。胡锦涛曾指出，"青年代表未来，青年创造未来。只有赢得青年，才能赢得未来"。针对大学生开展社会主义核心价值观教育是确保我国社会在未来阶段长期稳定发展的重要基础。只有对大学生开展良好的思想道德素质教育，大学生才能深刻认识到在社会交往过程中应有的行为举止、在社会建设之中应做出的贡献。因此，针对大学生开展社会主义核心价值观教育对于中国特色社会主义建设事业来说具有极其重要的作用。不断造就大批具有创新能力的高素质人才，这是我们在未来社会主义事业建设过程中实现目标的必然要求。

二、开展大学生社会主义核心价值观教育是深入推进社会主义核心价值体系建设的现实需要

社会主义核心价值体系的内容包括"马克思主义指导思想、中国特色社会主义共同理想、以爱国主义为核心的民族精神和以改革创新为核心的时代精神、社会主义荣辱观"。通过多年来的实践，在中国共产党的领导下，社会主义核心价值体系建设工作取得了巨大成就。无论在引领社会思潮、凝聚社会共识方面，还是在把握和坚持社会主义意识形态的本质，以及巩固和规范社会公众的价值和道德规范等方面，都不能忽视社会主义核心价值体系的重大作用。但不可否认的是，在具体的社会主义核心价值体系建设实践中，其存在着很多不足，如文字表述较多、不便于理解、理论化太强等，不利于全社会特别是在广大青年学生中对社会主义核心价值体系进行普及和推广。社会主义核心价值观，"是党的十八大关于文化建设和社会主义核心价值体系建设的一个突出亮点和点睛之笔，为继续推进社会主义核心价值体系建设确立了精神内核"。因此，科学阐述社会主义核心价值体系精髓的最好方式是利用最朴实简单的词语进行表述，以便于理解和实践。这样的表述方式可以与我国古代核心价值观表述方式相媲美，易于被普通大众特别是青年学生接受和熟记，能够使广大青年学生对社会主义核心价值体系的内涵做到全面理解和把握，积极推动他们自觉践行社会主义核心价值体系。

十八大提出的"三个倡导"的社会主义核心价值观，从价值的三个维度——价值目标、价值追求和道德准则进行了明确的阐释。"富强、民主、文明、和谐"表达了现阶段全社会的价值目标，是我们建设中国特色社会主义的基本目标；"自由、平等、公正、法治"表达了现阶段全社会的价值追求，是价值理念追求的最大公约数；"爱国、敬业、诚信、

友善"表述了现阶段全社会的道德准则,是社会大众应达到的基本道德水准。通过在青年学生中培育和践行社会主义核心价值观,就能够使青年大学生在自我价值追求和价值实践过程中深刻理解和全面把握社会主义核心价值体系的内涵,从而在更高层次和更深领域内推动社会主义核心价值体系的建设工作。

三、开展大学生社会主义核心价值观教育是提升国家软实力的需要

"软实力"(Soft Power)是与"硬实力"(Hard Power,指经济、军事等力量)相对的一个国际政治学概念,它最早由美国哈佛大学教授约瑟夫·奈在1990年提出。奈认为,"软实力是一种通过吸引别人而不是强制他们来达到你想要达到的目的的能力,一个国家的软实力有三个来源:文化(能够吸引他者)、政治价值(当国家内政外交都坚持的时候)以及对外政策(当他者认为其有合法性和道德权威的时候)"。软实力概念引入中国后,基于文化在提升国家软实力中的重要作用,国内学者多从"文化软实力"角度使用该概念。如中国文化软实力研究中心主任张国祚认为,文化是软实力最根本的源泉。没有文化高度的软实力是短视的,没有文化深度的软实力是肤浅的,没有文化广度的软实力是狭隘的,没有文化开放的软实力是封闭的。文化在软实力中居于灵魂地位,发挥经纬作用。文化软实力这一概念的广泛使用,体现了当前国家之间竞争的新态势。在暴力殖民已然失去市场的当今世界,我们可以看到这样一幅图景:传统的军事手段越来越引起国际社会的警惕和反感,取而代之的是,文化的作用越来越凸显,越来越成为综合国力的重要因素,文化软实力越来越成为争夺道德制高点、国际话语权的重要砝码。而文化要真正形成具有国际竞争优势的软实力,就必须增强文化的吸引力、感召力和凝聚力,可文化的力量归根到底来自凝结其中的核心价值观。这样培育和践行社会主义核心价值观,建设先进文化,提高文化的吸引力、感召力,就成为提高国家文化软实力,以争取有利国际地位的迫切要求。

对我国而言,提高文化软实力,塑造自身的国家形象不仅仅是经济高速发展过程中急需同步解决的科学发展问题,也是中国确立自己的文化身份和地位,寻求文化认同和尊重,展示中华文化的吸引力、感召力,进而在国际上掌握文化话语权,进行核心价值观"反渗透",巩固马克思主义在意识形态领域的指导地位,维护国家文化安全的重大战略。大学生群体文化程度高,关注国家社会发展的意识比较强,在社会主义文化建设方面具有很好的引领作用。加强大学生社会主义核心价值观教育是提升国民思想道德素质、精神状态和意志品质的重要途径,也是发展社会主义先进文化的基本要求,更是促进社会主义文化大发展大繁荣的重要举措。

四、开展大学生社会主义核心价值观教育有利于促进社会主义人才的全面发展

我国正处于社会主义初级阶段，处于全面建成小康社会的新时期，处于实现中华民族伟大复兴的中国梦的新阶段，需要大量的优秀人才积极投入社会主义现代化建设事业和中国梦的实现过程中去。培养什么人，如何培养人，是我国社会主义教育事业发展中必须要解决的根本问题。2013年5月4日，习近平在《同各界优秀青年代表座谈时的讲话》中强调指出："青年最富有朝气、最富有梦想。""青年是引风气之先的社会力量。一个民族的文明素养很大程度上体现在青年一代的道德水准和精神风貌上。"青年，代表了未来的力量，创造了未来的价值。因此青年是一个民族前进的重要力量。这个民族只有赢得青年，才能赢得民族发展的未来。大学生是一个优秀群体，在青年群体之中具有巨大的影响力，是国家建设最宝贵的人力资源。因此，大学生的思想政治素质同党和国家的前途命运直接相关，关系到我国走向共产主义社会的道路目标能否实现，关系到中国特色社会主义建设事业是否能够长足发展。

在校大学生正面临人生发展的关键期，这一时期也是他们的世界观、人生观、价值观形成的重要阶段。但这个阶段同时也是大学生思想最容易受到外界干扰的时期，他们在价值观念和社会心态上也呈现出比较开放、透明的状态，他们对于新鲜的事物会比较好奇，同时接受能力也比较强，但是由于社会实践不多，社会经验也比较少，因此，他们对于一些诱惑缺乏抵制的能力，有时候会在人生的分岔路口做出错误的决定，影响以后的人生道路。

马克思追求人类的彻底解放，理想目标是实现人的自由而全面的发展。因为培养"全面发展"的人是高校开展社会主义核心价值观教育的重要目标。社会主义核心价值观教育的开展和实施，就是要将大学生群体中的负面价值观清除掉，帮助其树立正确的价值观，提升整体思想道德素质，促进其身心健康发展，进而提升专业能力、扩宽知识视野等，以全新的形象为社会主义现代化建设做出贡献。

五、开展大学生社会主义核心价值观教育为实现中国梦凝聚正能量

"人类社会发展的历史表明，对一个民族、一个国家来说，最持久、最深层的力量是全社会共同认可的核心价值观。核心价值观承载着一个民族、一个国家的精神追求，体现着一个社会评判是非曲直的价值标准。"一个国家和民族只有建立起全社会共同认同的价值观，才会形成共同的精神纽带，才会有共同的思想和行动，才会产生强大的凝聚力和向心力。

中国梦指明了国家和民族前进的方向，凝聚了几代中国人的夙愿，体现了中华民族和中国人民的整体利益，是每一个中华儿女的共同期盼。青年大学生是国家的希望、民族的未来，是富有理想追求的群体，习近平总书记提出的中国梦，也是青年大学生的成才之梦、报国之梦。因为大学生是实现中国梦的生力军，是"梦之队"的中坚力量。在追梦的旅程中，大学生只有将个人梦想融入中国梦之中，中国梦、个人梦才能实现。

共同富裕、公平正义、民主法治、自由平等、诚信友善、文明和谐……这些内容既是人民群众的愿望、理想，也是每个人中国梦的不同体现。而这些平实朴素的梦想与社会主义核心价值观是完全相融合的，社会主义核心价值观为中国梦的实现指明了方向。当代大学生成长在改革开放的新时期，承担着实现中国梦的历史重任。青年大学生的价值观状况如何，不仅关乎个人道德水平状况和个人成长成才，更关乎国家富强和民族复兴的中国梦。通过在大学生中积极培育和践行社会主义核心价值观，能够教育引导广大青年学生胸怀共产主义远大理想，坚定中国特色社会主义信念，抵制各种腐朽思想的侵蚀，做到坚持理想信念不动摇，坚持奋斗精神不懈怠，自觉投身到中国特色社会主义伟大事业中，自觉把个人的前途命运与国家和民族的前途命运紧密联系起来，努力学习，掌握本领，艰苦奋斗，自觉磨炼自己，为实现中国梦而贡献青春，为实现中国梦提供坚实的能力保证。

第四节 新时代大学生社会主义核心价值观教育创新的重要意义

一、国家层面：服务于意识形态宣传，维护社会稳定

从国家层面来看，大学生社会主义核心价值观教育愿景是由其意识形态属性决定的，体现着鲜明的工具性，主要由以下几个方面构成。

（一）引领社会思想

社会主义核心价值观包括四个方面的内涵，分别构成了自身的灵魂、动力、精神支柱与道德基础。在大学生社会主义核心价值观教育过程中，我们要旗帜鲜明地坚持马克思主义理论的指导，高举中国特色社会主义旗帜，大力弘扬以爱国主义为核心的民族精神和以改革开放为核心的时代精神，牢固树立社会主义荣辱观，充分发挥灵魂、动力、精神支柱与道德基础的作用。要把社会主义核心价值观融入大学生思想政治教育的全过程，以社会主义核心价值观引领青年学生的思想发展，使其成为青年学生奋发向上的精神力量，成为他们努力进取、锐意创新、团结和睦的精神纽带，成为他们形成正确价值观的基础。

（二）宣传党的政策

党在每一个历史阶段，都会为了完成特定阶段的历史任务，针对这一历史阶段的特点

制定一系列的路线方针政策。这些路线方针政策首先要赢得人们的价值认同，才能落到实处。在党的路线方针政策大众化过程中，青年学生的价值认同举足轻重。要以青年学生乐于接受的形式，随时把党的路线方针政策转化为价值观培育的鲜活内容，融入青年学生的思想中，使大学生认同党的价值取向，成为党的路线方针政策的理解者、拥护者、实践者、宣传者。

（三）凝聚民族精神

精神状态决定行为方式。民族精神是人们积极向上的动力源泉，是一个民族赖以生存和发展的精神支撑。社会的发展、民族的振兴、国家的繁荣，都需要凝聚全体人民的精神力量，都需要崇高的民族精神。一个民族，没有振奋的民族精神和高尚的品格，不可能自立于世界民族之林。在当代大学生中培育民族精神，有利于强化当代大学生的民族自尊心和自信心，激发他们的民族凝聚力和向心力，形成国家稳定和发展的基础。大学生社会主义核心价值观教育是弘扬和培育民族精神、凝聚人民精神力量的重要途径。要坚持民族精神教育与时代精神教育相结合，引导青年学生培养爱国情怀，提高创新能力，保持积极进取、昂扬向上的精神风貌。

（四）维护社会稳定

社会主义市场经济体制改革势必涉及利益的调整，孕育冲突的萌芽。社会转型期各种灰色的思想与行为的存在，也使社会的道德风险、和谐风险加大。全球化时代，国际政治生活中的一些突发事件，也会对国内的社会秩序产生冲击。在改革开放的过程中，要降低国内外社会变动带来的震荡，促进社会的和谐稳定，实现社会发展的各项目标，就需要疏通思想、化解矛盾、理顺关系、阐明事理。

大学阶段是青年学生走向社会的重要过渡期。他们能否用科学的理论武装头脑，能否理解并拥护党和国家的路线方针政策，能否正确认识社会生活中的各种现象，以及他们用什么样的眼光观察世界、以什么样的心态迎接挑战，将直接关系到社会能否稳定、国家的建设目标能否完成、和谐社会能否建立、持久发展的目的能否实现。要按照党和国家的要求，引领当代大学生认同并致力于建设"富强、民主、文明、和谐"的国家与"自由、平等、公正、法治"的社会。实现这样的社会目标，对于建设一个健康运行的社会、持久增长的社会、和谐发展的社会具有十分重要的意义。

二、社会层面：服务于文化创新和社会主义现代化建设

（一）服务于文化传承与创新

大学生社会主义核心价值观直接面对的是大学生的思想、观念或者认识上的问题，它必然属于人类精神活动的范畴。而文化，就其本质而言，也是人类精神活动的产物，因此两者有着内在的特定联系。具体来说，大学生社会主义核心价值观服务于文化的传承和创新。

第一，大学生社会主义核心价值观具有文化选择的功能。人类的文化多姿多彩，按照不同的理解方式可以做多种划分。一定的社会观念、思想、知识等文化因子与思想政治工作的目标一致或趋向一致，思想政治教育就会吸收积极因素，并将其纳入思想政治教育的轨道，成为思想政治教育的有机组成部分。如果文化因子与思想政治教育的目标背道而驰或者有相互抵触的成分，思想政治教育就会摒弃消极因素，将其排斥出工作体系，以确保思想政治教育目标的实现。积极的文化因子被不断强化，消极的文化因子被不断抑制。社会主义核心价值观属于积极的因子，其必然会得到认可和传承。

第二，大学生社会主义核心价值观具有文化创新的功能。一个民族的文化要想走在世界文化发展的前列，就必须不断创新，借鉴、吸收、整合世界文化遗产中的优质因子，丰富和发展本民族的原有文化，形成最具影响力和凝聚力的先进文化。

（二）服务于社会主义现代化建设

随着知识经济的浪潮席卷全球，各国的生产方式都在发生深刻的变革，过去依靠的那种"资金＋资源＋劳动力"的粗放型经济增长模式已不再适应时代的要求。全世界都在寻找一条"科技含量高、经济效益好、资源消耗低、环境污染少"的经济发展之路，大学生无疑成为探索这条道路的中坚力量。在经济全球化的今天，社会的进步将更加依赖科技的发展，而随着具有学科门类齐全、人才密集、设施先进、文献资料丰富、信息资源广泛等方面优势的高等学校日渐向社会敞开大门，参与到为社会经济服务的行列中来，以科技为核心要素的生产力得到了空前的释放，极大地推动了社会经济的发展。正如比尔·盖茨（Bill Gates）在其《资本主义的未来》一书中预言的那样，在 21 世纪重要竞争方式的改变中，高等教育扮演的角色是具有决定意义的。

高校开展社会服务工作，不仅有力地推动了社会经济的发展，而且激发了学校的活力，增强了办学实力。通过社会服务，高校可以促进学科发展。大学适应社会的需要，积极扶植若干学科，使弱势变优、优势变强；积极推动学科间的交叉融合，在对经济和社会发展有重大推动作用的领域抢占制高点。通过社会服务，高校可以促进人才培养。这里的人才培养不仅体现在可以开阔教师和科研人员的视野，提高他们理论联系实际的能力，从社会实践中发现自身的不足，从而激发学习和研究的热情；而且还体现在对学生实践能力和创新能力的培养上，训练了他们解决问题的实践技能，使他们增强了社会责任感，强化了社会价值观。通过社会服务，高校可以扩大经费来源，为学校的发展提供更好的物质基础。从某种意义上讲，大学的社会地位和公众形象不仅取决于人才培养和科学研究的水平，而且更多地来源于对社会经济的贡献力和影响力。高校从国家、地方政府（纵向）和社会、企业（横向）得到的支持，一般而言，同高校对国家和地方经济发展做出的贡献呈对应关系。"以服务求支持，以贡献求发展"就是要求高校在为社会经济服务中体现自身的价值，取得社会的承认、信任和支持，也为自身的后续发展创造更好的条件。

三、个体层面：塑造中国特色社会主义建设的合格人才

（一）培养大学生坚定的政治素质

良好的政治素质是大学生形成科学的世界观、树立正确的人生观和价值体系的根本保证，是大学生成长的内在因素和成才的动力。政治素质的好坏，是大学生成为社会主义国家人才的关键。政治素质的高低，标志着大学生在政治上的觉悟程度和认识、参与政治能力的强弱。政治素质正是回答了"为谁培养人"的问题。当代大学生要具备以下政治素质。

第一，坚定的政治方向。大学生首先要为社会主义国家服务，我国的大学生是要成为社会主义现代化建设人才的。为此，大学生要深入学习党的基本理论、基本路线、基本纲领和基本经验，了解我国历史，正确认识现阶段国内形势的发展，承担起国家赋予的使命，把实现个人理想与服务祖国人民统一起来，脚踏实地地为实现党在现阶段的基本纲领而奋斗。

第二，崇高的理想信念。崇高的理想和坚定的信念是大学生实现人生价值和前进的动力。大学生要树立社会主义的理想信念。社会主义的理想信念是科学的世界观、人生观、价值体系的集中表现，是与社会主义市场经济相适应的思想道德体系的核心。高校要对大学生有计划、有系统地加强马克思主义理论教育，用马克思主义人生观、价值体系构筑大学生的精神支柱，使大学生正确认识人类社会发展的必然规律，树立起远大的共产主义理想。

第三，扎实的科学理论基础。任何实践都必须有科学的理论做指导，只有科学理论的指导，实践才能取得成功。当代大学生要掌握马克思主义、毛泽东思想和中国特色社会主义理论体系的基本原理和科学方法，要在把握其科学体系和精神实质上下功夫，要立足于我国的具体实际，形成正确的学习风气，提升自身思想政治素质。

总的来说，就是要提高大学生对核心价值观的认同感，使广大学生提高明辨是非的能力，抵御各种社会思潮的影响。习近平说："我们什么时候都要坚守在中国大地上形成和发展起来的社会主义核心价值观，在时代大潮中建功立业，成就自己的宝贵人生。"

（二）促进大学生的全面发展

马克思认为，人的全面发展是人发展的最高目标。在马克思看来，人的全面发展包含着人的全部特征的发展，人以一种全面的方式，就是说，作为一个总体的人，占有自己的全面的本质。人的全面发展理论是马克思主义学说的核心理论，马克思主义所有的学说和理论，归结到一点就是实现人的自由和解放，促进人的自由、全面发展。马克思主义关于人的全面发展理论有着十分丰富的内涵。正确认识和梳理人的全面发展的科学内涵，是我们推动当代大学生全面发展的基本前提。在马克思看来，正是人的需要的发展和需要的不断满足推动着人类和人类社会的文明进步。马克思指出，人的需要的发展证明了人的本质力量和人的本质的充实。人的需要具有层次性，需要形式的日渐多样，以及需要的不断得以满足，推动着人的全面发展，进而推动人类社会的全面进步。

第一，人的全面发展的内涵。人的全面发展包括以下几层含义。

一是人的发展的全面性。一方面，人的全面发展是指全社会中的每一个人都普遍地得到发展；另一方面，人的全面发展是指人的个体素质、丰富个性都得到自由而全面的发展。二者相辅相成，缺一不可。

二是人的劳动能力的全面发展。劳动，作为人的根本实践活动，创造了人，也造就了人的本质。因此，劳动能力的强弱和劳动水平的高低，直接决定并且反映着人的自由自觉性的发展程度，劳动能力的全面发展，成为人的自由全面发展的根本。

三是人的需要的全面性。在马克思看来，正是人的需要的发展和需要的不断满足推动着人类和人类社会的文明进步。人的需要是人的意识活动及其他各方面行为活动的内在动力。人的需要是多样的和多层次的，不仅有物质需要，还有精神需要，精神需要中又有发展需要、自我实现的需要等。人们总是在旧的需要得以满足的基础上产生新的需要，从而推动各项事业的发展。所以，马克思指出，人的需要的发展证明了人的本质力量和人的本质的充实。人的需要具有层次性，需要形式的日渐多样，以及需要的不断得以满足，推动着人的全面发展，进而推动人类社会的全面进步。

四是人的社会关系的全面性。人的社会关系的发展，是个人形成的社会关系日益普遍化、全面化的过程。每个人都有自己的社会圈，每个人每天都在同他人交往着，只有在同他人交往的过程中，人才能发展，所以说，个人的发展通常取决于与他发生交往的人。

第二，人的全面发展在现实社会生活中的体现。只有社会进步了，人才能获得全面的发展。在我国现阶段，人的全面发展就是人要实现现代化。人要随着时代的发展和社会的进步而相应地发展。人的现代化必须从心理、思想、道德、态度和行为方向等方面加以提高。实现人的现代化的过程实质上就是推进人的全面发展。在我国，现代化的人应是树立了崇高思想的人，他们富有理想，理性意识强烈，拥有高尚的道德情操；现代化的人应是具有较高道德水准的人，具有优良的社会公德、职业道德和家庭美德；现代化的人应是拥有健康心理素质的人，他们对人生价值的实现有一个正确的理解，能够自觉为社会做贡献，同时实现自己的生命价值。

第三，当代大学生的全面发展。时代的发展对大学生提出了更高的要求。大学生光有一肚子学问是不够的。大学生除了要有文化知识素养，还要具有多方面的综合素养。

（三）坚定大学生的理想信念

理想信念在人的主观精神世界中居于核心地位，起着主导和统领的作用。大学生社会主义核心价值观教育的目标之一，就是引导大学生树立正确的个人理想与社会理想，坚定他们为理想坚持奋斗的信念；引导大学生把个人的成长进步同中国特色社会主义伟大事业、同祖国的繁荣富强紧密联系在一起。

第一，坚定对马克思主义的信仰。马克思主义是将科学的世界观方法论、彻底的唯物主义、无产阶级的党性原则、全心全意为人民服务的精神融为一体的崇高信仰。它是不断创新的理论，能一直引领时代潮流，成为指导社会发展、人类进步的指路明灯。在21世纪我党提出的"三个代表"重要思想和科学发展观是在不断深化对人类社会发展规律、社会主义建设规律、共产党执政规律认识的基础上提出来的，是与时俱进的马克思主义的体现。它体现着鲜明的时代性，把握着事物发展与社会发展的规律性，从而富于伟大的理论创新。中国特色社会主义的健康发展已经向世人昭示，以马克思主义为指导，社会主义必定迎来它新的辉煌。

第二，坚定对党和政府的信任。信任，指的是人民群众对于领导干部的信任，这实际上也是对党对政府的信任，对马克思主义和社会主义制度的信任。大学生作为社会主义现代化事业的建设者和接班人，他们中的许多人将会走上领导岗位。当大学生担任领导干部后，更应该通过称职有效的工作，取得人民群众的信任。要自觉地树立以人民群众为本的价值观，实现好、维护好、发展好人民的利益，真正做到亲民、爱民、为民，做到权为民所用、情为民所系、利为民所谋。

第三，坚定对建设中国特色社会主义的信念。最高理想作为人的最高价值追求，是一种未来的目标，它只有具体化为一些阶段性的理念目标，并付诸实践，在实践中化为现实，才能逐步得以实现。共产主义最高理想，只有在社会主义社会充分发展和高度发达的基础上才能实现。实现共产主义是空前伟大而艰巨的事业，建设中国特色社会主义现代化事业，是一项全新的伟大工程。建设中国特色的社会主义是一项艰巨的任务，在这个过程中，很多深层次的思想问题也会表现出来。而要解决这些问题，就要依靠思想政治教育，重点是加强社会主义核心价值观教育，通过马克思主义理论、共产主义和社会主义思想以及集体主义和爱国主义的教育，青年学生真正从思想上认识到社会主义代替资本主义的总趋势是改变不了的；坚持四项基本原则是立国之本，"三个代表"重要思想是我们党的立党之本、执政之基、力量之源，是指引我们通过中国特色社会主义迈向共产主义美好未来的根本保证。唯有如此，才能坚定建设中国特色社会主义的信念，也才能将信念转变为自觉的行动，为中华民族的伟大复兴做出自己最大的贡献。

第四，坚定对改革开放和现代化建设的信心。经过多年的建设，特别是改革开放30多年来的发展，我国的综合国力大大增强，为今后的发展创造了有利的条件，奠定了比较坚实的物质基础。当前，以习近平同志为核心的党中央正率领全国人民向着全面建成小康社会的宏伟目标奋勇前进。广大青年学生一定要积极参与改革开放和社会主义现代化建设的伟大实践，提高对"三个代表"和科学发展观重要思想实践性的认同，使之内化为坚强的信心。

（四）推进大学生的思想道德发展

在人才的素质中，思想道德素质处于统领地位，它决定着一个人为谁服务和如何做人的大问题，决定着人才成功的方向。同时，在我国改革开放和现代化建设对人才培养不断提出新的更高要求的情况下，以荣辱观作为大学生思想道德品质教育的核心目标，准确把握当代大学生思想道德品质的状况，切实加强大学生思想道德品质的培养。

正确的荣辱观是激励人生的重要动力。马克思唯物辩证法认为矛盾双方既相互对立又相互转化。荣与辱作为道德的双方也不是一成不变的，在一定条件下也可以相互转化。正确的荣辱观是激励人生的重要动力。当人们的行为受到他人和社会的赞许时，就会视荣誉为生命，增强对荣的认知和践行，使人们在道德实践的过程中更好地发挥其主动性，增强内心对真善美的追求动力；而当人们意识到耻的存在时，在正确荣辱观的指引下就会化耻为前进的动力，促进自身行为向荣的转化，做到见贤思齐，促进自身素质的提高。

以"八荣八耻"为主要内容的社会主义荣辱观，体现了马克思主义的世界观、人生观和价值观，为大学生判断行为善恶、做出道德选择、确定价值取向提供了基本的价值准则和行为规范。确立社会主义荣辱观为大学生道德品质教育目标，对于大学生健康成长成才和培育文明道德风尚具有重要的规范、激励和指导作用。践行正确的荣辱观能够使大学生增强正确道德选择的能力，使其不断自我反省、自我激励，努力提升道德境界。践行社会主义荣辱观对大学生的全面发展会产生重要的影响。当代大学生应认真学习、深刻领会树立社会主义荣辱观对自身全面发展的重大意义，准确把握"八荣八耻"的基本要求，并以此来规范自己的言行举止，做到自省自警、自珍自爱、知荣求善、知耻改过，经过反复的实践和逐步的养成，使社会主义荣辱观转化为自己内在的道德品质和行为习惯，成为自己生存、发展的内在精神源泉。

第二章　大学生社会主义核心价值观教育创新的挑战与机遇

第一节　大学生社会主义核心价值观教育创新的环境

大学生社会主义核心价值观教育是一个过程，20世纪80年代以来，党和国家对大学生社会主义核心价值观教育高度重视，出台了一系列的方针政策。大学生社会主义核心价值观教育经过30多年波澜壮阔的历史发展，取得了一些丰硕的成果。准确把握当前大学生社会主义核心价值观教育的现状，认清目前大学生社会主义核心价值观教育的环境，分析大学生社会主义核心价值观教育的优势特点，了解大学生社会主义核心价值观教育存在的问题，对推进大学生社会主义核心价值观教育、促进中国特色社会主义社会事业发展具有重要的现实意义。

一、大学生社会主义核心价值观教育的环境分析

（一）大学生社会主义核心价值观教育的环境内涵

沙漠里生长着倔强的仙人掌，北方寒冷的山地造就了大片的针叶林，而苔藓却在阴暗、潮湿与闷热的环境中生长。植物与环境和谐相处、相得益彰，动物、人类以及其他一切事物，无论是具体的，还是抽象的也都完全如此。环境与事物之间相互依存、相互促进、辩证统一。

关于环境的界定很多，如"环境是我们生活于其中的客观世界""环境是我们生活的周围空间""环境是物质的、精神的客观存在""环境就是指自然环境和社会环境""环境是指人生活于其中，围绕在人周围并影响人发展的一切外部世界。环境是人生存与发展的重要条件"等。对于这些界定笔者不敢苟同，例如，前两种只强调了人类生活的环境，忽视了其他事物存在的环境；后两种是抛开事物孤立地谈环境，或是从分类或举例的层面概括环境，都存在一定的片面性。笔者认为，环境是事物存在或发生的基础和条件，不能离开事物谈环境，特别是离开具体事物，这样环境就失去了存在的意义；环境是事物的环境。事物是存在或发生在环境之中的事物，没有环境，事物就不会存在或发生。因此，不

能离开事物孤立地谈环境，离开事物谈环境是没有意义的。同样，也不能离开环境谈事物，离开环境谈事物也是没有意义的。所以，环境是事物存在或发生的基础和条件。

通常，人们讨论到环境问题，更多注意的是自然环境、物理环境、生态环境、环境污染等问题，而忽略了人文环境、社会环境，其实，人文环境、社会环境才是最重要的。其中社会环境基本上是由人文因素决定的。

以环境构成范围大小为依据来进行划分的话，大学生社会主义核心价值观教育的环境可以分为宏观和微观两大环境类型。从宏观来看，思想政治教育环境主要包括政治、经济、文化等环境。从微观上看，大学生社会主义核心价值观教育的环境有家庭、学校、学生群体等方面。相比较来看的话，宏观环境对大学生社会主义核心价值观教育的影响是抽象的、间接的，微观环境的影响则是直接的。

（二）微观环境的特点

1. 互动性

从某种角度来看，大学生社会主义核心价值观教育微观环境对人的成长和发展有一定的决定作用，它影响着人的思想和心理，对人的成长发展和心理品质的形成有重要的作用。但这并不说明人对微观环境是无能为力的，在实际的生活中，人可以通过实践活动对微观环境起到能动的反作用，人可以在一定程度上创造和改变微观环境。这种辩证关系体现了人与微观环境之间的互动性。人可以优化大学生社会主义核心价值观教育的微观环境，但由于人在环境中生存和发展，必然会受到环境的制约和影响，从而使人与环境协调发展。

2. 具体性

教育双方都可以直接参与到大学生社会主义核心价值观教育的微观环境中，由此来看，大学生社会主义核心价值观教育的微观环境是具体的、可以被人体验和感知的。这种具体性主要表现在以下两方面：一是大学生社会主义核心价值观教育的微观环境是以具体的物质和精神形态表现出来的，不论其是简单还是复杂。二是大学生社会主义核心价值观教育的主客体双方总是在一定的具体的微观环境中生存和发展。因此，在对大学生社会主义核心价值观教育的微观环境进行具体的分析研究时，要选择合适的内容和方式。

3. 可创性

由于人具有主观能动性，就可以主动去认识、利用和改造微观环境，按照人要实现的目标去创造环境。一方面，按照一定的大学生社会主义核心价值观教育的目标及教育对象的思想实际，选择有利的微观环境，从而增强大学生社会主义核心价值观教育的有效性；另一方面，积极改变不适应的微观环境，合乎规律地创造新的大学生社会主义核心价值观教育的微观环境，对思想政治教育带来不良影响的微观环境进行改造，使消极因素变为积极因素，同时从大学生社会主义核心价值观教育的目标出发，去创造新微观环境，以保证大学生社会主义核心价值观教育目标的实现。

（三）当前环境现存的问题及其对大学生核心价值观的影响

1. 社会环境

社会环境对大学生价值观的影响是非常大的。社会主义市场经济、互联网、现代大众传媒等社会因素无时无刻不在影响大学生对社会主义核心价值体系的认同。市场经济会引发大学生在思维方式、荣辱观上存在扭曲，网络上大量的信息会影响大学生的判断。现代大众传媒具有感染性、广泛性、公开性、即时性的特征，它是一个双向的过程。大众传媒会带给大学生最直接的感官信息，大学生对社会的认知大部分都是通过传媒传达的信息获得的。在社会因素作用下，大学生的核心价值体系受其影响很大。我们要建立健康的文化系统，坚持用社会主义核心价值体系引领社会思潮，不断增强社会主义意识形态的吸引力和凝聚力，使整个社会形成健康向上的文化氛围，为大学生营造良好的文化环境。总之，社会环境像一个源源不竭的发动机，不断推动大学生对社会主义核心价值观的认同向前运动发展。

2. 校园环境

（1）校园环境的构成

校园环境是指对大学生社会主义核心价值观教育和大学生的思想品德形成和发展产生影响的一切内、外部因素的总和。从范围上来看有校园内环境和校园周边环境；从构成要素看，包括物质环境和精神环境两个方面。校园物质环境主要是指校园的物质设计，包括教学、生活设施等。如学生宿舍、操场、教学楼等。这些物质文化设施既是教学活动所必须依存的，又能体现出一个学校的文化面貌，它以自己独有的风格和内涵，影响着在校师生的观念和行为。校园精神环境是校园环境中重要的组成部分，包括校风、学风、教风、管理制度、师生关系以及学生的社团活动等方面。校园精神环境是校园环境构成的核心部分，它充分体现了高校软实力的强弱。通过精神环境建设，可以对学生的思想和价值观产生积极健康的影响。

（2）校园环境对大学生思想及价值观产生影响的特点

第一，复杂性。所有的环境因素中，良性与恶性、积极与消极、先进与落后的因素总是混杂在一起，共同作用并影响着人们的思想和行为。校园环境因素也是如此，与自然科学研究的实验室环境不同，一方面，将大学校园中不同因素分离开来是相当困难的；另一方面，不同的大学个体对校园环境的适应优化也存在着很大差异，同样的环境对教育对象和教育本身的影响往往存在较大差别。有的学生在复杂的校园环境中，能够发挥个人的主观能动性，汲取积极的有益的影响，克服消极的不良的影响，获得良好的教育效果；有的学生在复杂的环境中，选择能力差，被动地接受不良的影响；有的学生甚至在良好的环境中也没有形成良好的思想道德素质。所以，同样性质的校园环境对不同学生的影响存在着很大差异。

第二，开放性。这主要表现在以下两方面：一是校园环境对大学生思想上的影响在空间上不是固定的。随着改革开放的深入和互联网的运用与普及，大学无论在地理空间、信息交流还是在思想上都不再与社会封闭隔绝，大学校园处于一个开放的环境和各种思想文化相互激荡的过程中。现代师生不仅可以从书本上、课堂上、会场上接受熏陶，还可以将知识和信息的获取延展到社会环境和国际环境。当前各种国际性学术会议、训练、考察、讲学、进修等文化交流活动日趋频繁，国际性书刊的流通渠道逐步顺畅，校园已经成了中西文化的一个重要交汇点，已处于一个全方位的开放环境中，校园环境具有的开放性特征在其影响力推广的空间上已经突破一定的空间界限。二是校园环境自身的形成是一个动态的过程。校园环境是动态的、变化的。在经济全球化大背景和我国社会转型的新时期，高等教育已由精英教育转为大众化教育，大学里越来越普遍采取企业化经营方式，渐之呈现市场化、娱乐化、功利化等复杂的变化。这些变化主要为：一是随着社会政治、经济、文化的变化而变化；二是随着师资力量、学生主体特征的变化而变化；三是随着校园环境影响因素主次关系的变化而变化；四是在影响性质的正负面的较量中发展。

3. 家庭环境

家庭是社会的细胞，是人社会化的最初起点，家庭成员之间直接地接触，潜移默化地互相影响，耳濡目染地彼此教化，对人的社会化有重要的作用。家庭是青年大学生进行社会学习的第一课堂，是大学生在进入大学前的主要生活场所，是青年大学生的第一所学校和个人成长的摇篮。

（1）家庭环境对大学生思想和价值观形成和发展影响的特征

第一，普遍性和特殊性。普遍性是指所有大学生个体都生活在一个特定的家庭中，几乎每一个大学生都要受到家庭的影响和教育。如果一所高校把该校所有大学生的家庭都动员起来做大学生的思想教育工作，就会极大地壮大大学生社会主义核心价值观教育的力量。特殊性是指每一个大学生个体受到自己家庭的影响是具体的、有限度的。每一个大学生个体的家庭环境是不一样的，不仅以父母为代表的家庭成员的思想政治品德的状况不一样，教育影响的方式方法不一样，家庭环境中的经济状况、社会地位等其他因素也会不一样，因而对大学生个体思想政治品德形成和发展的影响也是不同的，故家庭对大学生个体的影响又具有特殊性。

第二，针对性。俗话说："知子莫如父，知女莫如母。"大学生个体从小到大，很多时间都是在家庭中度过的，即使是上了大学，远离了家庭和亲人，但血浓于水的亲情和现代通信工具也能使他们与家人保持着密切的联系。由于长期的共同生活，父母对子女的性格、志趣、爱好、学习、习惯、思想等最熟悉、最了解。教育者若能与大学生个体的父母（或其他亲人）保持经常的联系，及时汇报学生在大学的学习和其他方面的情况，学生的父母（或其他亲人）就能够根据其具体情况和特点，有针对性地施加教育影响。

第三，血缘伦理的亲和性和权威性。父母长期对子女的无微不至的关怀、爱护和教育，与子女之间形成的是血缘伦理亲情关系，这种关系是教育者难以达到的。血缘伦理的亲和性能使父母产生对子女教育的权威性。不仅如此，在上大学前和上大学后对父母（或其他亲人）经济上的依赖性，也会导致父母（或其他亲人）对大学生个体教育权威性的产生。因此，从家庭教育影响的血缘伦理的亲和性和权威性上看，大学生社会主义核心价值观教育者也应当利用家庭环境的这一特点来加强大学生社会主义核心价值观教育，从而提高教育的实效性。

（2）当前家庭教育中存在的错误理念

家庭教育理念是指家庭希望自己的孩子将来成为什么样的人和如何培养自己孩子的观点。家庭教育理念是否正确对青少年健康心理、健全人格的发展有重要的影响。从当前来看，以下几种不良观点影响了青少年的健康发展。

一是非诚信化教育观念。随着市场经济的发展，一些社会问题层出不穷，诚信危机是其中比较突出的问题。这就导致一些父母在教育子女时有一些不正确的观念。有些家长教育子女"老实人会吃亏""逢人宜说三分话，未可全抛一片心"等。这些教育理念对青少年的心理及行为产生了一些不良的影响，助长了非诚信行为的增加，给大学生社会主义核心价值观教育造成了一定程度的负面作用。

二是重智轻德的教育观。在多数人看来，一个人拥有丰富的科学文化知识和科学技术水平就是一个良好的人才，而这个人的德行如何则不是很重要。有些家长认为孩子只要功课好就行，其他的不用管。这种不正确的成才观使得一些青少年产生一种错误观念，不注重对自身修养的培养，这就直接导致大学生的道德水平素质下降。

三是不良的金钱观教育。受我国传统文化的影响，许多家长在关于金钱观方面的教育一直有一些问题。他们对子女的金钱管理很严格，对子女的事情进行包办，这不利于青少年养成正确的金钱观，一些大学生不知道怎么正确对待金钱，在金钱的使用上也有很多不合理的地方，导致独立生活比较困难。此外，也有一些家长将学习、做家务等作为子女获得金钱的手段，这种教育方式不利于青少年责任感的培养。这种观点进入高校中会给大学生的相处带来功利色彩，不利于大学生的健康发展与成长成才。

二、当前大学生核心价值观教育的优势特点

从21世纪开始，我国进入了全面建设小康社会、加快推进改革开放和社会主义现代化建设的新的发展阶段。高校思想政治教育在党的理论创新和实践创新中迎来了新的发展机遇，大学生社会主义核心价值观教育步入快车道。这个时期的大学生社会主义核心价值观教育具有两大优势特点。

（1）中央采取了一系列重大措施加强和改进大学生思想政治教育工作，开创了大学生社会主义核心价值观教育的新局面

为了适应新形势、新情况，突破高校思想政治教育的薄弱环节，中央采取了一系列重大措施。一是中共中央、国务院及有关部门相继出台了多个加强和改进大学生思想政治教育的重要文件，大学生社会主义核心价值观教育获得了政策上的强力支持。2004年8月，

中共中央、国务院发出了《关于进一步加强和改进大学生思想政治教育的意见》。2005年1月,中央专门召开了大学生思想政治教育工作会议,胡锦涛同志发表了重要讲话。在此前后,教育部、卫计委、共青团中央、中央宣传部等相关部门相继下发了多个配套文件,大学生社会主义核心价值观教育获得了政策上的强力支持。二是马克思主义理论研究和建设工程启动,大学生社会主义核心价值观教育获得新的动力。2004年1月,中央发出了《关于进一步繁荣发展哲学社会科学的意见》,并随后召开了实施马克思主义理论研究和建设工程工作会议,大力推进马克思主义理论研究和建设工程。三是高校思想政治理论课新方案出台,课程设置更为合理。2005年,中宣部、教育部发出《关于进一步加强和改进高等学校思想政治理论课的意见》,明确了高校思想政治教育理论课程改革新方案,形成了结构合理、功能互补的思想政治理论课课程体系。

（2）党的理论创新取得重大成果,丰富了社会主义核心价值体系的内涵,完善了大学生社会主义核心价值观教育的内容

党的十六大以来,我们党不断推进理论创新,形成了一系列富有创造性的理论成果。这些理论创新成果是对马克思主义的重大理论贡献,丰富了大学生社会主义核心价值观教育的内涵。一是提出了以人为本的科学发展观,奠定了社会主义核心价值体系的基石。十七大报告系统论述了科学发展观的基本内涵,其以人为本的指向深刻反映了中国特色社会主义的价值,因而在意识形态上成为社会主义核心价值体系的重要内容,构成了社会主义核心价值体系的基石。二是提出了构建社会主义和谐社会的重大任务,"和谐"成为社会主义核心价值体系的核心理念。党的十六届六中全会对构建社会主义和谐社会做出了总体部署。和谐社会理论中的"和谐"精神深刻体现了中国特色社会主义的核心价值,成为社会主义核心价值体系的基本理念。三是提出了以"八荣八耻"为主要内容的社会主义荣辱观,丰富了社会主义核心价值体系的基本内容。2006年3月,胡锦涛在全国政协十届四次会议上明确提出了以"八荣八耻"为主要内容的社会主义荣辱观。社会主义荣辱观丰富了社会主义核心价值体系的基本内容,充实了大学生社会主义核心价值观教育的道德基础。四是提出了建设社会主义核心价值体系的战略任务,大学生社会主义核心价值观教育成为时代的重大课题。2006年10月,十六届六中全会提出了社会主义核心价值体系的基本论述。2007年年底,十七大将"建设社会主义核心价值体系"纳入报告中。"建设社会主义核心价值体系"成为构建社会主义和谐社会、推进中国特色社会主义建设的战略任务,大学生社会主义核心价值观教育成为高校思想政治教育的引领力量。2012年党的十八大对社会主义核心价值观进行了高度凝练,总结为24个字,指出了社会主义核心价值体系是兴国之魂,是社会主义先进文化的精髓,决定着中国特色社会主义的发展方向。

三、当前大学生价值观教育现存问题及成因分析

（一）现存问题

总的来看，当前大学生社会主义核心价值观教育总体状况是比较好的，但仍然存在一些不可忽视的问题。

1. 没有一个明确的大学生社会主义核心价值观教育定位

大学生社会主义核心价值观教育与思想政治教育是相互联系又有区别的，目前高校在大学生社会主义核心价值观教育的内容定位上存在偏差，片面地将其与思想政治教育内容合为一体。思想政治教育的内容是比较宽泛的，而社会主义核心价值观教育则重点是要帮助学生树立社会主义核心价值观，对学生进行正确的"三观"教育，使其成为有用有德的人才。在大学生社会主义核心价值观教育的方式定位上也存在不明确的地方。现行的大学生社会主义核心价值观教育没有作为单独的一门课程进行研究，主要是沿用思想政治教育替代社会主义核心价值观教育。我们知道思想政治教育相关理论内容多、方向多，教育者在进行理论传授、实践指导时往往会受多种因素干扰，对大学生社会主义核心价值观教育的定位、目标及内容把握不准，使得教育效果打了折扣。

2. 在内容上与学生的实际生活和社会程度不够贴近

大学生社会主义核心价值观教育只有从大学生的实际出发，了解大学生的个性特征，站在大学生的角度上思考问题、解决问题，才能赢得大学生的拥护和支持。目前在这方面存在的问题主要有：第一，教学的课程设计还不能够紧密结合大学生的生活实际，教育者只是机械地讲授书本知识，而忽视了书本知识与大学生现实生活的联系，导致理论与实践脱节。第二，教育忽视了学生的个性特征和身心发展规律，针对性不强。教育者没有研究大学生的个性特征和身心发展规律，只是笼统地传道授业，没有实现与学生个体的互动与反馈。第三，教育缺乏人文关怀和人性化。教育者过分注重大学生的智育，轻视大学生人格培养，教育没有考虑大学生的实际需求，缺乏人文关怀和人性化。这些导致学生上课的出勤率较低，认真度不高，很多学生认为思想政治理论课对于他们是没有用的，因而不喜欢上马克思主义理论课和思想品德课。大学生思想政治教育的主阵地、主课堂、主渠道作用没有充分地发挥出来。

3. 在教育方法上缺乏针对性和实效性

目前大学生思想政治教育内容忽视了时代变革中的新情况、新现象，对大学生的个人实际和学生所关注的社会热点、难点等实际问题关注度不够，这种状况使得思想政治教育本身缺乏针对性，缺乏时代感，无法与时俱进，不能适应时代发展的要求。主要表现在以下几方面：第一，教育以课堂说教为主要方法，进行"填鸭式"的理论灌输，内容陈旧，形式枯燥，缺少互动。第二，榜样教育脱离大学生现实生活，过度"高、大、全"，不能

深入大学生内心，不能使大学生产生共鸣，教育缺乏感召力。第三，教育重视校园文化，但是娱乐性过度、内涵不足、校园文化缺少规划性。第四，教育重视社会实践，但是实践流于形式，没有科学规划，也与学生所学知识脱节。传统的大学生社会主义核心价值观教育思路和方法已经不适应时代的发展需要，也不适应当前大学生价值观教育的现实情况，应该加强对网络的运用与管理，充分利用好现代传媒手段。

4. 教育队伍比较薄弱

大学生社会主义核心价值观教育主要由思想政治教育教师以及教育管理人员进行。目前大学生思想政治教育工作队伍还不能适应大学生思想政治教育工作的要求，质量有待提高、数量有待增加、队伍有待稳固。从管理队伍的质量和数量来看，专职管理政工人员数量不足，经过专业培训的管理人员更是少之又少。根据教育部要求，每120至150名学生需要配备一名专职政工管理人员，而在实际工作中，虽然大多数高校都为各院系配备了专职总支副书记、党团委书记，但是和教育部的规定相比，缺额现象比较严重。大学生社会主义核心价值观教育的队伍中人数少、人员综合素质参差不齐，而且教育者身兼其他事务性工作，工作任务繁重。缺少合理的评估激励机制，教育者的工作主动性不强，动力不足。

5. 没有充分形成教育合力

大学生社会主义核心价值观教育是一个由社会、学校、家庭、个人共同参与的教育，全社会应该形成人人关注大学生社会主义核心价值观教育，人人投入大学生社会主义核心价值观教育的全员教育局面。但是，当前的教育还没有引起足够的重视，大部分的教育责任落在了高校，家庭和社会没有能够担起教育的责任，教育的统合力尚未形成。主要体现在以下两个方面：第一，教育没有得到社会、家庭和学校的足够重视，尤其是社会和家庭的重视程度严重不足。第二，教育没有得到社会的全员参与，缺少合理的支持，高校承担了几乎全部的教育责任，社会和家庭的参与度不高，教育应该是社会、学校和家庭共同发挥作用。

（二）成因分析

1. 高校对社会主义核心价值观教育工作重视度不够

目前大多数高校将更多的精力放在学校的办学规模、学科建设、师资队伍建设上，把学生的社会主义核心价值观教育工作作为软任务，没有给予足够的重视。教育者没有把对大学生的社会主义核心价值观教育当成教育者自身的责任，也没能全身心地投入教育中。教育者存在"重智轻德"的偏见，往往只重视大学生知识和技能的学习而忽视了大学生价值观、道德品质、人格修养的教育。另外，从大学生的角度看，大学生本人往往把社会主义核心价值观教育当成课业负担，而没有真正深入内心认真学习、活学活用；大学生也存在重知识才能，轻道德品质的偏见，没有把成才与成人、自身成长与国家命运联系起来。

2. 国内外环境变化对价值观教育带来的冲击

大学生社会主义核心价值教育是在一定的社会环境中进行的，社会环境对接受具有导向的作用，决定着接受的大方向。就国内环境而言，改革开放以来，我国现阶段社会情况较以前发生了复杂而深刻的变化。随着改革开放的发展和经济的转型，社会转轨，在意识形态领域，出现了多种思想观念相互碰撞。当代大学生由于阅历尚浅，容易受社会变化的影响，难免会出现思想的困惑或混乱。此外，社会主义市场经济体制的确立，对尚处在世界观、价值观形成中的大学生来说影响会更大。改革开放出现的一些消极腐败现象及社会上的坏风气，也严重地影响着青年学生的心灵。从国际环境看，由于苏联的解体和东欧剧变，社会主义运动从高潮转入低谷。来自不同国家，代表不同的政治观点、文化观念、道德行为、价值观念和生活方式的信息云集网上，在这些信息中不乏消极的、错误的甚至是反动的观点，境外敌对分子往往利用互联网的优势推销自己的价值标准、意识形态和社会文化。西方敌对势力通过网络中的"思想侵蚀"，实行"西化""分化"战略，不同程度地冲击着大学生的思维方式、价值观取向。

3. 教育队伍的角色多重化

当前高校大学生社会主义核心价值观教育队伍主要由辅导员、部分专职理论课教师、行政人员等组成。他们发挥着各自不同的作用：行政人员负责学生的思想教育的组织、协调、实施；理论课教师根据学科和课程内容、特点，负责对学生进行思想理论教育、思想道德教育和人文素质教育；辅导员、班主任负责按照党委部署有针对性地开展德育活动，在思想、学习和生活等方面指导学生。但是，在这些工作人员中普遍存在着同一个问题，从事社会主义核心价值观教育只是暂时的，而不是长期持续的，从事社会主义核心价值观教育的专业人员不多，专职教师较少，兼职教师比重过大，社会主义核心价值观教育工作队伍素质参差不齐。而且，兼职教师大部分同时还担任行政领导、党务工作或学生管理工作，不能把社会主义核心价值观教育作为重点对待，对备课和教学投入的精力也很有限，在选择教育内容和教育方法时缺乏科学性，导致大学生社会主义核心价值观教育工作薄弱，对学生的世界观、价值观、人生观教育不能得以很好地展开实施。

4. 大学生成长家庭环境及教养方式带来的不良影响

每个大学生的家庭出身不同，家庭成员结构不同，家庭成员素质不同，家庭成员处事方式不同，这些因素决定了每个大学生家庭在大学生社会主义核心价值观教育问题上的认识、态度、处理方式也有差异。首先，现在大多数学生都是独生子女，从小父母对其溺爱有加，包办过多，部分家长过度关注孩子的智力发育而忽视孩子的身心健康，过度重视孩子的学业成绩而忽视孩子的品德修养，过分放纵孩子而忽视教导约束。这些家庭偏见导致家庭对大学生社会主义核心价值观教育的重视程度不够，认识不全面，执行不得力。其次，家庭过度依靠学校。部分家庭认为孩子一旦上了大学，教育就是学校的事情，高校应该承担其学生成长、成人、成才的重担。因此，家庭推卸教育孩子的责任，完全依靠学校，而且家庭主动与高校进行的沟通严重不足。最后，家庭成员素质参差不齐。部分学生的家庭成员本身对社会主义制度就不认可或者有动摇、不够坚定，或者家庭成员的文化水平、道德修养、处事方式存在问题，这些因素都会直接影响到家庭对大学生社会主义核心价值观教育的开展和效果。

第二节 大学生社会主义核心价值观教育创新的方法构建

自党的十六届六中全会第一次明确提出社会主义核心价值体系这一科学命题以来，全国包括各个高校都兴起了建设社会主义核心价值体系、巩固全党全国人民团结奋斗的共同思想基础的热潮。党的十八大又创造性地提出了以"三个倡导"为基本内容的社会主义核心价值观内容体系。本节通过对相关研究成果的系统梳理，对大学生社会主义核心价值观教育的现状有一个比较清醒的认识。既能看到成绩，也能发现问题，经过认真分析总结，力图找到原因所在，为进一步开展好大学生社会主义核心价值观教育打下坚实的基础。

一、大学生社会主义核心价值观教育方法取得的成效

在新时期新阶段，各教育部门积极响应党的十八大关于社会主义核心价值观的培育精神，努力坚持贴近实际、贴近生活、贴近大学生的教育原则，从大学生最关心的利益出发，力争把解决大学生的思想问题与解决他们的实际问题联系起来。各高校也在努力打造全方位、多渠道的育人环境，创新教育方法，在大学生社会主义核心价值观教育方面确实取得了一定的成绩，对社会主义意识形态的深入人心以及维护社会的稳定起到了一定的作用。

第一，大学生社会主义核心价值观教育途径多样化。高校要充分发挥教育的主渠道作用。在开展大学生社会主义核心价值观教育的过程中，尽管各个高校工作运行模式不同，但基本上都是大同小异，总体模式主要体现在以下几个方面：首先是课堂教学在大学生社会主义核心价值观教育中发挥主导作用。思想政治理论课是对大学生进行社会主义核心价值观教育的主干课程，能够帮助大学生提升解决问题、分析问题的能力，具有不可替代的作用。形式与政策课帮助大学生认清国际国内的当前形势，了解社会的发展趋势，以利于他们准确把握时代脉搏。社会科学课程可以帮助大学生坚定正确的政治方向，学会分析复杂的社会现象，提高他们的思想道德修养等多方面的素质。其次是高校各部门利用自身优势和特点，都在发挥着作用。除了课堂教学外，高校宣传部门还组织教师开展政治理论学习，学习党和国家的各种方针政策，并通过组织报告会、学校网站、广播、校报等向广大师生进行政策宣传。学生工作部门除负责做好大学生的日常管理外，还组织学生参加各种实践活动，从而开阔了学生的眼界，提升了学生的能力。学生工作部门还通过开展大学生心理辅导等活动，培养学生良好的心理品质和自尊、自信的健康人格。学生社团也通过自

我管理和自我发展，发挥了学生自我教育的功能。同时，学校党委也从全局的高度出发，制定统一的教育规划，拟定合理的发展目标，对大学生的社会主义核心价值观教育工作做出全面部署和安排。后勤、保卫处等服务部门，通过为学生创造良好的生活学习环境，加强校园安全防范等，保证了教学活动的正常进行，以自己特有的方式为大学生社会主义核心价值观教育的顺利开展提供了保障。

第二，各种教育渠道协同发展。从哲学的角度来看，任何事物都处于普遍联系与发展变化之中。大学生社会主义核心价值观教育，作为一种观念系统，也是在多种因素的相互联系与影响下，得以开展与进行的。由此，实现对大学生的社会主义核心价值观教育，也需要多种教育途径共创合力。大学生无时不处在社会、学校、家庭这样的大环境与小环境之中，因此，对大学生社会主义核心价值观教育的影响作用，也主要来自这几种途径。几十年来，教育者也一直在关注着这几个方面的教育合力作用。毛泽东在《关于正确处理人民内部矛盾的问题》中指出："思想政治工作，各个部门都要负责，共产党要管，共青团要管，学校的校长教师更应该管。"邓小平也指出："我们希望从事教育工作的同志，各个有关部门的同志，整个社会的家家户户，都关心青少年思想政治的进步。"2004年《中共中央国务院关于进一步加强大学生思想政治教育的意见》进一步指出："全社会都要关心大学生的健康成长，支持大学生的思想政治教育工作。"在这些精神与政策的鼓舞下，高校也已充分地认识到了学校、家庭、社会各教育渠道的重要性，并力争与家庭和社会各界相互配合，为大学生的成长成才、就业创业、继续深造等创造更多更好的机会。

第三，大学生社会主义核心价值观教育方法时代化。社会主义核心价值观教育方法是一个庞大而复杂的体系，方法的发展也是多视角、全方位的。以现阶段为背景，高校对大学生进行社会主义核心价值观教育，所采用的方法呈现出一定的综合性与渗透性特色。方法的新发展趋势符合思想教育的特点，综合性与渗透性的趋势体现在：

一是大学生社会主义核心价值观教育方法的综合运用。世界上没有绝对无任何内部联系的事物。在当代，社会上出现的经济、政治、文化等方面的问题，都不是孤立存在的单一问题，而是错综复杂地联系在一起的综合性问题。并且，问题越是复杂，综合化程度就越高，而对能够解决其问题的方法也就要求更加综合化。大学生社会主义核心价值观教育方法是多种多样的，多样化的方法可以解决多样性的问题。而社会主义核心价值观教育是一个复杂的系统工程，因此，在教育实践中，各高校根据方法之间的有机联系，都进行了综合性的运用。

首先是坚持了对大学生社会主义核心价值观的理论教育。科学的理论是人们正确认识客观事物本质的结果。社会主义核心价值观理论是我国现阶段的正确理论，坚持对大学生进行社会主义核心价值观理论方面的教育，是实现教育目标的基础性工作。近几年来，各高校始终坚持把大学生对社会主义核心价值观理论知识的认知放在第一位，在教材编写、考试内容、评估资料以及宣传材料上，都凸显了社会主义核心价值观的相关内容。当然，由于社会在发展，人们也会不断地面临新的矛盾和问题，因此，社会主义核心价值观的理论内容和教育方法也会不断地完善和发展。

其次是重视社会实践教育。在新中国成立以后，我国社会各阶层都重视青年大学生的社会实践工作，很多青年通过参加劳动锻炼，融入了社会，提升了素质。近几年，各高校也积极组织学生参加社会实践活动，这样就打破了旧式"象牙塔"式的教育模式。社会实践活动不仅促进了大学生的全面发展，对高校的人才培养方式改革也起到了一定的推动作用。

二是大学生社会主义核心价值观教育方法的渗透性发展。大学生社会主义核心价值观教育相对于其他学科教育而言，是一个渐进而渗透的过程，因此，更适合隐性教育。各高校注重渗透性方法的运用主要体现在：

首先是在教育内容方面，各高校注意与各种日常事务相结合、与学生的生活与学习相结合，将社会主义核心价值观内容渗透到管理育人、服务育人、教书育人的过程中去。教师在专业课教学中，也努力挖掘各学科的思想教育资源，挖掘各学科服务于社会、服务于自身的价值功能，鼓励大学生努力学习专业知识，为更好地实现个人的理想目标而练好本领。从实际教育效果看，专业课教学中的思想教育更容易被大学生所接受，教育效果更加明显。

其次是在教育形式上，作为社会主义核心价值观教育主干课程的思想政治理论课，增加了实践环节和交流式的授课方式。教师更是通过亲切的交谈，力图拉近和大学生的距离，以减少大学生对授课内容的抵触心理，使其更加相信教育者的价值观宣传。在大学生的各类活动中，主题也以兴趣和娱乐为特色，远离了立场观和世界观之类的政治术语。同时，高校也在不断地创新和发现可以承载社会主义核心价值观教育的新载体和新途径，力争使教育方法更加新颖和具有吸引力，更好地实现渗透性教育的作用。

经过近两年的教育实践，大多数学生对社会主义核心价值观认同度高，学生自身素质也有了明显提升。主要表现在：

大学生社会主义核心价值观教育效果有所呈现。大学生社会主义核心价值观教育取得了一定的积极效果。主要表现为个体目标得以逐步实现，大学生的整体思想状况积极、健康、向上，并且认同社会主义核心价值观在社会思潮中的引领作用，具体表现在：

一是绝大多数大学生认同马克思主义指导思想。在良莠不齐的西方社会思潮与中国本土思潮共存的形势下，通过对大学生进行调查得知：当问及"社会主义建设事业是否需要以马克思主义理论为指导"，29.6%的大学生选择应该以马克思主义为指导，并坚持共产主义发展方向，45.1%的大学生表示肯定，有17.3%和8.0%的学生表示不明确和没有考虑过。可见，在当前多样化社会思潮背景下，马克思主义仍然在大学生之中具有强大的影响力。在对马克思主义的认识方面，有63.4%的大学生选择"马克思主义是与时俱进的，没有过时"，只有7.0%的大学生认为"马克思主义已经过时，没有说服力了"。当问及为什么要学习马克思主义时，48.8%的大学生认为"马克思主义是科学的世界观和方法论，有指导性意义"。这些数据说明大学生的主流是好的。对少数民族大学生的马克思主义信仰状况进行了调查，其中有46%的人认为马克思主义的指导地位"特别重要"，有32%

的人选择"比较重要",9%和4%的人分别选择了"不重要"和"根本不重要",9%的人选择的是"不知道"。另外,有80%的大学生表示"相信马克思主义",选择"不信马克思主义"和说不清楚的分别是6%和14%。这就充分说明了马克思主义作为社会主义核心价值体系指导思想,它的合理性与实用性得到了大多数人的认同。在"马克思主义作为指导思想与国家发展的密切关系"方面,有50%以上的人认同关系密切;在对各种社会思潮的认同中,马克思主义信仰者占40.6%,这些数据表明绝大多数同学有着坚定的马克思主义信仰,他们热爱祖国,热爱社会主义制度,有着一定的社会责任感。

二是绝大多数大学生对建设"富强、民主、文明、和谐"的社会主义理想充满信心。当代大学生理想信念的形成受诸多因素影响,但据调查结果来看,绝大多数学生还是能够做到用社会主义共同理想引领个人理想的。对某所高校1000多名大学生的调查显示,对"中国特色社会主义的前途命运"坚信不疑的占87%,有79%的人对"实现中华民族的伟大复兴"充满信心,而坚信"共产党的执政地位和领导地位"的占79%。可见,每项都有超过70%以上的大学生持坚信不疑的态度,这表明当代绝大多数学生是拥护社会主义制度,拥护共产党领导,认同中国特色社会主义共同理想,并具有强烈的责任心与使命感的。对某所大学的200多名学生就社会主义共同理想的认同情况进行了调查,结果显示,有52.91%的大学生对"社会主义的命运和前途"充满信心。在西方思潮、西方民主与自由价值观的影响下,对"西方多党制不适合中国国情"的赞成者达到了58.20%的人数。在对"中国共产党执政的满意度"方面,选择"非常满意"和"比较满意"的分别占23.28%和22.22%,56.08%的大学生表示对"保持党的执政地位"有信心。对14所高校的成人大学生进行了调查,在900份问卷中,有94.12%的人对党中央充满信心,99.05%的大学生认同马克思主义指导思想,96.44%的人认为社会主义道路是中国的必然选择。这些成人大学生表现出来的共同特点是:他们都能认识到个人的命运与国家的命运是息息相关的,他们关心政治,关心国家发展情况,有90.8%的人"经常与人谈论政治",有85.1%的人表示"如有可能愿意担任人大代表"。虽然在入党动机上,成人大学生有功利化倾向,但有55.67%的人表示是为了督促自己更好地为国家和社会多做贡献。从这些数据可以看出,成人大学生的主流价值观是非常明确、积极的,相对于年少些的大学生,他们表现得更加成熟与稳定,更加珍惜社会主义的发展环境。

三是大部分大学生具有强烈的爱国主义情感与进取精神。为了切实掌握当代大学生的爱国主义状况,很多研究者都进行了大量的调查。如就某所大学的841名同学作为随机调查对象,有77.1%的大学生认同个人应该"胸怀祖国,服务人民",有89.3%的人认为"大学生应该是先进生产力的开拓者、广大人民利益的维护者",其他的一些观点只占少数部分。从调查可以看出,绝大多数学生都明白个人发展需要有爱国主义精神的支撑,二者关系密切。湖北省思想政治教育课程研究会就湖北的十所高校进行调查,结果显示,在1200多名大学生中,虽然这些学生明确表示自己的爱国思想和自己的某些行为是相矛盾的,但他们的爱国主义观念却依然非常强烈。这表现在他们对国家的责任感、对民族文化的认同，以及对个人与集体关系的态度方面。在所选问题中，对"天下兴亡，匹夫有责"赞同的有879人，占总人数的78.9%，比较赞同的还有13.8%，这说明大学生都有较高的社会责任感。对"二十一世纪是华人的世纪"表示赞同的占到62.1%，说明大学生对本民族的发展充满了信心。在个人与国家的关系上，"爱祖国是没有任何条件的"，赞同者与比较赞同者达到了80.2%。对于"主权高于人权"，赞成者达到了77.7%，对"个人的事再大也是小事，国家的事再小也是大事"的问题，赞成者占67.3%。在看待爱国与爱社会主义的关系这个问题上，赞成"爱国就是爱社会主义中国"的占到66.1%，不太赞同的同学认为爱国和爱社会主义没有必然联系，绝大多数同学认同在当代中国，爱国与爱社会主义是一致的。对"爱国主义就是集体主义的升华"，赞成者达到了77.4%。通过以上的调查表明，当代大学生对爱国主义的重要性与必要性是认可的，并且表现出强烈的爱国情感。但与此同时，部分大学生也表现出了一定的错误思想倾向。因此，大学生的爱国主义教育是一项艰巨而持久性的工作。

四是绝大多数大学生道德与行为表现良好。当代大学生的总体素质是比较好的，这体现在他们的日常行为表现中。对武汉8所高校的大学生调查显示，大部分同学有维护社会正义的思想意识。在被调查的500名学生中，当问及"有人因心脏病发作而瘫倒街头，你会怎样做"，有79.7%的人选择"进行急救或者拨打120"；"对打击犯罪分子的活动"，有79.9%的学生认为是全社会的责任；在对"有些大学对见义勇为考生加20分"的行为评价中，有38.9%的人认为"值得提倡"。从数据看出，大多数学生对维护社会秩序有基本的责任感，对见义勇为也基本认同。对河北省境内155名参加大学生志愿服务西部计划（简称"西部计划"）的大学生志愿者展开调查，当问及"参加志愿者服务的动机"时，有42.42%的人回答是因"国家需要"，有43.43%的人是为了"自我锻炼"的需要，这两种动机占主要部分。在自然环境和语言交流环境都不很熟悉的情况下，当问及志愿者对"服务任务完成的信心"方面，回答"非常有信心"和"有信心"的人数达到了98.11%。我国"西部计划"明确表示不解决就业问题，即使在没有优惠政策的条件下，这些大学生依然奔赴西部，服务于当地的社会建设。大学生志愿者的这些行为充分地体现了他们所拥有的"爱国、诚信"的时代精神，体现了当代大学生敢于担当、勇于实践的主流价值取向。

二、大学生社会主义核心价值观教育方法存在的问题

通过以上对大学生社会主义核心价值观教育方法所取得的成效进行分析可以看出，我国绝大多数大学生的整体思想状况是积极、健康、向上的，并且认同社会主义核心价值观在社会思潮中的引领作用。但与此同时，我们也要看到还有一小部分大学生在对社会主义核心价值观的认同和实践方面是存在问题的，这也就从一定程度上反映出了部分教育者在教育方法的选择和实施方面存在不妥之处。

第一，部分教育者对灌输式教育方法运用不当。大学生社会主义核心价值观是一种理

念教育，需要大学生真正认同接受，才能转化为自己的世界观、人生观、价值观，进而支配自己的行动，使自己的行动符合社会主义建设事业的需要。这就要求在教育过程中需要大学生参与其中，用心领会，把社会主义核心价值观由感性认识上升到理性认识，并转化为自己的行动自觉。然而，在当今的教育中，不少教育者仍偏重于传统的教学方式，过于注重理论的传授，普遍存在紧扣课本，以教师说教为主的"我说你听""我教你做"的教育模式，学生讨论和参与的程度较低。有的也就是至多联系一下实际讲解或者播放一些相关视频加深学生理解，缺少学生的真正参与，如小组讨论法、专题辩论、专题演讲等能够真正调动学生积极性的方法却很少运用。这样导致广大青年大学生对学习缺乏积极性，很少用脑用心，自然很难入脑入心。

第二，部分教育者对现实关注不够，存在传授理论不能与实际紧密联系的情况。社会主义核心价值观的论述是高度浓缩和概括的，在对大学生进行教育时应该联系实际进行阐释。然而由于部分教育者本身素质以及思想重视程度不够等方面的原因，在教育实践中，教育者只是进行晦涩的填鸭式的理论灌输，不少学生只是记住标准化的概述和总结，但很难领会其实质。教育不能联系实际，解释、解决现实问题，就会成为纯粹的道德说教。世界热点不断，社会矛盾多多，大学生关注社会，同时也疑惑很多，他们在不断求解。然而在大学生社会主义核心价值观教育过程中，部分教育者忽视了教育对象的主体性，大学生普遍关心的如人际关系、就业、理想与现实、恋爱与友谊等，教师却关注不够，不能及时准确地给予他们指导，容易给学生以政治教育无用的感觉。由于对现实的关注不够，不能与大学生的实际生活相联系，空洞的说教使部分大学生对社会主义核心价值观理论产生了排斥。

第三，部分教育者对新媒体的运用不够，丧失了对大学生进行社会主义核心价值观教育的有力武器。思想和文化教育阵地，社会主义不去占领，封建主义、资本主义必然会去占领。意识形态的渗透和较量无影又无踪，却又无处不在，无时不在。当今的大学生社会主义核心价值观教育中存在偏传统方式，对新媒体重视、利用不够的现象。当今已步入信息时代、网络时代，大学生几乎人人变成"网虫"，网络信息对大学生的影响相当强大。因此，网络媒体注定在社会主义核心价值观教育中起着非常重要的作用。然而不少高校的思想政治教育者把教育重心仍然停留在传统教育方式上，虽然对网络教育重视程度有所增强，但目前各大高校几乎都还没有真正建立起网络思想政治教育队伍。专业教师队伍普遍存在的现象是：学生除了课堂上能见到教师的身影外，在课下，任课教师和学生基本没有任何交集。为了避免被学生打扰，任课教师基本不加入授课班级的 QQ 群、飞信群，有些教师甚至连个人手机号码和邮箱都不提供给学生。这种情况的存在就大大减少了学生和任课教师接触的机会，学生不仅感受不到任课教师在专业学习方面所给予的帮助与指导，更完全丧失了师生之间所谓的民主与平等感。这样一来，就使得任课教师——高校中这支重要的教育队伍发挥不出来育人的真正作用，那么，这部分教师对大学生社会主义核心价值观教育的实际效果就会可想而知。

在社会主义核心价值观教育内容正确的情况下,对教育方法的认识和运用不到位,必然会出现部分大学生对社会主义核心价值观不知也不行的现象,主要体现在以下几个方面。

第一,部分大学生对社会主义核心价值观认识模糊。一是大学生社会主义核心价值观认知度需要提高。对武汉8所高校的300名学生进行调查的结果显示,对"核心价值体系和核心价值观包括哪些内容"的问题,仅有30%的大学生回答完整,而在这个正确认识社会主义核心价值观内容的数据中,有68%的学生来自文史专业,32%的来自理工专业,在认知度方面表现出一定的专业分歧。所调研的这部分大学生总体素质高于全国大学生平均素质水平,那么,这些学生的调研结果尚且如此,全国范围内的大学生情况就会可想而知了。对某大学的1000名学生展开调查,就社会主义核心价值观的内容来说,从认识的广度看,社会主义核心价值观并不能获得广泛认同。有19.5%的学生不知道社会主义核心价值观的产生及其内容;19%的学生认为社会主义核心价值观不重要;对"社会主义取代资本主义是历史发展的规律"的理解,有32%的大学生表示没有认真领会过。这些结果显示,部分学生对社会主义核心价值体系和核心价值观的具体认知方面,表现出普遍的欠缺性,对社会主义核心价值观相关问题的回答方面存在着模糊、犹豫甚至否定的现象,还有很大的提升空间。

第二,部分大学生的马克思主义信仰有待提高。就某高校的调查结果来看,只有26.4%的大学生信仰马克思主义。大学生主流信仰呈现模糊化和边缘化倾向。理想信念方面,如为人民服务思想、助人为乐的精神等,已经在部分大学生心目中明显失落;还有部分大学生把宗教作为自己的信仰,有69.31%的学生对宗教信仰表示尊重;信仰模糊化还表现为一部分大学生对实现共产主义的信心不足。就新疆5所高校少数民族大学生的信仰情况来看。由于新疆所处位置特殊、民族成分复杂,高校大学生信仰宗教的人数非常多。有66.4%的少数民族学生信仰伊斯兰教,有60.12%的学生对宗教教义比较了解,78.97%的学生认为宗教活动就是风俗习惯。信仰方面的复杂情况造成了大学生政治信仰的动摇,冲击了对社会主义核心价值观的认同效果。

第三,部分大学生对"富强、民主、文明、和谐"的社会主义共同理想的认同度有待提高。我国在现代化建设方面取得的巨大成就,使当代大学生切身体会到党的创新理论所带来的物质成果,他们对党的执政能力的满意度也具有比较高的认同。由于大学生的文化程度相对较高,他们对社会上的不公平现象特别敏感,如贫富差距、干部腐败现象等都会引起大学生的不满。调查显示,在对"政府工作的满意度"中,只有16.93%的大学生选择"非常满意"。对党和政府的不信任,使部分大学生对社会主义前途产生困惑,对社会主义最高价值目标"富强、民主、文明、和谐"的认同信心不足,最终导致对共产主义的科学性与现实性也产生了怀疑。

第四,部分大学生的"知行背离"情况严重。对"爱国、敬业、诚信、友善"价值观的正确认识,只有上升到实践层面,才算是最终达到了目的。然而,很多大学生在这方面往往做得不够。调查显示,对"假如你发现有小偷在偷别人东西,你会怎么做"的问题,有60.3%的大学生选择"悄悄提醒被偷者",选择"用行动立即制止"的人只有18.3%,其余的选择"装作没看见";对"假如你是一起恶性案件的目击者,如有需要,是否会选择出庭作证"的问题,只有30.6%的人表示"一定出庭作证";对"假如歹徒打劫你"的问题,只有27.7%的学生选择全力与之搏斗。这表明虽然大学生在总体上认同助人为乐的社会主流价值规范,但落实到实践层面,关键时刻敢于挺身而出的不仅不多,并且还表现出一定的功利化倾向。在大学生中奢侈浪费的现象也普遍存在,对"你认为一个人的价值取决于什么"这个问题,有33.86%的大学生选择"金钱的多少",有64.02%的大学生认为"生活是否潇洒、舒适"。就湖南某高校大学生助学贷款不偿还情况进行调查,其中显示,缺乏基本诚信恶意违约的有3.0%,还有21.2%是无法联系到大学生本人,"能拖就拖,能不还就不还"是这些大学生的共同心态。贷款不偿不仅严重破坏了社会诚信制度建设,同时也给国家带来了一定的经济损失。

通过以上分析可以看出,部分大学生社会主义核心价值观教育现状不容乐观,这也就暴露出了全社会的教育工作者,尤其是高校教师在对大学生进行社会主义核心价值观教育时,方法选择或实施不当所带来的危害。当然,除此之外,还有更深层次的原因,影响了大学生社会主义核心价值观教育方法的实施作用。

三、大学生社会主义核心价值观教育方法存在问题的原因分析

对于大学生社会主义核心价值观教育方法取得的成效部分,我们应该再接再厉,而对于不足和问题部分,我们应该寻找和发现深层次的原因,对症下药。我们认为教育方法的应用问题及其对教育效果产生的负面效应,主要是由于社会环境中的消极影响因素以及部分教育主体对大学生社会主义观教育的重要性认识不到位等原因引起的。

第一,大学生社会主义核心价值观教育环境中的消极因素影响。在综合教育环境中,首先高校的教育环境有待进一步加强,在这里主要是指高校的校园文化环境建设。目前,高校校园中弥漫着许多不良风气,如拜金主义、个人主义、享乐主义等,越来越多的学生成了月光族,比奢侈、比名牌,艰苦朴素被认为是落后、能力低下的表现。因此,很多大学生热衷于开发商业头脑和寻找商业资源,学习反而成为兼职工作,请假与旷课现象极为常见。在就业方面,很多的大学生热衷于关系与熟人推荐,忽视了自身能力的建设。这缘于社会上的一些负面事件对大学生产生了消极影响,很多热衷于读书的莘莘学子看不到知识的优势,也就放弃了学习,从而败坏了整个学校的学习风气。高校大学生表现出来的浮夸与功利倾向,自然就影响到了对社会主义核心价值观的认同,也影响到了个人的价值取向。总之,学校毕竟是社会中的学校,学校好比是一个小社会,大社会的所有风吹草动都会对其产生影响。因此,要想彻底推进高校社会主义核心价值观的教育环境改革,必须加强社会环境优化建设。目前,社会主义经济建设势头猛进,在党的一系列先进理论的指导下,中国人民找准了方向,明确了失误,吸取了教训,抓紧时间搞建设,立志要摆脱"落

后就要挨打"的局面。但是，受传统文化的影响，中国人民自古以来都强调人事网络，主张以人治世，而不是以法治世，因此，人情之风盛行，腐败之风正浓。歌星、影星可以一夜成名，获得巨额暴利，这也造成了整个社会风气都比较浮躁。受社会环境影响，家长在教育的过程中关注更多的是大学生的专业、就业与收入，很少从大学生的思想与品质入手，从国家的利益与社会的需要出发，以为人民服务的精神去教育大学生。部分教育者也深陷于这种物欲横流的社会中。因此，即使对教育方法的选择与运用再适中，如果整个社会环境都体现不出正能量，那么对大学生的社会主义核心价值观教育也会是事倍功半的。因此，净化环境，尤其是社会环境是非常重要的。

第二，部分高校教师具有"重理论、轻实践"的教育思维。由于我国高校有不少教师是"从学校到学校"，缺乏实际的社会经验，对学生的真正困惑和需求不清楚，以至于在大学生社会主义核心价值观教育中和其他教育一样，只会照本宣科，多是理论政策的宣传和灌输。学生又很少有课外学习、实践的机会，甚至很多高校没有充分发挥好当地红色纪念地的作用，没有充分利用已有的教育资源和形象教育手段。这种只强调理论教学，缺乏必要实践性渗透的教育思维，不仅落后于当今时代性要求，也和"90后"大学生的个性特征与思维方式不能融合。因此，在这种理念影响下采用的大学生社会主义核心价值观教育方法，必然不能激发学生学习的兴趣。

第三，部分教育主体对大学生社会主义核心价值观教育的重要性理解不深入，不注意在教育方法方面进行探索与创新。大学生社会主义核心价值观教育和思想政治教育，两者是有区别的。社会主义核心价值观是思想政治教育的时代内容，思想政治教育比社会主义核心价值观教育涵盖范围要更宽泛。社会主义核心价值观作为我国社会主义的价值理想目标，它的内容不仅与我国传统社会的价值观教育接轨，也和世界许多国家的价值观教育接轨。每个国家都有自己的思想政治教育，但核心价值观却是不同的。我国社会主义核心价值观的提出和教育实施，是带有重大战略意义的"软实力"策略。"三个倡导"所包含的内容丰富，层次分明，目标明确，词句押韵工整，朗朗上口，易于记忆。因此，如果教育者对社会主义核心价值观的产生背景和包含内容理解不深，如果把社会主义核心价值观的"三个倡导"作为一般的知识宣传、灌输给大学生，就不能体现出社会主义核心价值观教育的必要性，就不会主动选择合适的方法对大学生进行社会主义核心价值观灌输教育，自然不会收到渗透教育的效果。

第四，社会监督评价体系不健全。一项工作的开展离不开监督评价，缺失监督评价就会迷失方向，缺失监督评价就等于缺失了成功的保证。很多情况下，问题往往不是出在决策程序，不是出在指挥程序，也不是出在参谋咨询方面，而是出在容易被人忽略的监督评价方面。监督评价体系不健全，监督评价力度不够，往往会出现工作好坏无人过问、工作问题无人解决的现象，从而影响教育的实效性。

在国家层面，教育部于2010年决定成立高等学校思想政治理论课教学指导委员会，来加强对思想政治理论课教学工作的研究、咨询、评价、指导、服务。从各个高校层面来讲，多数高校能够积极响应国家号召，多形式多渠道开展此项工作。但根据调研可以发现，也有个别学校存在对教育效果缺少监督评价的虎头蛇尾的现象。在大学生社会主义核心价值观教育过程中，各级教育主管部门和各个高校要强调监督，强调有一个科学合理的教育管理工作评价指标体系，高校的教育管理就会有章可循、有责可查、有奖可出。通过多方面的监督保证和科学评价，使学校处于一个清醒的发展氛围中。既不能因评价监督丧失信心，也不能因评价结果较好而沾沾自喜、自高自大。通过完善有力的监督评价，确保教育的有效性，促进大学生顺利形成正确的世界观、人生观、价值观。

通过以上分析可以看出，要想解决大学生社会主义核心价值观教育及其在教育方法方面存在的问题，最根本的还是需要教育者改变不科学的教育理念，全员动手，遵循正确的教育原则，创新教育方式，形成新的富有时代特征的教育方法体系，只有这样，才能最大限度地做好青年大学生的社会主义核心价值观教育工作。

四、大学生社会主义核心价值观教育方法的体系构建

建构怎样的大学生社会主义核心价值观教育方法体系才能应对时代的挑战、解决存在的问题呢？方法体系的建构是一个系统工程，探求有效可行、切和大学生实际情况的社会主义核心价值观教育方法，构建功能完整、结构合理的新型社会主义核心价值观教育方法体系，是社会主义核心价值观教育工作者的一项长期而艰巨的任务。方法体系就是对日常教育中零散的方法进行系统整合。大学生社会主义核心价值观教育方法体系构建的价值取向应坚持以"学生为本"，传统上以"我讲你听"为主的机械灌输式教育方法已经不能适应信息时代的发展要求。早在2005年，教育部就颁布了《教育部关于大中小学德育体系的意见》，对德育的教育途径进行了指导规定，内容主要包括课程教育途径、"三育人"途径、活动教育途径和"合力育人"途径等。因此，我们可以参照思想政治教育主体、客体、介体、环体等要素之间的相互联系的方式，按照参与者所起的不同作用，依据德育途径的分类，把大学生的社会主义核心价值观教育方法分为：要求学校、家庭、社会三方面密切配合的合力育人方法，以网络为载体的网络教育法，以及由学生主动实施的自我教育方法三大类基本方法。每一类基本方法又可以划分为多种具体方法，各种具体方法在实施过程中相互补充，共同发挥各自的作用。

社会主义核心价值观教育的具体方法是实现理论知识向实践转化的桥梁，我们必须对高校社会主义核心价值观教育方法体系的构建进行理性审视与创新，才能更好地实现教育方法由传统走向现代、由低效走向高效，从而实现预定的教育目的。大学生社会主义核心价值观教育方法可以根据其作用的不同，将其大致分为基本方法和具体方法两个层次。基本方法是大学生社会主义核心价值观教育中抽象层次较高、地位较重要的部分，是大学生社会主义核心价值观教育过程中所遵循的一般规律的反映，贯穿着大学生社会主义核心价值观教育的全过程，规范着具体方法运行的基本方向和要求。要实现基本方法更好地运用

于教育过程，还必须将其转化为具体的操作方法。具体方法是方法体系中比较微观的组成部分，富有时代性与变化性，是方法体系中最具实效性的部分。在这三种基本方法中，合力育人方法包括环境优化法、舆论引导法、强化推动法、德行代偿法等具体方法；网络教育法包括网络互动法、网络自律法等具体方法；自我教育方法包括自学自得法、自我净化法、自我修养法等具体方法。

第一，"合力育人"方法。合力育人法主要是从教育主体和环体两方面来说的。大学生社会主义核心价值观教育除了高校这个教育环境之外，还需要家庭和社会的共同关注。作为一个社会成员，大学生迟早要步入社会，因此，社会的发展和大学生的成才是正相关的关系。家庭作为社会的基本细胞，它的和谐与稳定是社会稳定的基础。家庭、社会和个体相辅相成的关系决定了合力教育的重要性。只有学校、家庭和社会携起手来，共同认识到对大学生进行社会主义核心价值观教育的重要性，一起营造文明、和谐的良好氛围，加强对不规范行为的治理与引导，才能积聚社会正能量，实现对大学生教育的目的。

第二，网络教育法。网络媒体的高速发展使网络成为大学生社会主义核心价值观教育的重要阵地，对网络教育法的充分认识和正确运用是提升大学生社会主义核心价值观网络教育效果的必备手段。不抢占网络教育阵地，就会使各种腐朽思想乘空而入，加强对网络环境的监管，努力提升社会主义核心价值观网络教育内容的吸引力与传播力，是需要政府和高校共同努力才能实现的。

第三，自我教育法。自我教育是一种能力和素质，自我教育是思想教育追求的目标，是衡量思想教育是否有效的重要标志，大学生作为社会主义核心价值观教育客体，自我教育法侧重的是其主观能动性的发挥。我国自古以来就非常重视自我教育的重要性，"教是为了不教"是教育所追求的一种境界，而自尊、自爱、自强则是自我教育的理想目标。自我教育水平的高低往往标志着人的素质的高低。自我教育是受教育者的一种自觉、主动的行为，是提高人的思想政治素质的内因，是人的思想政治素质提高的关键因素。社会主义核心价值观的自我教育有利于巩固和提高灌输教育的实效，有利于个体的角色内化，有利于个体内在动因的充分激发，有利于个体自我矛盾的解体。自我教育无论对人类个体的发展还是对人类的整体进步而言，都起着至关重要的作用。外因是变化的条件，内因是变化的根据，大学生社会主义核心价值观教育中，自我教育方法同样不可忽视。

以上各种教育方法之间不是各自为政、毫不相干的，而是相互作用、相互影响的，它们共同构成了大学生社会主义核心价值观教育的方法体系。每种方法都有各自的特征和功能，都是不能相互取代的。对于基本方法和具体方法来说，基本方法必须转化为具体方法，才能够实施和展现，而具体方法又必须在基本方法的规范之下，才能够体现出教育的方向和目标。大学生社会主义核心价值观教育方法的创新就是具体方法的创新，正确的选择和运用富有时代感的方法，能够使大学生社会主义核心价值观教育起到事半功倍的作用。

第三章 大学生社会主义核心价值观教育创新的基本原则

社会主义核心价值观是社会主义核心价值体系的具体实践形态和主观内化。在大学生中积极培育和践行社会主义核心价值观，可以引导青年学生有效地进行价值取向整合，帮助青年学生树立正确的主流价值观。大学生作为我国社会主义现代化建设的生力军，其价值观的正确与否直接关系到我国未来建设事业的发展，通过对大学生这一特殊群体进行社会主义核心价值观教育，对大学生的价值观做出正确的引导与整合，可以从思想层面影响到大学生，从而使大学生成为社会主义核心价值观的践行主体和引领主体。在进行大学生社会主义核心价值观教育的过程中，遵循一定的原则，不盲目开展教育，使整个教育过程有章可循，这是十分重要的。同时，在教育的过程中，奉行一定的理念，为大学生提供正确的价值指引。与原则和理念同等重要的就是方法，因而，在整个社会主义核心价值观教育的过程，选用合适的方法，是实现社会主义核心价值观教育有效性的重要条件。

第一节 大学生社会主义核心价值观教育创新的理念体系

理念是一个精神、意识层面上的概念，实际指的就是指导行为的最基本、最核心的思想认识，这个基本的定义既体现了人在主观能动性的作用下对行为及其结果的理想性认识和理想性追求，同时也包括对相应的正确的行为方式的坚信和持守。大学生社会主义核心价值观教育理念是建立在教育规律基础上的先进的教育理念，作为一种"远见卓识"，反映了教育本质和时代特征。当今历史条件发生了很大的变化，在这样的历史背景下，想要加强对大学生社会主义核心价值观的教育，就必须要加强对大学生理想信念教育的研究，坚持以人为本、全面发展和立德树人的理念，用正确的理念指引大学生未来正确的前进方向。

一、以人为本理念

以人为本，是指在大学生社会主义核心价值观教育中，高校各级领导干部和社会主义核心价值观教育工作者，在制定规章制度、进行日常管理和改进传统工作方法的同时，要坚持一切从大学生的合理需要、个性发展出发，调动和激发大学生学习和科研的积极性与创造性，以德智体美劳的全面发展为目的。

马克思认为"人之为人，人区别于其他存在者，是因为人是一种具有自我超越意识、不断生成新的自我、具有生存本性的特殊存在者"。从中我们可以看出这个描述较之于人的本质理论的描述要更为深入，因为它不仅对本质这一共性认识进行了分析，还对人的生存性进行了解释。

（一）大学生社会主义核心价值观教育中"以人为本"的具体体现

大学生社会主义核心价值观教育以人为本的人本化趋势，随着科学发展观在高校教育中的深入贯彻与实践，日益凸显为以学生为本，主要表现在以下几个方面。

1. 大学生是发展主体

以人为本在大学生社会主义核心价值观教育中的体现就是"以生为本"，具体来说就是充分尊重大学生在社会主义核心价值观教育中的地位和作用，通过引导与激励的方式促进其主体意识的苏醒，增强社会主义核心价值观教育的效果。大学生社会主义核心价值观教育不仅要关注他们思想动态的变化，也要为他们的健康成长和全面发展负责，这种作用主要体现在以下三个方面。

（1）重视教育和引导大学生正确认识和处理好现实发展与持续发展的关系

大学生的可持续发展，是实现大学生人生发展最大价值的前提，也是实现社会可持续发展的最重要的基础。大学生的可持续发展，就是要发现和挖掘大学生发展的巨大潜力，增强大学生自我持续发展的意识和能力，建立大学生发展的长效机制。大学生社会主义核心价值观教育应该从长远出发，注重大学生对社会关系的处理以及对社会实践认识的教育，将各种长远的、能够持续发展的因素结合在一起，只有这样才能彻底解决教育短视的行为，使大学生能够更好地适应社会的发展与情境的变化。在学习过程中，大学生也要不断适应学习型社会和学习型组织的基本要求，不断充实和更新自身的知识结构，增强持续发展的坚定意志，克服发展中面临的种种困难和障碍，实现自身的可持续发展。

（2）重视教育和引导大学生正确认识和处理好自发发展和自觉发展的关系

从现实状况来看，大学生的发展主要有两种形态，即自觉发展和自发发展。具体来说，就是学生本人缺乏自我发展的意识和概念，对大学生成长发展的规律没有明确的认识，在自己的成长与未来规划中没有目的，这种发展会使大学生在发展过程中遇到很多挫折，并容易产生放弃心理，从而影响社会主义核心价值观教育的效果。自觉发展是一种以自我为主导的发展模式，这种发展形态中，学生自身往往具有更好的自主意识，对自己未来的发展具有清晰的规划，遇到困难能够利用自己所学到的知识和掌握的方法去解决，他们能够更好地利用规律。大学生社会主义核心价值观教育十分重视引导大学生克服发展的盲目性，增强发展的自觉性，掌握和遵循人才成长发展的规律，不断健康成长。

（3）重视教育和引导大学生正确认识和处理好片面发展与全面发展的关系

大学生的综合素质是一个复杂的集合体，它是一个各种素质的集合概念，主要包括个人的思想道德水平和素质、科学文化水平和素质以及身心健康素质等。要使大学生的综合素质有所提升，而不是培养出片面发展的不健全的大学生，就必须进行全面发展的教育。社会主义核心价值观在诸多方面提出了对当代大学生的要求，因而具有十分有效的指引作用，引导大学生克服发展的片面性，增强发展的全面性与协调性，实现健康发展。

2. 大学生是实践主体

大学生社会主义核心价值观教育以人为本首先体现为以大学生为实践之本。大学生的主要任务是学习，这是大学生在校期间作为实践主体的主要活动形式。大学生是学习的主体。大学生社会主义核心价值观教育越来越注重寓社会主义核心价值观教育于大学生学习活动之中，引导大学生明确学习目的和科学知识的价值；激励他们勤奋学习和系统掌握人类创造的全部科学文化成果，提高创新精神和实践能力，培养与所学专业密切相关的职业道德和职业精神；全面提升思想道德素质，为大学生的全面发展和毕业以后走向社会，推动社会实践活动奠定重要的思想基础；同时使大学生弘扬中华民族的传统美德，刻苦学习、严谨治学，在社会实践中更加具有积极主动性。大学生社会主义核心价值观教育还更加注重引导在校大学生积极参与社会实践活动，运用学习掌握的科学理论知识指导和推进社会实践活动，自觉走与实践、工农相结合的青年知识分子成长道路，在社会实践中受教育、做贡献、长才干。

从根本上说，社会主义核心价值观教育就是一项针对人的工作，并没有具体条款和措施来约束，因此教育者可以最大限度地发挥自己的主动性，帮助大学生提高他们的思想政治素质和水平。作为一项以人为工作对象的工作，思想政治工作者应该明确自己的工作对象，并根据工作对象的特殊性制定具有针对性的教育措施，将人作为思想政治工作的核心。在社会主义核心价值观教育工作中，我们要对教育的对象保持足够的尊重，不仅要强调理想的崇高性，调动人们参与为社会主义理想共同奋斗的情绪，还要尊重个人的意愿，尊重教育对象的个人理想与发展意愿，并帮助他们不断提升自己。

新时期，随着人们物质生活的提高和精神生活的丰富，人们的自主意识也开始增强，这种客观变化要求思想政治工作必须要从实际出发，从受教育者的角度出发，只有坚定不移地坚持群众路线，才能赢得人们的支持。在社会主义核心价值观教育实践中，社会主义核心价值观教育工作者一定要尊重客观规律，根据规律办事，不能凭自己的主观判断决策。我们应该清楚地认识到，只有对社会主义核心价值观教育的主体保持足够的尊重，才能赢得他们的信任与配合，才能让我国的社会主义核心价值观教育工作充满活力地向前发展，为伟大的社会主义建设事业培养一批又一批的人才。

（二）"以人为本"的大学生社会主义核心价值观教育的基本思路

1. 解决学生的实际问题

大学生思想的形成往往与其所在的客观生活有着很重要的联系，因为思想本身属于意识领域，而意识就来源于客观实际。因而，解决大学生的思想问题，归根到底还要从思想的源头出发，也就是大学生在生活和学习中遇到的实际问题。只有了解学生的生活与学习，才能从更深层次掌握学生的思想动态，引导学生正视遇到的问题，不断克服困难，解决问题，在解决问题的过程中不断成长。

2. 充分尊重学生

尊重是沟通交流的基础。在高校社会主义核心价值观教育工作中，树立以学生为本的理念，遵循大学生的成长成才规律和教育规律，善于引导，充分尊重大学生的主体地位和个性需求，融入人文关怀，尊重大学生的尊严、人格、价值和创造性，与他们真诚地沟通，理解、关心、帮助他们，给予他们信心和鼓励，使他们感受到温暖和希望，不断提高高校社会主义核心价值观教育的亲和力、说服力，最大限度地发挥学生的主观能动性，充分激发他们的学习积极性和参与教育活动的热情，努力增强社会主义核心价值观教育的针对性和吸引力。

3. 全面调动学生的参与积极性

当前，从高校思想政治的教育模式来看，教师与学生之间的关系并不是主体与客体之间的关系，更准确地来说，他们之间应该是一种主体与主体之间的关系。对于教师来说，他们是教授、传播知识的主体，而学生在教学过程中是一个积极主动的主体，在整个教育过程中是积极的参与者。在教学过程中，教师应该在平等的前提下与学生展开交流与沟通，鼓励与引导学生参与课程讨论或是相关的实践活动。也就是说，教师在教学过程中可以组织学生对一些社会活动进行讨论，然后让学生针对该问题展开激烈的讨论，说出自己对这一问题最真实的看法。在进行具体的活动时，教师不能以自我为中心，而要站在学生的立场上，充分尊重学生的意见，调动学生参与的积极性，相信并依靠学生，使学生真正投入到实践中来。除此之外，教师在课余时间还应该对学生的生活进行实际考察，对学生的思想有明确的把握，积极与学生进行交流，交换彼此的看法，提高学生参与的积极性。

（三）遵循"以人为本"理念要处理的三对关系

1. 正确处理以理服人与以情感人的关系

正确处理以理服人与以情感人的关系，这是做好大学生社会主义核心价值观教育工作的基本前提。目前我国社会主义核心价值观教育基本都是以政府和传媒为媒介，自上而下地灌输，开展口号、标语的空头式说教，教育内容陈旧、单调，教学方式固化、乏味，因而虽然教育活动从未停止过，但其"投入"和"产出"却没有成正比，这种与学生情感、需要、兴趣完全脱离化的教育，往往收效甚微甚至毫无作用。做好以生为本的核心价值观教育就应首先处理好说教与情感之间的协作关系，打破单纯的以理服人的模式，加之以情感教育，做到动之以情、以情感人、以理服人、入情入理、情理交融。这样的教育方式才能使得教育者与学生心心相通，学生也才会对整个价值观教育入耳入脑，体现出真正的情感效应，达到事半功倍的效果。

2. 正确处理言传与身教的关系

正确处理言传与身教的关系，这是做好大学生社会主义核心价值观教育工作的重要基础。社会主义核心价值观的教育是一种道德标准、价值观念的教育，不仅需要真理的力量，更需要一种人格的力量。因而教育者应率先垂范，为人师表，起到榜样和先行者的作用。在教育中都说身教胜于言传，这在价值观教育中同样适用，教育者先行实践，才能真正地做到教育，才能带动广大的青年大学生，更能证明社会主义核心价值体系内化工作的说服力，提高教育的感染力和吸引力。否则就会出现社会主义核心价值体系内化工作"台上他说，台下说他"的苍白无力状况。因而要打破这种单一言传说教所带来的困境，就需要协调处理好言传与身教的关系，将真理的力量与人格的理想完美统一起来，发挥其最大功效。

3. 正确处理社会价值和个人价值的关系

正确处理社会价值和个人价值的关系，这是做好社会主义核心价值观教育工作的基本保障。社会主义核心价值体系是当前我国特色社会主义意识形态的重要组成部分，大学生又是整个特色社会主义事业的建设者和接班人。因而对当代大学生社会主义核心价值观的教育，不仅是建设和谐社会的保障，对于整个科教兴国战略的实施和现代化建设事业的推进，都有着重要的战略意义。然而，从个体角度看，多元文化背景下的社会主义核心价值观教育，不仅仅是社会价值的体现，更是促进学生自身成长与发展的需要。一方面可以通过对学生人生观、道德观和价值观的教育，引导学生关注社会并积极探索人生价值和生命意义，实现价值观念、道德情感和理想信念的有机统一。另一方面，可以帮助学生摆脱盲目性和被动性，积极自主地选择继承中华民族的优秀文化传统，从而"通过对学生思想观念、价值判断和道德情操的培养，启迪学生的思想，塑造学生美好的心灵，培养学生完善的人格，帮助学生实现德、智、能、行的协调发展"。因而在对当代大学生进行中国特色社会主义核心价值观教育时，必须帮助他们正确认识社会价值与个人价值间的辩证统一关系，树立一个正确的价值尺度，把社会价值内化于每个大学生的心灵之中。当个人价值与社会价值发生冲突时，引导其理性面对、妥善处理，自觉地把个人价值与社会价值在教育的过程中达到有机的统一，最大限度地发挥教育的功效。

二、平等尊重理念

（一）大学生社会主义核心价值观中平等尊重的含义

在进行社会主义核心价值观教育时，教育者要树立"平等与尊重"的观念。社会主义核心价值观教育本身就是对人的教育，无论是教育者还是受教育者，他们都是平等的，没有地位高低之分，因而，在具体的教育工作中，也要将平等的理念贯彻其中。作为教育者的教师不仅承担着教育学生的责任，同时要争取和学生打成一片，通过与学生的对话交流，来了解学生的真实所想。只有站在双方平等的地位上，学生才能放下警惕，才能真正打开心扉，只有通过平等的地位和诚恳的态度，才能换取大学生的真心与信任。

社会主义核心价值观教育者要树立"生活即教育"的理念。行为习惯的养成需要在生活中得以体现、验证和巩固。对于社会主义核心价值观教育，不能片面依靠政治理论课的知识传授，也不能仅仅依靠社会实践主题活动的开展，还应该关注隐性思想教育，关注生活世界的点滴小事，在学生的学习、交往、生活上多下功夫，营造好的实践环境和习惯养成氛围。

在传统的教育活动中，尤其是社会主义核心价值观教育，作为教育者的教师通常是老学究的形象，严谨、木讷又死板，教育方式也是"填鸭式"，学生对这种教学方式很排斥，进而对社会主义核心价值观这类内容也没有好感。因而，要改变这种状况，培养主动学习和实践社会主义核心价值观的自觉特质，真学、真信、笃行，搭设言传身教的榜样示范平台，在具体的教育、教学和管理工作中体现政治素养和道德魅力，对大学生加之有效的教育影响，使大学生由原来的被动的听从者变成主动的学习者。

（二）遵循平等尊重理念的意义

平等与尊重对人自身的发展与和谐人际关系的建立具有重大的意义，同样，在进行大学生核心价值观教育时，师生间保持平等与尊重的关系，也会给学生带来深刻而多方面的影响。

1. 有利于培养学生的良好心态

无论是工作、生活还是学习，拥有良好的心态非常重要，心态好了，做事也就能把握好方向，找对方法，高效率地完成任务。良好的心态是在生活中逐步养成的，在进行社会主义核心价值观教育时，教师只有尊重学生，平等对待每一位学生，学生才能端正自己的态度，在社会主义核心价值观的指引下，正确认识自己，树立正确的人生观、价值观，保持良好的形态，找到自尊和自信，这对于他们以后出身社会后能够保持积极、乐观的心态具有十分重要的意义。

2. 有利于塑造学生的美好品格

一个人的品格虽然与生俱来，但是后天仍有很强的可塑性，除了受父母教育的影响外，学生时期也是塑造孩子优良品格的好时机。教师不但有义务教授学生知识，还有责任教会学生怎样做人。教师的一言一行都会潜移默化地影响学生，也就是说，教师平等对待与尊重学生，学生也会有所启发，反过来也会尊重教师和同学，平等看待身边的人，这有利于塑造学生美好的品格。在进行社会主义核心价值观教育时，教师与学生之间能够保持平等地位，相互尊重，这会让学生在学习价值观的具体内容时感到轻松，而不是被迫地学习，教师在教育的过程中也会感受到自己的劳动成果得到了他人的尊重，继而更加积极地投入到社会主义核心价值观的传播中。对于还未步入社会的大学生而言，由于他们的可塑性较强，因而这更有益于他们美好品格的形成，使得他们在步入社会后也能成为一个具有良好品德的社会公民。

3. 有利于调动学生的学习积极性

当教师尊重学生、平等对待学生时，学生会感受到教师的关心与重视，从而越发自信，学习积极性越来越高涨，抛弃以前被动的学习态度，主动地投入学习中。孔子曰："知之者，不如好之者，好之者，不如乐之者。"所以只有学生自己乐意去学，才能达到高效率、高质量的学习效果。在进行社会主义核心价值观教育时，只有将教师与学生放在平等的地位上，双方相互尊重，才能使社会主义核心价值观变成具有实际意义的东西，而不是教师在课堂上说教，学生"左耳进右耳出"的学习，只有相互尊重，学生才能感觉到自己的主体性地位，才能积极学习社会主义核心价值观。

三、立德树人理念

（一）确立立德树人理念的必要性

教育要坚持育人为本、德育为先的基本理念。通过社会主义核心价值观教育来引导学生的思想，使学生能够树立正确的理想信念，争取成为一个健康的人、一个全面的人、一个德才兼备的人。高等学校应认真贯彻落实这一指示，坚持立德树人。而所谓立德树人就是坚持加强高校德育建设。

德育从本质上来说，必须承载社会责任，这是德育得以存在的基础，即德育必须按照社会要求育人。因此，它的价值追求是促进人的发展。然而德育不可随意而为，它必须符合人的成长规律。所以德育的定义可表述为："德育是德育者按照一定阶级或社会的要求，运用适当的方法，依据受教育者自身发展的规律，有目的、有计划、有组织地把社会所推崇的品性规范和要求转化为个人品德的教育。"

从人才学的研究中可以看出，高校德育是现代人才培养的一个重要内容。一个人之所以能够被称为"人才"，至少要在五个方面具备较高的素质，分别是德、才、学、识、体。所谓德，实际上是指与人相处之时所具备的道德，是社会认可人才的首要标准。离开了德，人才培养将失去方向，人才也不能为社会所认可。

社会主义的本质要求我国社会重视立德树人。我国所选择的是社会主义制度。这一社会制度决定了它的公民必须具备坚定的政治态度、高尚的社会道德水准。因此，我国高校思想政治教育的根本目的决定了高校必须把德育放在首位。

立德树人是社会主义市场经济的需要。社会主义市场经济的发展和改革开放的深入对大学生提出了更全面的要求。它不仅要求青少年学生掌握全新的技能，更要求青少年学生有坚定的政治方向、高尚的道德观念、严格的组织纪律和崇高的社会责任感。

（二）高校坚持立德树人理念的路径选择

1. 加强思想政治理论课建设

思想政治理论课程是高等学校教育的重要组成部分，而社会主义核心价值观教育正是借助于思想政治理论课予以实现的。它在学校德育工作中起着重要的作用，它是高等学校德育的渠道。我国高等学校德育教学要取得实效，就必须加强思想政治理论课的建设，坚持学科建设、教材建设、课程建设和教师队伍建设的统一。

在今后一段时期内，思想政治理论学科建设所面临的主要任务是：加强马克思主义基础理论的研究和建设；重点解决思想政治教育的实效性问题，注意研究思想政治教育的特殊对象及其特点；必须大力培养青年学术带头人；对专业基础设施建设要加大投入，建立相应的信息数据库；推出高质量、高品位的研究成果；等等。

在社会主义核心价值观的教材建设过程中，必须进一步加强对高等学校社会主义核心价值观的教材编写的领导和管理，以确保教材的科学性、权威性、严肃性。必须对高等学校思政课教学大纲和教材的编写严格把关，必须将其纳入马克思主义以及社会主义核心价值观理论研究和建设工程。

在课程建设上要突出基础理论知识，坚持马克思主义理论的基础地位，并要与时俱进，吸收其最新成果，为大学生解答当前社会存在的一些重大问题。具体地说，就是要把马克思主义、毛泽东思想和中国特色社会主义理论体系的内容和社会实践结合起来，以结合的内容丰富高校思想政治理论课，进一步加强社会主义核心价值观教育。

加强高校社会主义核心价值观教育的教师队伍建设，使教师坚持正确的政治方向，加强思想道德修养，增强社会责任感，树立正确的价值观，不断完善知识结构，提高教育教学能力，从而成为坚定的马克思主义者、教书育人的表率和大学生健康成长的指导者与引路人。

2. 构建合理的德育目标

高校德育目标是一定时期内高校实施德育活动所要达到的预期结果，它既是高校德育的首要问题和核心问题，又是高校德育的出发点和归宿，它规定着德育的内容、方法和形式等。长期以来，我国十分重视高校德育目标的确定，特别强调高校德育要以大学生全面发展为目标。在新形势下，为了培养社会主义现代化的合格建设者和可靠接班人，构建科学合理的高校德育目标体系成为高校德育一个重要的内在要求。

德育目标可以分为总目标和具体目标，德育总目标和各个具体目标的集合构成了高校德育目标体系。总目标和具体目标是辩证统一的关系，具体目标以总目标为指导，总目标依靠具体目标来体现。高校德育目标内容必须充分体现总目标的要求，其基本内容一般反映在具体目标之中。

3. 促进高校网络德育的发展

网络在大学生群体的生活之中占有很重要的位置，每一个大学生每天都至少要在网络上花费一个小时的时间。网络已经成为大学生学习、生活和交往的一个重要空间。在这种环境下，高校德育也要发生改变。在网络时代，高校德育应更加凸显理想信仰教育和价值教育的重要性和意义。

网络为高校德育开辟了新的空间，提供了新的方法和手段。网络化最大限度地实现了高校德育社会化。传统的思想政治教育多局限在学校和相关的职能部门，社会的教育作用表现并不充分。互联网是一个现代交互式多媒体高速计算机信息网络系统，它有效地将分散在各地的信息系统融为一体。高校可以凭借网络突破时空的局限，增强教育的广泛性和时效性。大学生通过网络，随时可以了解世界各地正在发生的政治、经济、生活等各方面的大事，真正实现了"足不出户能知天下大事"，这种迅速、及时的传播速度有利于宣传网站及时传播健康、科学、正确的思想政治信息。网络资源共享性还可以使高校德育工作者从网上了解学生的真实思想动态，在网上发布正确的思想信息来教育引导学生，从而提高高校德育工作的时效性。

四、全面发展理念

人的全面发展问题，是一切工作的中心问题，如果这个问题解决得好，那么这将会对社会经济的发展起到很大的积极作用；如果这个问题解决得不好，那么这对我国社会经济的发展就会产生很大的阻碍。大学生社会主义核心价值观教育承载着培养社会主义合格建设者和可靠接班人的历史重任，是造福千家万户的民心工程，必须以人的全面发展作为其基本理念。

（一）大学生社会主义核心价值观教育中"全面发展"的具体体现

1. 体现在生活目标和价值观念中

社会上的每一个人都有自己的生活目标，这种生活目标不单纯是信念和理想，而是在一定人生观指导下，通过自己的努力争取可以实现的具体目标。通常情况下父母帮助子女选择人生目标时，会较多地从家庭和个人发展的方向考虑，学校、社会或其他社会组织则着重强调个人发展对社会利益和社会需要的满足。

对青年学生灌输生活目标和培养价值观念，帮助其树立先人后己、先公后私的思想观念。献身社会主义建设，为人民的集体事业而努力工作，是人的社会化的重要内容，也是高校大学生思想道德教育的重要内容。

2. 体现在树立社会生活规范中

社会规范指人们社会行为的规矩、社会活动的准则。它是在社会互动过程中衍生出来的，是维持社会正常秩序的重要保障。社会规范对社会关系的反映，也是社会关系的具体化，是人的社会化的另一个重要内容，体现了人类精神文明的进步状况。

社会规范的教育是社会主义核心价值观教育的重要内容之一。大学生社会主义核心价值观教育的根本目标是教育人、培养人，使当代大学生成为一名德、智、体全面发展的好学生，在以后走上工作岗位时是一名好员工。如我国开展讲文明、讲礼貌、讲卫生、讲秩序、讲道德及提倡心灵美、语言美、行为美和环境美的"五讲四美"活动，是精神文明建设的需要，是教导社会生活规范的需要，是强化高校社会主义核心价值观教育效果的需要。

3. 体现在培养学生对社会角色的适应中

角色是戏剧、电影中的名词，指剧本中的人物。社会学借用这个概念将其作为研究社会结构的起点。培养学生对社会角色的适应，是大学生社会主义核心价值观教育的重要目标，因为大学生是即将进入社会的独立个体，他们将会面临角色的转变并适应这一转变的问题。大学教育要帮助学生消除"角色差距"，克服"角色冲突"，使学生在以后的工作、学习中能更快地适应自己的角色，从而更好地完成自己的工作，而全面发展视角下的大学生社会主义核心价值观教育能够帮助大学生更好地适应社会。

（二）"全面发展"的大学生社会主义核心价值观教育的基本思路

在大学生社会主义核心价值观教育中，我们讲全面发展教育，主要目的在于帮助大学生树立全面发展教育观，引导大学生思想道德素质和科学文化素质的协调发展。

1. 思想道德素质教育

思想道德素质是指个体通过接受一定的教育和参加社会实践活动，经过独立自主、积极理性的思考后形成一定社会或阶级所要求的思想观念和道德准则，并自主、自觉与自愿地做出相应行为的素质与能力。

一般来讲，大学生思想道德素质主要包括三个方面的内容，分别是思想素质、政治素质和道德素质。思想道德素质教育可以称得上是大学生素质教育的灵魂。高校是孕育人才的摇篮，而其培养出来的人才是我国实现中华民族伟大复兴的希望，这些大学生的思想道德素质如何直接与全面建成小康社会相关联，并决定着建成小康社会的最终目标的实现。在当前新的历史条件下，伴随着文化多元化和各种文化思潮的涌现，提高大学生的思想道德素质是十分必要的，而这就必须依托思想道德素质教育。

思想素质教育的目标在于提高大学生的马克思主义理论素质，从而帮助大学生树立正确的人生观、价值观、世界观。根据这一目标，思想素质教育的内容有：①马克思主义基本理论教育。促使大学生努力学习和全面掌握马克思列宁主义基本原理、毛泽东思想、邓小平理论、"三个代表"重要思想、科学发展观和习近平新时代中国特色社会主义思想，使大学生具有扎实的马克思主义基本理论功底。②马克思主义世界观和方法论教育。要深入开展马克思主义哲学教育、实事求是的思想路线教育、马克思主义认识路线教育和科学方法论教育，引导大学生树立科学的马克思主义世界观和方法论，培养他们自觉地运用马克思主义唯物辩证法的观点和方法认识世界、改造世界、解决实际问题的能力。

政治素质教育的目标在于提高大学生的政治意识和政治觉悟，使大学生的思想政治意识大大提高，从而树立正确的思想政治取向，坚持马克思主义，紧跟中国共产党的领导，拥护社会主义，形成有利于社会和人民的政治认同和政治行为。根据这一目标，政治素质的教育内容有：①理想信念教育。引导大学生树立建设中国特色社会主义的共同理想和共产主义远大理想，激励他们为实现这一伟大理想而奋发向上、开拓进取。②爱国主义教育。让大学生了解中华民族优秀历史文化传统，弘扬和培育中华民族伟大民族精神，增强民族自尊心、自信心和自豪感，激励他们把满腔爱国热忱投入建设中国特色社会主义的事业中去。③民主法制教育。帮助大学生树立社会主义民主法制观念，明确作为一个国家公民，所应享受的权利和应尽的义务。教导他们自觉遵守国家法制法规，并勇于同一切违法乱纪的行为做斗争。

道德教育的最终目标是提高大学生的道德素质，使他们成为一个有道德的人，为将来成为一个合格的公民而做准备。根据这一教育目标，道德素质的教育内容有：①公民基本道德规范教育。对大学生进行以"爱国守法、明礼诚信、团结友善、勤俭自强、敬业奉献"为主要内容的基本道德规范教育，使他们明确作为一个社会公民所应遵守的最起码的道德。②社会公德、职业道德和家庭美德教育。培养大学生以"文明礼貌、助人为乐、爱护公物、保护环境、遵纪守法"为主要内容的社会公德，以"爱岗敬业、诚实守信、办事公道、服务群众、奉献社会"为主要内容的职业道德以及以"尊老爱幼、男女平等、夫妻和睦、勤俭持家、邻里团结"为主要内容的家庭美德。③社会主义和共产主义道德教育。在培养大学生公民道德的基础上，还要对他们进行社会主义人道主义教育和以为人民服务为核心、以集体主义为原则、以"五爱"为基本要求的社会主义道德教育，并在大学生先进分子当中提倡大公无私、先人后己的共产主义道德规范。

2. 科学文化素质教育

科学文化素质教育包括科学素质教育和人文素质教育两个方面，这两个方面又是紧密联系、相互渗透、不可分割的。科学文化素质教育的具体内容包括很多方面，从德育的角度来讲，大学生科学文化素质教育的重点在于培养两种精神——科学精神和人文精神。这两种精神是科学文化素质教育的核心。

科学精神激励着人们驱除愚昧、求实创新，不断推动社会的进步。无论是西方近代的文艺复兴，还是我国现代的五四运动，无不显示出科学精神的巨大作用和深刻影响。由于科学精神是在科学活动的过程中形成并发展起来的,因此,科学精神的内涵也随着科学活动的不断推进而不断得到充实和发展。在当代,科学精神有着新的时代内涵。科学精神的内涵很丰富,最基本的要求是求真务实、开拓创新。因此,对大学生科学精神的培养,重在培养以下几种精神:①坚定不移的求真精神。科学研究是一种艰苦的工作,通向未知世界的道路绝对不是平坦大道,这条路上布满了荆棘,只有付出辛勤的汗水,矢志不渝,才会获得成功。②尊重事实的务实精神。科学是老老实实的学问,来不得半点虚假和浮夸。只有尊重事实,从实际出发,以实践作为检验真理的唯一标准,才能正确认识客观世界,揭示事物的客观规律。③勇于批判的怀疑精神。怀疑是一切科学创造活动的真正出发点。哥白尼从怀疑地心说而最终提出日心说,达尔文从怀疑上帝造人说而提出进化论,科学就是在不断怀疑、批判前人学说的基础上获得进步和发展的。④勇于开拓的创新精神。创新精神是科学得以创造和发展的精神动力和力量源泉。科学活动是从已知出发去探索未知从而发现和认识世界的,它在本质上是创造性的。提出新问题,解决新问题,得出新成果,是科学工作者的本职,也是衡量他们工作表现、价值大小的尺度。

人文精神不同于物质,它是一种内在的精神,在潜移默化中影响着整个社会的风尚和价值取向。可以说,人文精神是一个民族、一种文化的内在灵魂和生命,它在日常生活中无处不在,无论是在日常生活人们的言行举止中,还是人们的理想信仰中,抑或是人们的价值取向、人格模式和审美情趣中,都无处不散发着人文精神的光辉魅力。各类精神在特定的环境中经过聚焦凝合,经过岁月的积淀和先进精神的交织融合,最终形成了人文精神,它是时代文化精神的核心。当代大学生人文精神培养的基本内容是根据社会发展需要和目前大学生人文素质的现状来确定的,它主要包括独立人格教育、道德理念教育、人生态度教育和终极关怀教育四个方面:①独立人格教育。独立人格是大学生人文精神培育的基础和前提。一个人只有首先在人格上具有独立性和自主性,不盲目地听从别人,有自己的意见和主张,才谈得上具有人文精神。畏畏缩缩、唯唯诺诺、趋炎附势的人,连人的尊严都丧失了,又怎么谈得上具有人文精神呢?②道德理念教育。一个人不仅要成为一个独立的人,而且还要成为一个有道德的人。要教育大学生爱人如己,推己及人,设身处地为他人着想;要"先天下之忧而忧,后天下之乐而乐",具有仁民爱物的胸怀;要热爱自然,保护环境,维护生态平衡。③人生态度教育。在对人生的态度上,要教育大学生具有积极乐观的人生态度,自强不息,开拓进取。人的一生不可能是一帆风顺的,逆境和顺境总是交替出现,伴随人的一生。要教育大学生身处顺境时,不得意忘形,要居安思危;身处逆境时,不怨天尤人,要坚韧不拔、百折不挠、勇往直前。④终极关怀教育。人文精神是现实性和超越性的统一。它既是一种现实关怀,体现现实性的精神追求,又是一种终极关怀,体现了人对超越有限、追求无限的一种渴望。

科学精神和人文精神是人类精神家园的两大支柱,二者之间是相互联系、相互渗透、相辅相成的。科学精神和人文精神都源于人们对至真、至善、至美的向往和追求,它们在本质上是一致的。科学精神的培育需要人文精神的辅助和支撑,人文精神的培育离不开科学精神的正确指导。离开人文精神的科学精神并不是真正意义上的科学精神，而离开了科学精神的人文精神也只是一种残缺的人文精神。因此，在高校德育中，必须将科学精神教育和人文精神教育有机结合，消除只重视科学精神教育而忽视人文精神教育或者只重视人文精神教育而忽视科学精神教育的错误倾向。

第二节 大学生社会主义核心价值观教育创新遵循的原则

社会主义核心价值观结合了几千年来中华民族文明积淀的优秀价值准则，是我们国家和民族价值体系中起决定作用的最本质部分。社会主义核心价值观不但要深入人心，更要付诸行动。大学生是中国特色社会主义事业的建设者和接班人。在大学生中培育和践行社会主义核心价值观应以内化于大学生心灵、外化为大学生行为的方向发展为目标，在培育中践行，在践行中培育，相辅相成。为了更好地促进大学生培育和践行社会主义核心价值观，必须从认识、方法、实践上遵循以下几方面原则。

一、坚定方向

坚持方向性原则是大学生社会主义核心价值观教育工作者必须遵守的第一原则，有组织就要有纪律，站在对大学生进行社会主义核心价值观教育的教育者的角度上，第一纪律就是坚持方向性原则。

坚持方向性原则就是要坚持马克思主义信仰，坚持马克思主义的思想指导。在我国社会主义核心价值体系建设中，马克思主义为我们提供了正确的世界观和方法论，提供了正确认识世界和改造世界的有利思想武器。只有用马克思主义的立场、观点、方法来正确认识经济社会发展趋势，正确认识社会思想意识中的主要矛盾和次要矛盾，才能在错综复杂的社会现象中拨开云雾，看见真理，保持清醒的意识和方向。当代大学生肩负着建设富强民主文明和谐的社会主义现代化国家、实现中华民族伟大复兴的历史重任。要想完成这样的历史重托，需要他们有理想、有道德、有文化、有纪律，需要他们积极践行社会主义核心价值观。但通过调查可以看出，部分大学生对马克思主义理论知识的把握尚有欠缺，这就要求我们把坚持和发展马克思主义统一到社会主义核心价值观的培育和实践中，坚持马克思主义的基本原理，坚持发展马克思列宁主义、毛泽东思想、中国特色社会主义理论体系，促进大学生从内心深处认同社会主义核心价值观，把马克思主义的立场、观点、方法，融入塑造大学生灵魂、培育大学生道德的育人教育过程中，引导他们在纷繁复杂的社会思潮环境下，运用马克思主义的立场、观点和方法去分析问题，坚定正确的政治方向和政治立场，保持清醒的政治头脑，保持正确的发展方向。

要坚持在整个教育过程中，从教育的开始到教育的实现，从头到尾灌输马克思主义理论，并在马克思主义的正确指导下，使核心价值观的教育工作朝着积极稳定的方向不断迈进。作为社会主义的中国，明确国家性质，毋庸置疑地走社会主义道路，坚持中国共产党的领导，能够在社会大潮中不迷失方向，在众多的社会思潮中正确取舍，抵制错误思想的影响，为构建社会主义先进文化不断输入新鲜血液。

在坚持方向性的同时，要注意与文化多样性相结合。作为社会主义的中国，马克思主义是最根本的指导思想。大学生社会主义核心价值观教育以马克思主义为指导，是唯一正确的选择。大学生一方面要坚持马克思主义信仰，另一方面要警惕西方各种文化思潮，要在正确的价值指引下学会取舍。我国处在社会主义初级阶段，各项制度都不怎么完善，加上改革开放以来各种文化思潮的涌现，出现了宣扬不同利益要求的各阶层的思想动态。在这样的大环境、大背景下，缺乏社会经验的青年群体——大学生很容易迷失自己，迷失前进的方向。因此，高校要加强马克思主义信仰教育，坚持社会主义的主旋律，在思想意识领域，始终高举社会主义核心价值观的大旗，同时提倡多样性，鼓励多种思想文化并存，促进大学生精神文化的健康繁荣。

二、长期坚持

长期性原则是指大学生社会主义核心价值观教育要有连续性，持续不断地进行。从哲学角度看，整个人类的发展是螺旋式上升的，期间充满曲折和反复。大学生社会主义核心价值观的教育和践行也是如此，必定会经历一个反复的较长的过程，因此，大学生社会主义核心价值观教育要坚持长期性原则，这是必须坚守的原则，要从校内、校外两个领域来贯彻。

从校内领域看，高校开设的核心价值观教育课程承载着大学生社会主义核心价值观教育的任务，从大一到大四，关于社会主义核心价值观的课程都不间断，在课程安排上也占有较大部分的时间。在校内坚持大学生社会主义核心价值观教育的长期性原则，不仅仅是要求每一学期都要有大学生社会主义核心价值观教育课程，更重要的是不能将这门课程孤立起来，而要在别的课程中不断融入核心价值观的内容。只有这样，大学生才能提起兴趣，在有限的时间内吸收更多的核心价值观的知识，才能处处受到核心价值观潜移默化的熏陶，从而使社会主义核心价值观的教育更加具有实效性。

从校外领域看，大学生未出茅庐或者初出茅庐，他们的人生阅历有限，社会经验不足，很容易受到变化莫测的社会的浸染和影响。正是整个社会环境的复杂多变以及大学生这种反复的思想特点，决定了大学生社会主义核心价值观教育的长期坚持原则。从教育者到受教育者都要认识到整个教育过程的循环往复，全社会都要树立终身教育的理念。具体来说，政府相关部门有必要成立各种正式组织和非正式的组织，创造自由交流、自由分享对社会主义核心价值观的体会的社会大环境，这样的组织、机制或活动可以使得大学生即使在离开学校之后，社会主义核心价值观教育也还能够进行。

三、融入生活

"大学生社会主义核心价值观教育的目的在于教育、引导学生提高其思想政治素质、道德素质、心理素质等。"为了实现这一目的，大学生社会主义核心价值观教育就必须走进学生，走进学生的生活和思想领域。但必须进一步指出的是，走进绝非消极地在空间上靠拢，而是要通过有效的教育路径积极引导学生，以社会主义核心价值观造就自我、完善自我。因此，这就需要在大学生社会主义核心价值观教育中遵循融入生活的原则，真真切切让学生能够在社会主义核心价值观的指引下做出一些有意义的事。

坚持生活化原则，就是指社会主义核心价值观教育要"以生活为本源，在生活中进行教育，引导人们改善生活，提高生活质量，过美好的生活"。

所谓生活，既包括人为了生存进行的各种活动，也直接指向人们的衣、食、住、行、文化等方面的情况。在马克思主义哲学中，生活是一个包容性很强的概念，包括"物质生产、物质生活、个人生活、国家生活、日常生活、政治生活、实践生活、社会生活等"。

社会是由人组成的，每个人都是社会中的一员，因而，人与社会之间是一个不可分割的整体。生活作为整个社会活动中的一种，与人自然也有着密不可分的联系。首先，人是生活的主体，有人才有生活；其次，人不能脱离生活而存在，只有拥有生活，人才能变得充满活力，生机勃勃。人与生活浑然一体。对于人而言，生活是直观而真实的。

美国教育家杜威提出了"教育即生活"的观点，在我国，教育界也有相关的理论，如陶行知就曾提出"生活即教育"，他认为"生活即教育，用生活来教育，为生活而教育"。把这个问题放在价值观教育的问题上，也就是价值观教育生活化。

价值观教育生活化，就是以现代生活为中心，充分开发具有价值引导功能的现代生活资源，从主体的现实生活、现实存在、现实活动出发，采取感情的、实践的方式，促进主体价值观体系的自主构建，把生活作为教育的起点，同时也作为教育的归宿。

坚持价值观教育的生活化。从生活出发，在生活中进行，再回到生活，使价值观教育贯穿在人的所有生活之中，转变那种在计划预定的地点与时间里传授思想理论的传统教育方式，实现贯穿生活各个方面、各个细节的教育，才能使人们过道德的生活，才能在生活中逐渐积累起对生活的认识和感悟，才能真真切切地体验生活，在生活中不断加深对自我的认识，在生活中不断成长。

在社会主义核心价值观教育活动中坚持生活化原则，应当正视并鲜明地强调现实生活中不同意识形态的分化与对立，能够树立正确的生活态度，在众多的意识形态中坚持正确的方向，勇于面对生活中的挑战，在正确的意识形态的指引下不断朝着正确的方向前进。

大学生是一个具有较高文化素质的群体，其生活水准的提高不仅要求有很高水平的物质文化生活条件，还要有精神文化生活水准。社会主义核心价值观教育的生活化，客观上要求不断推进经济建设、政治建设、文化建设和社会建设，让广大在校大学生了解我国社会主义改革和建设的进程，培养其对社会主义建设事业的信心。在此现实基础上，大学生更加容易在其观念中确立社会主义核心价值观的指导地位。

四、实事求是

马克思认为："不是意识决定生活，而是生活决定意识。"因而在进行大学生社会主义核心价值观教育时，关于实践的教育显得尤为重要。实践教育就是通过实践将理论转化成实际，将一些原则要求变成具体的操作，同时可以将实践融入原有的理论中，从而产生新的理论。邓小平曾经讲过，"教育一定要联系实际"，"一定要和实际相结合，要分析研究实际情况，解决实际问题"。因此大学生社会主义核心价值观的教育不能仅停留在书面或口头上，要回归现实之中，用事实去充实并检验社会主义核心价值观理论。任何一个价值观的形成都离不开其得以产生的社会背景，同样，当代大学生的价值观形成也有着其深刻的社会因素。社会主义市场经济的确立和发展是其形成的重要根源。本着实事求是和客观分析的态度不难发现，我国当代大学生的价值观虽存在其合理的一面，但受市场经济的一些负面影响，也暴露出了一系列问题。对于当前大学生价值观现状及反映出的种种问题，我们不能一概而论，要坚持一分为二的原则分析其背后产生的真正原因，保证价值观教育的合理性。当前，我国正处于全面建设小康社会的关键战略机遇期，也是不断提升文化"软实力"的关键期，当代中国人民正在以马克思主义的最新理论成果为指导，积极培育和践行社会主义核心价值观。我们也应当培养大学生用发展的眼光看问题，教导他们把社会主义核心价值观的践行与中国特色社会主义建设事业结合起来，在中华民族伟大复兴的事业征程中，用社会主义核心价值观引导并塑造中国特色社会主义建设的伟大社会实践。这就要求我们在社会主义核心价值观教育过程中必须遵循实事求是的原则。

实事求是，是马克思主义的思想路线，指的是从实际对象出发，探求事物内部联系及其规律性，认识事物的本质。简言之，就是一切从实际出发。它是做好一切工作的根本，是高校做好价值观教育工作的基本原则。胡锦涛在全国进一步加强和改进大学生思想政治教育工作会议上的讲话中特别强调："要坚持解决思想问题与解决实际问题的结合，增强思想政治教育的实际效果。"因而这也要求我们在社会主义核心价值观教育的过程中，一定要从实际出发，从事实出发，针对有关社会实际情况对影响当代大学生价值观的因素进行深入分析。

传统的教育模式往往是对学生进行知识的大量灌输或理论说教，并不能引起学生内心的认知冲突，究其原因无外乎是对学生直接经验的忽视与脱离。因而坚持实事求是原则，就是要调动学生的积极性和主动性，通过角色体验、情境体验等方式，让学生们成为社会成长的主动者。只有这样，社会核心价值观对于当代大学生才不是那种高高在上的理论，而是一种与现实生活密切相关，与现实生活中的事实相符合的价值观。这将极大地缩小学生与社会主义核心价值观的心灵距离，进而增强社会主义核心价值观的吸引力和亲和力。

五、教学相长

教学相长的原则是指教学既要充分发挥教师的主导作用，又要尊重学生在教学活动中的主体地位，充分调动他们努力学习的主观能动性，使教师的"教"与学生的"学"密切配合，达到提高教学质量之目的的教学准则。在社会主义核心价值观教育过程中，两个关键的主体是教师和学生，只有教师的"教"或者学生的"学"，这都是不对的，达不到真正的教学效果，同时这也是传统教学过程中的一个重要弊端。因而，在社会主义核心价值观教育中，一定要将两者相结合，从而达到有效教学的目的。

在社会主义核心价值观教育中贯彻教学相长原则，这里的"教"和"学"不是局限于学校教学和课堂教学，而是包括任意教学情境和教育过程；教和学的双方也不是特指教师和学生，而是泛指大学生社会主义核心价值观教育活动中的教育者和受教育者。

在大学生社会主义核心价值观教育中，教育者的角色通常情况下是由学校教师、年长一代、为社会发展进步做出了突出贡献的先进模范人物以及各种宣传组织机构承担，他们对大学生进行各种形式的社会主义核心价值观教育。教育者通常都具有一定的职位、职务、模范事迹或资格和资历。然而，在信息社会，教育者的权威受到了挑战。特别是在道德领域、价值观领域，作为"教育者"本身并不能保证其道德认知和道德实践的合一性以及其价值观信仰的彻底性。教育者要想在教育活动中得到认可，树立起自己作为教育者的威信，确立并巩固自己作为教育者的主导地位，完成教育任务，实现教育目标，必须将施教于人的活动与自己的学习活动统一起来，实现教育者的"教学相长"。

贯彻"教学相长"原则，一方面，教育者要依据教育情境的要求，从受教育者角度思考有关教育实施的具体内容建构问题、具体教育方式和教育手段问题等；从受教育者的反馈信息中发现自身的不足，通过学习和反思，提高自身理论素养和人格修养。另一方面，学习是无止境的，道德修养更需要穷其一生而时有所悟。追求有意义的生活，是人永恒的生命活动过程。

只有坚持内在省察，反观自我之心灵，注重身体与心灵的一体化，将知识的获得和生命的直接体验融合为一体，不断地把这种内化的知识运用于生活实践之中，以知行合一的态度应对社会人事，才能够获得身心境界的不断提升。

贯彻"教学相长"原则，要求教育者具备"小学生"或"空杯"心态。教育者在知人不足的前提下，更要知己不足。只有在这样的前提下，教育者才能放下身段，将受教育者的一些重要的观点收纳进自己的知识框架中。

教学相长原则还要求教育者能够具备职业责任感和教育使命感，对自己所学的理论和所拥有的见识进行反思。教学相长原则本身就包含着教师的反思批判精神，大胆怀疑，小心求证，教导学生以开放的态度接受他人的见解或者批评，助人又助己。

六、坚持创新

新时期以来,改革创新已成为我国社会主义核心的时代精神。创新精神和能力的高低不仅影响着大学生个人的生存与成长,同时也决定着一个国家的未来和发展。任何一个没有创新精神和创新能力的国家,都必然无法适应日益激烈的竞争环境。因此,在社会主义核心价值观教育的过程中,应充分利用改革创新为核心的时代精神,引导大学生在问题的解决过程中坚持创新精神,培养创新意识,提高创新能力,坚持社会主义核心价值观教育的创新性原则。

创新性原则主要是指大学生社会主义核心价值观教育中教育内容的"新"和教育方法的"新"。"我国目前正处于经济全球化、国内市场化、网络信息化和文化多元化的社会大变革大转型时期,大学生的价值观呈现多元化的特征。"然而在这种背景下,大学生的价值观教育却不尽如人意。这种现状追根溯源是教育的相对滞后所造成的,因而要满足时代发展对学生提出的种种新要求,教育就应不断去创新。

教育内容是教育的重要载体,在以往的价值观教育中,常常发现本应与时俱进的教学内容,却如一潭死水,几十年都不变,如此落后陈旧的材料对于信息化时代下的当代大学生,毫无吸引力,更不用提对社会核心价值体系的认同和接受。因而要增强学生对教育的认同,对社会主义核心价值观的认同,就必须将其内容进行更新。一方面可将马克思主义中国化的最新理论和实践成果融入其中,另一方面也要把社会生活中最新的热点和焦点问题充实其中,给学生以新的信息刺激,激发其学习兴趣,进而从思想上真正接受社会主义核心价值观的教育。教学方法是教育的重要手段,随着新科技的发展,人们在享受这种便利的同时,思想也越来越现代化。因而在价值观教育的过程中,如果仅采用传统的讲授模式,就无法满足学生的心理需求。所以教学方法必须"新",必须多样化,使教育更加生动和直观,进而增强对学生的吸引力。

第三节 大学生社会主义核心价值观教育创新的具体方法

培育和践行社会主义核心价值观的方法,是为实现价值观教育内容、达到价值观教育目的而服务的,是教育主体在价值观教育过程中采取的一切方式、办法、渠道和手段的总和。大学生社会主义核心价值观的培育和践行是一个复合体,影响因素有多个方面,包括社会因素、家庭因素、学校因素和个人因素等。随着社会经济的快速发展,各个因素不同程度地发生变化,这必然影响大学生核心价值观的培育和践行效果。因此,教育方法不能墨守成规,教育者需要在实践中不断探索新的教育方法,为提高社会主义核心价值观教育的有效性保驾护航。

一、大学生社会主义核心价值观教育方法论基础

（一）价值观教育的哲学方法论基础

用什么理论做指导，是培育和践行社会主义核心价值观的首要问题。马克思主义是社会主义核心价值观的灵魂，决定着社会主义核心价值观的性质和发展方向。而马克思主义哲学既是整个马克思主义科学体系的理论基石，又是认识世界和改造世界的方法论，为培育和践行社会主义核心价值观提供了根本观点和方法。因此，首先要从方法论的角度梳理马克思主义对唯物辩证方法和历史辩证方法的科学论述，以夯实价值观教育方法论的理论基础。

马克思主义哲学方法论为价值观教育方法创新发展打下了坚实的理论基石。正如恩格斯所说："马克思的整个世界观不是教义，而是方法。它提供的不是现成的教条，而是进一步研究的出发点和供这种研究使用的方法。"因而需要在实践中坚持马克思主义的世界观和方法论原理，坚持主观和客观相符合，一切从实际出发，坚持实践是认识的源泉、发展的动力，是检验真理的唯一标准，科学地揭示认识的本质及其发展规律，正确地回答和解决人的思想、认识的产生和发展等问题，从而促进当前价值观教育方法的创新发展。

（二）价值观教育的思想政治教育方法论基础

这里所说的价值观教育的思想政治教育方法论基础是指思想政治教育方法理论在大学生社会主义核心价值观培育和践行中的具体化运用。思想政治教育的方法论，就是依据马克思主义哲学理论的指导，采用一定的方法来解决人的思想和行为问题，这些方法的集合就是思想政治教育方法的理论体系。在价值观教育中研究思想政治教育方法论，不能就方法研究方法，也不能孤立地研究方法，实际上是研究如何运用价值观形成、发展的规律和思想政治教育的规律，自觉地认识和实施价值观教育，也就是对价值观形成、发展规律和教育规律的自觉运用。

（三）价值观教育的系统方法论基础

大学生社会主义核心价值观的培育和践行是一个多因素组合的复杂系统。价值观教育的方法论研究也是如此，单靠某个理论、某个方法往往是力不从心的，必须利用系统方法的理论来观察、分析和指导价值观教育方法，才能更加全面和深入地推进。所谓系统方法，"就是根据系统的观点，从整体出发，辩证地处理整体与部分、结构与功能、系统与环境、功能与目标的关系，找到既使整体最优，又不使部分损失过大的方案作为决策的依据，以实现整体最优化的方法。系统方法要求人们把对象和过程视为一个相互联系、相互作用的整体"。系统的方法论为我们把握价值观教育问题提供了一套完整的科学方法原则，主要有整体性原则、动态性原则、联系性原则、有序性原则、结构性原则、模型化原则和最优化原则。依据这些基本原则，可以分析、研究和处理范围大、方面广、层次多、内容复杂

的大系统，从而提高培育和践行社会主义核心价值观的有效性。

系统方法论是立足整体、统筹全局，使整体与部分辩证地统一起来的科学方法论。它将综合与分析有机地结合起来，运用数学语言定量，准确描述系统的运动状态和规律；为认识、研究、设计、构思作为系统的客体确立了重要的方法论原则，是辩证唯物主义关于事物普遍联系和运动学说的具体体现。在价值观教育的实践中，依据系统方法论原则，改进和完善大学生社会主义核心价值观的培育和践行方法，并不断优化和运用，实现价值观教育工作转向整体、综合、开放和动态的研究，从而更趋科学化，更具有效性。

二、大学生社会主义核心价值观教育的传统方法

（一）理论宣教法

理论宣教法是灌输法在价值观培育中的具体运用，社会主义核心价值观的内容不可能在大学生的头脑之中自动出现，要让他们有效掌握必须能够使大学生学习好核心价值观。而这正是理论宣教法的目的。从实践经验来看，理论宣教法是目前最常用的一种方法，能够为广大高校思想政治教育教师所掌握。

在实践中，每一个教师运用理论宣教法的形式都是不一样的。总体来说，理论宣教法大多以语言为载体，通过课堂、会议和媒体的渠道进行。在高校，课堂这一渠道是非常便利的。教师大多会在进行高校思想政治教育时连带开展社会主义核心价值观教育活动，因为思想政治教育同社会主义核心价值观教育本来就是一体的，因而可以在这两者的教育工作中进行内容的互相渗透。学校通常可以在日常生活中将社会主义核心价值观教育渗透进来，可以通过办讲座、做宣传、做调查等方式向广大在校大学生宣传社会主义核心价值观教育的内容。其中，办讲座的主要形式实际上还是课堂的形式，为了支持这一方式的改革创新，我国创建了马克思主义理论学科。这在许多高校都得到确立。马克思主义理论学科建设为高校培养了社会主义核心价值观教育的后继人才，在理论战线和教学一线都有卓越的贡献。

会议学习方法并非是针对所有大学生的一种理论宣教方法，只能针对大学生党员和骨干这样的少数群体。组织大学生之中的少数骨干参与到社会主义核心价值观教育的会议之中，一方面使他们感受到会议学习的氛围，另一方面则使他们接受教育的核心内容。

会议学习方法还可以向其他大学生推广。高校的思想政治教育工作者可以根据学生的实际情况，通过会议的形式，来传播社会主义核心价值观，从而使社会主义核心价值观的教育工作能够在省时省力的同时也保证效率。

媒体宣传的优势是覆盖面大、宣传速度快。媒体能够较快地从社会之中搜集社会主义核心价值观的相关内容，经过加工以后，迅速向社会传播社会主义核心价值观的正能量。

（二）全程育人法

全程育人法是指高等教育部门、高校、社会、企业、社区、家庭等各个单元都关心青年学生的核心价值观状况和思想品质、思想行为的发展，在大学生社会主义核心价值观教育活动的全过程中都能积极配合和参与，从而形成良好的社会环境的大学生社会主义核心价值观教育方法。从高校的角度讲，全程育人主要指将教书育人、管理育人、服务育人贯穿到大学生在高校学习生活的全过程，即从大一到大四期间。就高校而言，使用全程育人法就是要在全校形成正确的价值环境和舆论氛围，发挥环境和舆论氛围潜移默化的作用，同时努力解决可能出现的全程育人的环境氛围形成过程复杂、参与者层次众多、思想水平参差不齐等问题，使高校各个职能部门和人员都能树立育人意识，在各自的工作岗位上为全程育人做出应有的贡献，担当起应有的责任。

（三）榜样示范法

榜样示范法，是理论宣教法形式的一种发展。在运用这种方法之时，教育者往往将具有典型性的人或事（正面的抑或负面的）向学生宣讲，对大学生进行正确的示范引导、警示警戒作用，提高大学生的思想认识，使其主动规范自身行为。从信息传播的角度看，榜样能够吸引大学生的注意点，提高教育的效果。从传播学的角度看，榜样的特征直接影响到大学生的注意过程，决定实际示范效果。高校思想政治教育教学所列举的榜样要起到实际的效果，就要使榜样的行为成为人们能够认识到的实际。榜样的行为越是容易被理解，榜样的思想则越容易辨认，榜样的示范作用越强。

从以上的论述中可以看出，在大学生社会主义核心价值观教育之中运用榜样示范法，要从价值观的角度引入榜样人物或者案例。通过榜样人物的事例，显示出社会主义核心价值观在人生发展之中的重要作用，使大学生在学习的时候受到启发，并最终在心中与这些代表性人物或案例形成共鸣、提高认识并学习仿效，按照社会主义核心价值观的基本要求规范自己的言行。榜样的形象以感性的思维方式触动大学生的心灵，从而引发他们内心的感动，使他们深入思考，形成正确的价值观念。在具体工作中，要注意三点：一是必须实事求是地选择、宣传榜样。游离于人们的生活世界与精神世界之外的"榜样"，难以真正从思想到行动上得到人们的认同，也起不到正面典型的作用。二是尽可能让榜样同广大大学生广泛接触，以增强感染力和说服力，也更能打动人心，收到最佳效果；三是注意宣传方式多样化，注意多种途径的使用。在校园里，教育者要充分利用校园多媒体，包括校园电视台、广播台、报纸杂志、校园网站等多种媒介进行教育的实施与推广。

（四）实践修炼法

马克思主义认为实践是人们都要从事的一种活动，对人们的认识形成具有重大的帮助作用。从大学生的角度来看，实践是大学生形成科学世界观、人生观与价值观的必经过程。

首先，大学生只有经历过伦理道德方面的实践，才能逐渐认识到什么是正义的、什么是邪恶的，什么是道德的、什么是非道德的，从而有一个正确的认识，增加社会主义核心价值观教育的经验。引导大学生对核心价值观的不断认同，并且在认同的基础上成为社会主义核心价值观的践行者。

同理论教育法一样，实践修炼法同样有多种多样的教育形式。经过多年的教育实践总结，劳动教育法、服务体验法、社会考察法是最经常使用的三种方法。所谓劳动教育法，就是通过大学生积极参与社会劳动，树立正确的劳动观念，培育尊重劳动人民的基本观念，使学生养成勤劳节俭、团结协作的优良品质。服务体验法就是通过对大学生进行积极引导，使其主动参与社会活动，运用自身能够调动的力量，为社会提供服务，为人们解决学习和生活中的实际问题，目的是让大学生在奉献社会的同时，深刻了解自己肩负的社会责任，尊重社会道德，成为合格的社会成员。社会考察法，即要求大学生按照制订的考察计划深入社会生产生活中去，观察社会现象并分析存在的问题，从而获得观察社会、发现问题、分析问题、解决问题的能力，并进一步提高自身的思想观念。

目前，中国高校大多设有专门的劳动课，培养大学生的思想品德；大多设有各种社会服务组织，引导大学生利用自己所学的知识和技能服务社会，锻炼自己；每个学年都会组织大学生参加各种社会调查活动，了解国情、了解社会；也有许多大学生在假期从事社会调查，撰写主题性调查报告，并试图获得结论。

在运用实践修炼法对当代大学生进行社会主义核心价值观教育时，首先要让学生明确每一种活动的目的性和具体要求，避免实践中的盲目性和被动性。使学生在活动的参与过程中做到心中有数，自觉地践行每一个活动，达到锻炼的最佳效果。其次，教育者或班集体应尽量委托学生完成一些工作任务，在完成任务的过程中，培养学生优良的品德和行为习惯，提高学生的工作能力，培养其工作责任感和提高思想水平。

（五）自我教育法

1. 自我教育的内涵

"自我教育是指作为个体的人，在成长过程中，既是教育的主体，也是教育的客体。"每个个体置身于社会大环境中，都是逐步提高发展的，个体的发展是一个渐变的过程，同时是一个有目标的过程。这个目标是个体按照自己的实际情况来制定的，是一个自我认识、自我评价、自我调控，最终达到自我完善的有序过程。但同时，个体的自我教育过程并不是一项单独的个人行为，而是依存于一定的社会关系中的，因而它又具有社会性。

2. 自我教育法的运用

大学生要具备自我教育的能力，要求教育者在教育实践中要通过多种途径主动帮助和激发大学生主体能力的构建。大学生要实现自我教育，充分发挥主体的能力，要从以下几个方面着手。

第一,社会主义核心价值观教育者要注重挖掘大学生自身的意识,启发大学生的自我教育意识,引导他们通过自主的学习、自觉的参与以及反省、反思、自我思想改造等自我修养途径,不断提高自己的思想道德水平。

第二,要打好坚实的理论基础。在传统教育中,理论往往是获得实践的基础,是获得知识的第一手资料。在大学生社会主义核心价值观教育过程中也是如此,理论教育最基本的方法,也是大学生打好理论基础最直接的方法。大学生只有具备坚实的理论基础,才能以正确的理论指引自己的行为,也才能在现实中明辨是非,为自己找准努力的方向。

第三,要创造有利于大学生进行自我教育的条件,积极引导大学生进行自我教育。应当通过各种渠道和形式对大学生的自我教育活动予以支持、引导和帮助,鼓励大学生开展他们热爱的、健康的、有益的、丰富多彩的各种活动,使他们在活动中自我教育、相互影响。要引导他们开展批评和自我批评,在严格的自我批评和与人为善的相互批评过程中,教育自己、教育别人、相互借鉴、共同提高。要吸收大学生参加学校的民主管理,组织大学生参加社会实践活动,使他们在民主生活和社会实践中得到锻炼,增长知识和才干,增强主人翁精神和社会责任感。要有计划地组织民主讨论,引导他们在民主的气氛中各抒己见、交流思想、坚持真理、修正错误、集思广益、互得益彰。

(六)情感教育法

1. 情感教育法的内涵

情感教育法就是教育者通过激发受教育者的情感,从而达到教育目的的一种手段。当然,激发情感必须首先建立在教育要求的基础上,立足于受教育者的情感需求。在受教育者的情感被激发出来后,要使这种情感发挥预期的效果,就必须让这种情感能够真切满足受教育者的需要,让受教育者主动体验,而不是被动接受。当然,在大学生社会主义核心价值观教育中,教育者主要是指教师群体,而受教育者则主要是高校广大学生。情感教育法是以情感行为作为中介的一种教育手段,这种手段易于广泛实施,易于为人所接受,易于取得良好教育效果,能够更好地体现核心价值观的教育艺术。

2. 情感教育法的运用

(1)以情育情

情感和教育是相伴相随的,没有情感的教育是不存在的。以情育情就是在社会主义核心价值观教育的过程中,充分发挥情感的先导作用,教育者要发挥自身积极的情感因素,以自身的情感投入去影响受教育者的情感认知,激活、丰富、升华受教育者的情感状态,完成理论的灌输和思想的升华,增强思想政治教育的实效。

在大学生社会主义核心价值观教育过程中,教育主体间的情感互动是情感教育以情育情的重要条件,学生对自己暂时无法理解和感悟的现象与事物存在情感上的迷茫和方向上的偏差时,总会首先参考教师以及其他教育工作者的情感认知,这就是古语所说的"亲其师，信其道"。这时教师就要用自身的人格魅力去影响和感染学生，用饱满的激情激励学生，在教育主体互相的"认同"中实现感情共鸣，坚持以乐观、积极、健康的情感与学生进行良好的情感沟通，构建大学生健康的情感世界，从而影响受教育者的情感认知。

在大学生社会主义核心价值观教育过程中运用以情育情的教育方法，教师还要根据学生的现实状态进行情感交流。

（2）以理育情

思想政治教育以情感为先导，但"动之以情"的目的是"晓之以理"。做到理在情中，以情载理。在进行大学生社会主义核心价值观教育工作时，要把宣传理论知识落实到学生的关切点上，做到理在情中，避免空洞说教。学生思想不通时，也不能用大道理压小道理，而应把大道理和小道理结合起来，在疏通中引导，在引导中疏通，使之感到亲切、温暖、心服，真正让"情"成为"理"的载体。

（3）以境育情

境即情境，是指社会主义核心价值观教育活动中的具体的教育情境。以境育情是指在社会主义核心价值观教育过程以创设教育情境培育情感，提高教育实效的一种教育方法。

将教育内容和特点作为依据来创设教育情境，培育情感。在大学生社会主义核心价值观教育中，教师要根据教育内容和要求，多方面、多形式、多途径地创设生动形象的教育情境，情境既要具备思想性、知识性、教育性，又要具备情感性、艺术性和针对性，这就要求教师要把握教育的着眼点和启情点，以情景启发情感。如可以采取情景剧的教育方式，把大学生社会主义核心价值观教育需要解决的问题放在生活情境之中，使学生在编导、演出和观看的过程中体会到教育的真正目的和意义，引起教育主体的思想和情感共鸣，既吸引人，又教育人，既具有思想性，又富有感染力，既能达到丰富人情感的作用，又能实现教育效果。

（七）两难故事法

两难故事法是进行价值观教育的重要方法。在现实生活中，价值观冲突的现象频繁出现。如果不开展这方面的教育，学生在面对问题时很难做出正确的判断和选择。"那些公认的价值观——如生命和自由保护、忠诚与公平、个人主义与公共利益、经济发展与环境保护——的确常会造成冲突……假如学生从来不学习对这些复杂问题的思考的话，我们怎么能够期望公民在碰到生活中较深奥的道德问题时，能做出合理的判断呢？"因此很多教育学者都非常重视这种方法在价值观教育中的运用。该方法最早是科尔伯格在皮亚杰的研究方法的基础上改进而来的。主要是通过给学生设置一些涉及两条及其以上的道德价值规范相互冲突的故事和情境，使学生在艰难的判断和选择的过程中，培养和锻炼其道德认知能力和价值判断能力。

两难故事法的主要特点是问题的开放性和答案的相对性。在两难故事中，任何故事情境都没有唯一标准的答案，存在着相互冲突的多种可能选择，这种特点在给学生带来极大挑战性的同时，也克服了学生非此即彼的惯性思维模式。因而这种方法更有利于提高学生的价值敏感性，使学生更加容易发现自身与社会、与他人在价值标准乃至信仰方面存在的差异和潜在的冲突，从而自觉地进行融合和做出改变，提升价值问题的行动抉择能力。

在运用两难故事法对学生进行社会价值观教育时，首先，应精心选择和设计两难故事或情境；要确保故事和情境的有效性，就必须遵守科尔伯格提出的三条标准。一是必须包含相互冲突的、尖锐对立的不同价值选择。"除了冲突，没有什么能引起人们的注意，刺激人们的思考。"二是两难故事或情境必须与学生的日常生活和社会生活密切相关，只有这样才能引起学生的兴趣和关注，激发探究欲。三是两难故事或情境所引发的冲突和对冲突的解决能够将大学生的价值观提高一个层次，达到更高一级的水平。只有符合以上三条标准的两难故事或情境才有意义，才能真正促进学生价值观的形成与发展。其次，应根据学生的年龄特点、认知能力、思维水平和生活的社会文化背景进行两难故事法的价值观教育。最后应加强对学生讨论和交流的指导。一方面引导道德认知、判断和评价的思维模式，另一方面又要指导他们得到正确的结论，促进价值观的形成与发展。

（八）说服教育法

说服教育法是当今我国大学生价值观教育实践中最为常用的一种方法，是教育者通过摆事实、讲道理的形式影响学生的思想意识，培养其正确价值观的过程。该方法根据教育的形式分为两种类型。一种是语言文字的说服教育，如讲解、谈话、讨论等，旨在传授给学生正确、系统的价值观方面的知识和理论。另外一种是运用事实的说服教育，如参观、调查等，目的是促进学生通过参加社会实践的实际行动加深自身认识，提高思想道德水平。

说服教育法重在说理，因此在运用时，一定要有充分的依据来证明理论、观念和知识的正确性和合理性。因此在对大学生的社会主义核心价值观的说服教育中，首先一定要遵照实事求是原则，根据当前大学生的生活现状、价值观特点有的放矢地开展工作，避免捏造歪曲、故意粉饰等虚假行为，以防学生逆反心理的产生。其次是要充分调动学生参与的积极性和主动性，使师生能在一种积极的情感交流氛围中达成思想的共鸣。

三、大学生社会主义核心价值观教育的传统方法的新突破

（一）多种方法相融合

当前复杂的形式证明，仅有教育方法的多样化是不够的，还不足以适应复杂多变环境下大学生价值观教育的要求。大学生价值观的教育培养是一个综合性的工程，非一两种方法能承载和实现目标的。大学生价值观教育这项复杂的系统工程，需要对方法进行整体建构和综合运用。多样化的方法可以解决多样的问题，而大学生价值观问题则是一个复杂的问题。问题的产生、问题的解决、正确观念的确立，都不是一个简单的过程。在这种复杂多变的状况下要使教育直指目的，唯有将多样的方法有机融合，然后综合运用，才能更好地实现教育目的。

方法综合的实质不是单个方法的简单相加，而是多种方法基于指向问题的特殊性和各自运用的优劣点采取的有序组合，根本目的在于提高培育和践行大学生核心价值观的效率和质量。方法综合主要分为三种类型：一是方法的空间组合方式。这类方法以问题为中心，以教育方法的自身特性（方法的职能、适用范围、使用条件等）为选择处理的原则。由于方法的特性具有相对稳定性，一般不会随着价值观教育的情形变化而变化，所以，对这类教育方法按照它们的内部关联，将其整理组合，进行综合运用。这种融合后的由多种方法构成的系统，因其自身具有的相对稳定性，会持续发挥着综合的作用。二是方法纵向过程组合方式。这种方法以目标任务为核心，以教育过程运行为依据，为价值观教育的不同过程和阶段选择不同的系列方法。这些方法具有连接性，在过程的不同阶段发挥作用。这种经过融合连接排序后的方法体系，具有方法综合体的特征。三是方法动态组合方式。这种方法主要是解决教育过程中出现的新情况、新问题，表现出对方法的灵活运用、动态融合。该组合方式侧重在教育方法内部诸要素的层次、搭配上有机融合，使其具有丰富性、多样性，解决问题更有力、更彻底。

同时，在当前社会主义核心价值观教育方法创新发展中，还需要加强对其他社会科学和自然科学方法理论的融合研究，"通过借鉴教育学、伦理学、人才学、心理学、社会学、系统科学、信息论、生态论等理论和方法，不断地促进其转化，使其能为价值观教育服务，从而加强社会主义核心价值观教育方法的科学发展，不断推动价值观教育方法论的整体跃迁，从而提升价值观教育的实践效果"。

（二）价值观教育与制度建设相结合

毛泽东曾指出，光从思想上解决问题不行，还要解决制度问题。因此，无论是从价值观教育的角度还是从制度建设的角度上来讲，都可以对大学生社会主义核心价值观教育进行指导。在世界整个大环境下，毛泽东和邓小平关于这一点都进行过说明。他们的看法阐明了思想问题与制度建设的关系，体现了深刻的唯物辩证法。在社会主义市场经济条件下，制度建设必须与思想教育同步，在正确的价值观念的指引下，制度建设才能更加顺利；在制度规范下，价值观的教育才得以生成。因此，制度更带有根本性，制度建设是大学生社会主义核心价值观教育中一项十分重要的工作。

（三）以理服人与以情感人相结合

人是感性和理性相结合的社会性动物。在做大学生社会主义核心价值观教育工作时，一定要贯彻情理交融的原则。首先，要运用说服教育法，以理服人。大学生社会主义核心价值观教育的目的是解决大学生的价值选择问题，只能采用民主的方法，摆事实、讲道理，以理服人。因此要对不同的学生设置不同的教育目标，采取不同的教育方法；说理要充分、透彻，把道理讲准、内容讲清、实质讲透；要防止"左"的一套。其次，要真正做到关怀大学生，做到以情感人。实践证明，要使大学生社会主义核心价值观教育取得良好效果，必须做到情真意切、情理结合。广大教育工作者就必须自觉培养自己与大学生的深厚感情，从情感上激发自己的活动。为此，教师一是要经常深入大学生，与大学生打成一片，成为他们的朋友，与他们建立起深厚的个人感情；二是要主动关心帮助大学生；三是要尊重、信任大学生，与他们在思想上寻求共鸣点；四是无论是宣传真理还是追求真理，都要保持对大学生深厚的爱。最后，寓理于情，寓教于乐，促进情与理的充分结合，使大学生对社会主义核心价值观教育的内容能"听进去、看进去，写出来、唱出来"。

（四）显性教育与隐性教育相结合

显性教育是传统的教育方法，也就是我们通常所熟知的灌输式教育。这种教育方法往往是围绕教育者展开的，以教育者为中心，强调教育者的绝对权威和不可置疑性。这种教育方式带来的弊端也在实践中得以凸显，受教育者的积极主动性严重受到打击，对待学习更加消极被动。强调单一统一化的教育目标使学生的个性被埋没，学生的身心发展不健全，并成为教育的牺牲品，成为不全面的人。隐性教育与此恰恰相反，它淡化受教育者的角色意识，使教育者的功能弱化，使受教育者的主动地位凸显，使受教育者在积极主动的情形下潜移默化地接受组织者所设定的教育内容，实现正确价值观的养成。构成隐性教育的因素来自几个系统：第一，物质实体系统。包括校园建筑风格、文化体育设施、校园环境美化等。第二，制度规范系统。包括学校的各项规章制度、行为规范要求、校训、管理措施等。第三，大学文化系统。包括学校传统、大学精神、大学风格、精神面貌、校风学风、文化价值观念、思想意识等。第四，文化活动系统。包括学生的校园文化活动、科技创新活动、社会实践活动、各种志愿奉献活动等。第五，示范系统。包括学校对典型人物、典型事例的示范作用，教师的示范作用，学生典型的示范作用，社会典型进校园活动等。

隐性教育方法的突出特征，就是没有生硬地将一些相关的教育要素强加进来，不会用生硬的态度来告诉学生什么是正确的，什么是错误的，什么是该做的，什么是不该做的，要达到一个什么样的教育效果，而是采用一种温和的态度，将教育的相关要素潜藏在相关的环境、过程、氛围之中，形成无权威、无意识的教育。因此，学生从外在隐性教育中获得的思想认识会成为相对稳定的价值观念。从心理学角度分析，个体对外在事物的接受或排斥是一个复杂的心理过程，其主要受外在事物与个体的利益关系、情感关系等的影响，当然也受个体的价值判断能力和水平的影响。

（五）人文关怀与心理疏导有机结合

随着当今时代多样化思潮的相互交汇与交锋，人们的价值取向呈现出多元与多变的趋势，随之而来的，许多人也会因时代和社会的发展，产生很多心理困惑。因此在社会主义核心价值观教育的过程中，不仅要致力于教育的实用性和有效性，更要特别注重对学生心理困惑的疏和导，坚持教育过程中人文关怀与心理疏导的有机结合。

人文关怀主要体现了以人为本的思想，具体地说，就是在教育的过程中，教育者在与学生进行对话和交流时，应充分理解和尊重学生，关注他们的情感，体恤他们的思想，关注他们的切身利益，从而通过教育和引导，帮助学生解放思想认知问题，满足其情感发展需求。心理疏导通过思想交流和心理的沟通帮助学生解决疑惑、澄清思想和明确发展的方向和目标，使得学生将自身与社会发展等诸多问题达成一种思想上的共识。因此可以看出，当代大学生的社会主义核心价值观教育，不但要以理服人，还要做到以情感人。"积极的情感活动，表现为受教育者对教育者的尊重、信任，对教育内容及其所表达的思想道德立场的认同、接纳与强烈的追求、实践欲望。它不仅为思想道德教育提供了积极的和带有催化性质的良好氛围，又是受教育者内化、践履思想道德内容的推动力量，同时还是受教育者从认知式的德育向信仰型德育转化的中介。"大学生社会主义核心价值观教育的活动，要凸显人文情怀，首先应在理性层面唤起广大学生对价值观念和规范的认知和理解，其次应在情感层面高度重视教育者与受教育者之间的心灵沟通机制和情感机制。

第四章 大学生社会主义核心价值观教育创新的模式研究

第一节 大学生社会主义核心价值观教育创新的模式概述

教育模式就是在教育理论指导下,抓住特点,对教育过程的组织方式做简要概括,以供教育实践选择;或者是对教育经验做概括,抓住特点,得到个别的教育模式,以丰富教育理论。大学生社会主义核心价值观教育模式可以定义为:教育工作者在社会主义核心价值观教育的理论指导下,在社会主义核心价值观教育实践的基础上,围绕大学生社会主义核心价值观教育主要内容,为把大学生培养成为符合国家价值观、适应时代需求的合格人才所形成的稳定而简明的大学生社会主义核心价值观教育结构理论框架以及具有可操作性的大学生社会主义核心价值观教育实践活动程序或方式,用以指导大学生社会主义核心价值观教育实践。

新时期,加强大学生的核心价值观教育,需要我们根据形势的变化,不断继续探索教育方法,构建教育模式,进一步完善并健全大学生的社会主义核心价值观教育的创新模式,适应新时期新任务的需要。大学生社会主义核心价值观教育是一项社会性的系统工程,面对当前大学生核心价值观教育的诸多挑战,多年来我们在大学生社会主义核心价值观教育模式的实践中,不断探索创新,总结经验,同时吸收借鉴国内外价值观的先进教育方法,形成了核心价值观的创新模式。

第二节　大学生社会主义核心价值观教育创新的模式选择

一、大学生社会主义核心价值观主体性教育模式

20世纪70年代开始，中国共产党将工作重心转移到以经济建设为中心的现代化建设中来，从此，我们开始了创造"摸着石头过河"的中国模式这一伟大历程。我们成了经济浪潮中认识规律的主体、实践的主体、价值的主体和历史的主体。在传统的大学生思想政治价值观教育中，大学生虽然是教育的主体，但其主体性却十分有限，其主体性往往处于被压抑的状态。

（一）主体性教育的内涵

所谓教育，是指教育者按照一定的社会要求，向受教育者的身心施加有目的、有计划、有组织的影响，以使受教育者发生预期变化的活动。

人的"主体性"问题自新时期改革开放思想解放运动伊始，就一直受到哲学和社会科学界的广泛关注。20世纪80年代，著名教育家顾明远更是指出"学生既是教育的客体，又是教育的主体"，这一命题在教育学界引发广泛讨论，许多著名教授纷纷支持并进一步阐发了"学生是教育主体"的观点，由此，主体教育思想逐渐形成。

主体性教育并非一种教育类型，不是说我们的教育可分为主体性教育和非主体性教育两种，主体性教育仅仅是指一种教育思想或教育理论。这一思想最重要的是体现在教育内容上，强调对知识结构的不断优化，强调提高受教育者的主体能力，提高他们的学习和创造能力；这一理论也体现在教育方法上，强调启发式的教育，要求民主教学，强调教学双方要相互尊重、相互信任、相互配合，形成一种民主平等的师生关系。

主体性教育的核心是承认并尊重受教育者在教育活动中的主体地位，将受教育者真正视为能动的、自主的、独立的个体，通过启发、引导受教育者内在的教育需求，创设和谐、宽松、民主的教育环境，有目的、有计划地组织、规范各种旨在提高和发展受教育者主体性的教育活动，从而使他们成为自主地、能动地进行认识和实践活动的社会主体。在中外教育史上，人们一直十分重视主体性教育思想的研究与实践。在西方，早在古希腊时期，苏格拉底教学法便运用对话，列举出机智巧妙的问题进行教学，其目的不是传授知识，而是探索新知。古罗马教育家昆体良所倡导的修辞学方法，强调教师要乐于提问，乐于回答问题，引导学生积极思考，并且他认为，教师是教育成败的关键，教师应是德才兼备的人，是"能够教育学生即言即行的人"；文艺复兴时期的人文主义教学方法，提倡让学生充分享受生活，在快乐中轻松地学习。到了近代，美国实用主义教育家杜威提倡问题教学法，

主张"从做中学",将教学过程分为五个阶段:从情境中发现疑难,从疑难中提出问题,做出解决问题的各种假设,推断哪一种假设能解决问题,经过检验来修正假设、获得结论,即困难、问题、假设、验证、结论,被称作5步教学法。

主体性教育思想在我国也由来已久,因材施教的教育思想、学思结合的教育理念,都体现着教与学的关系。我国古代教育家孔子说:"知之者不如好之者,好之者不如乐之者。"到了近代,著名教育家蔡元培、陶行知、叶圣陶等都对正确处理教与学、教师与学生的关系,激发学生的学习兴趣,引导学生独立思考,发挥学生在教学过程中的主体作用等问题做过大量论述。叶圣陶先生说:"教是为了不教。"钱伟长先生亦说:"教师的教主要不是把知识教给学生,而是需要把处理问题的能力教给学生。"

主体性教育思想也在世界各国得到了众多学者和高校的实践,20世纪90年代开始,我国的一些高校在积极探索、寻求主体性教育的实践模式上,已取得一些阶段性成果。但从总体上来说,我国高等教育中主体性教育思想仍十分缺乏,主体性教育思想的缺乏、教师教风不严和学生学风不正构成了一个互为因果的关系链。

(二)大学生社会主义核心价值观主体性教育模式重点内容把控

对于多数高校来说,现今在社会主义核心价值观的教育过程中实行的既不是以教师为主体的教育,更不是以学生为主体的教育,而是以教材、制度为"主体"的教育。高校要很好地完成培养高素质创新型人才的任务,必须充分运用主体性教育模式,在这一过程中着重强调学生学习的主体性和教师教育的主体性。

(1) 注重学生学习的主体性

学生在教育过程中,既是学习的客体,同时也是学习的主体,其主体性表现在:学生对教师所施加的教育是有条件、有选择地主动接受;学生是以积极的状态还是以消极的状态来接受教师的教育,直接影响着教育的最终成效;学生的成长具有一定的规律,教师必须要遵守并服从这一规律。

学生学习的主体性主要包括对学习的主动精神和积极态度,以及对所学专业、所学课程以及所用教材的选择权利,还包括他们对所教老师和学习时间的自主选择权。教育的首要目标就是充分发挥学生的学习主体精神。

就大学生的核心价值观教育现状来看,许多学生仍然面临着学习主体性不足的问题。究其原因,一方面是学生对社会现状缺乏深刻了解,没有树立科学的世界观、人生观。面对社会问题,没有社会责任感,没有向上的进取心。另一方面是现行的教育机制不甚合理,这直接导致学生缺乏自我进取的精神,他们一旦进入学校,就失去了对学习时间的把控,失去了对专业、教材、课程甚至是教师的选择权。因此,我们需要反省这样一种现象:那些在高考考场上一路搏杀过来的佼佼者,却在进入大学校门之后失去人生的方向。这固然有一部分原因是因为个体缺乏进取心,但是究其本质,更深层次的原因是机制的不合理,进而导致学生产生很大的心理迷茫。

主体性教育模式告诉大学生一个最基本的道理：大学，不是一个结果，只是一个过程，是一个对价值和目标追寻的过程，并且在这一过程中他们所收获的一切将会受用终身。如今，淘汰制、辅修制、双学位制、完全学分制等弹性学制已以迅雷不及掩耳之势出台了，学生对专业、课程以及教师的选择权也迅速得到扩大，这不仅拓宽了他们的发展空间，更有利于核心价值观的彻底践行，使大学生从内心深处对核心价值观的各项内容积极主动去了解，进而内化为自身的行动。

（2）强调教师教育的主体性

在进行社会主义核心价值观教育的过程中，教师总是将学生作为实践的对象，将自身活动引发的教育影响作为手段，进而促进学生身心得到发展。教育活动所显示的特点，如目的性、计划性、组织性等，都通过教师在教育过程中的活动来体现，这就是我们所说的教师教育的主体性。

教师教育的主体性对于进行社会主义核心价值观教育来说具有十分重要的意义，教师在进行社会主义核心价值观教育过程中体现出来的主体意识和主体性精神的现状会对学生产生巨大影响。高校出现过这样的局面：许多学生只为考试而学，使高校教学质量的提高缺乏动力。当然形成这一局面的原因有很多，但教师教育的主体性的缺乏是造成这种状况的重要原因之一。教风与学风之间具有一种天然的联系，许多学生的学风不正，其背后是部分教师的教风不严。

（三）大学生社会主义核心价值观主体性教育模式的程序

（1）提高大学生的主动性，促使他们积极主动参与社会主义核心价值观的学习过程

进行大学生社会主义核心价值观教育，实施主体性的教育模式，一个最为基本的前提就是大学生已经充分意识到自身的主体地位。因此，在核心价值观的具体实施过程中，首要任务就是要激发出大学生的主体意识，这是激发他们的自觉性、提高他们的主动性、增强他们的自觉性的基础。对学校的核心价值观教育活动采取主动参与的方式，而非游离于活动之外的态度，发挥自己的最大潜能，不断发挥自身的创造能动性，接受理解并积极实践核心价值观的要髓，成为自我发展的主体。从大学生进入大学殿堂的那一刻开始，教师就要通过多样的渠道，引导学生主动参与到社会主义的核心价值观教育中，这是最终实现其主体性教育模式的基础和前提。

（2）增强大学生的能动性，提升他们主动探索社会主义核心价值观的实践能力

探索活动是一项需要充分发挥主体性的活动，主动探索这一活动本身就影响着大学生主体性的发挥，尤其是对大学生实践能力的培养和创造能力的发掘有着不可忽视的作用。社会主义核心价值观主体性教育模式的主要内容是社会主义核心价值观，主要包括马克思主义指导思想、中国特色社会主义理想、爱国主义、改革创新的时代精神及社会主义荣辱观和"三个倡导"。教师通过不断创造条件，鼓励学生主动探索、积极发现，改变他们被动参与的状态，营造出一个轻松的氛围，促进他们自主学习，倡导他们自主发展，让学生在这一过程中获得主动学习的机会。

（3）开发大学生的创造性，增强他们主动实现社会主义核心价值观的知识创新

在高校开设社会主义核心价值观有一个最为重要的目的，就是要全面实现大学生的自我发展。对人的社会性进行发展，不仅仅是社会的客观要求，同时也是大学生社会主义核心价值观教育的目标。进行高校社会主义核心价值观教育的最终目的，是要促进人的发展，培养大学生的自我发展主体性，实现他们社会发展的主体性。在这一过程中，要不断在探索过程中实现主动发展，不断在实践过程中实现主动创新，采用不同的实现方式，不断发掘并探索隐藏在高校社会主义核心价值观主体性教育中的更深层次的知识。

（四）大学生社会主义核心价值观主体性教育的实施建议

1. 对教育观念进行改革

1993年联合国教科文组织提出了"学会学习"的报告，指出教育的四大支柱是，学会认知，学会做事，学会做人，学会共处。其中三项都是做人的范畴，这标志着教育的认识又回到对人的培养上来。

21世纪的教育也产生新的问题，呈现出新的面貌，因此，教师应摈弃重专业训练、轻综合素质提高，重知识传授、轻实践能力培养，重知识再现、轻独创思维的传统教育观念。在教育的过程中，注重主体性教育思想的弘扬，树立新的教育理念。以学生发展为本，不仅体现在教学过程中，要以学生为主体，而且要体现学生对教育的选择，要给学生提供最大的选择机会，包括学习时间、学习方式和学习内容，同时还要为学生的健康成长提供支持和服务等，要使学生的主体意识得到最大的张扬。

简言之，就是要以学生发展为本，不断强化他们在社会主义核心价值观教育过程中的"参与性"，提高他们的"自主选择性"。既要使学生学会做事，又要使学生学会做人；既要使学生正确地继承知识，又要使学生发展创新精神和创新能力；既要使学生发展记忆力、注意力、观察力、思维力等智力因素，又要使学生发展动机、兴趣、情感、意志和性格等非智力因素；既要使学生提高智慧，又要使学生增进身心健康等。

2. 对教学内容进行更新

科技的快速发展，使得教育的目标和内容发生了重大变化。这就要求我们，一是要根据社会需要和学科发展趋势及时调整和改造现有专业，优化专业结构。二是对专业的教学内容进行改革。扩大专业的内涵和外延，整合不同学科专业的教学内容，构建教学新体系。在大学生中进行社会主义核心价值观的践行，也需要这两方面内容的不断改进。对现有的核心价值观教育的课程内容进行整合与淘汰，不断删减已经过时的落后的内容，开设能够反映学科特色的新课程，将核心价值观的新内容贯穿课堂，并减少课堂的教学学时。进行课程设置时，应建立尽可能宽的基础课平台。教师应成为教学内容、课程体系改革的主要参与者，并积极吸收、鼓励学生参加这一工作，通过教学内容、课程体系的改革，加强教师与学生之间的沟通与交流，以充分发挥教师教育的主体性和学生学习的主体性。要提高学校自行设置专业的权力，对于已经不适合社会经济发展要求，招生、就业都比较困难的

专业（艰苦专业除外），要进行彻底的改造，以增强专业的适应性。此外，要积极设立、建设跨学科专业，以适应科学综合化的需要、创新人才培养的需要，满足社会对多角色岗位人才的需求。

3. 对高校教育管理机制进行完善

管理机制对于在学生中进行社会主义核心价值观具有重要的作用，这直接关系到学生学习的自觉性，关系到教师教育功能的发挥。现实高校学生管理中存在许多问题，究其原因，仍然是由于我们的管理机制不合理。因此，要提高核心价值观主体性教育模式的效果，就需要不断完善管理机制。

（1）提高学生的自由度

所谓学生学习的自由度，包括学生选课、选教师、选专业的自由。学生在导师的指导下，按照教学计划的要求，自行确定学习负荷、选读课程、安排学习进度等，打破学年制的限制，允许学生在大类范围内选择教师听课，按大类选择专业方向，跨大类自选专业方向。切实发挥学生的主体作用，实现学生在社会主义核心价值观教育中的自主性，因材施教，对学生的自我个性与特长喜好进行了解调查，认真研究如何在学分制的基础上，使学生自己设定学习的计划。除此之外，在课堂教学中进行探究式的教学，提高本科生在科学研究队伍中的比重和作用。

为了让每个学生都有充分自由学习的空间，发挥他们的个性与特长，学校应实行完全的学分制，按学分制的原则，制定基本的指导性规定，让学生充分自由地选择学习的课程和时间。虽然自由选择课程和教师使我们面临很大的压力，但完全的学分制将促进学科和课程的结构调整，在机制上保证了教师教育功能的发挥，有利于高素质人才的培养。

（2）建设高水平的教师队伍

没有相应的科研能力，缺乏专业的学术水准，高校教师的一切活动就是"无米之炊"，更谈不上人才培养质量的提高。在进行国家的经济建设和服务的过程中，高校教师的科研能力有着十分关键的作用，高校教师的教学水平和学术水平也会在这一过程中得以提升，这会促进他们在进行教学的过程中，不断向学生传输一些最新的科技发展知识，使学生了解科技发展的最新动态，使他们理解最新最前沿的科学研究的当代方法。

高校教师可分成两部分，一部分是以承担基础课教学为主的，而另一部分则是以承担专业课教学为主的，两部分教师应具有的科研素养可有所不同。两部分教师之间的比例因不同高校办学目标的不同将会有所差别。为此，要提高高校整体教师队伍的水平，就要重视教师生活条件的改善，教师有限的时间、有限的精力要合理分配到教学工作和非教学工作中，除了与教师的个人品质有关系之外，还受到两项工作的收益率的影响。目前，高校教师非教育教学工作的收益率提高，而且机会也大大增加。两项工作收益率的比较差距，将会影响教师在教育教学工作上的时间和精力的投入。

（3）实现真正的"教书育人"

在很长的时期内，高校学生思想教育管理一直实行"三育人"的机制，即"教书育人、管理育人、服务育人"，而实际收到的效果并不十分理想。在我国高校中，我们有一支很好的思想政治工作队伍，但这支队伍不应该、也承担不起整个学生教育的重任。随着完全学分制的实行，在学生教育与管理中应实行导师制，导师对学生的思想品质培养、业务能力提高负总责，实现真正意义上的"教书育人"。学生教育管理中的导师制模式对于研究型大学的本科教育尤为重要，并切实可行。教师与学生永远是教育的主体，永远应该是学生成才中最重要的两方面。

（五）对高校社会主义核心价值观主体性教育模式的评价

（1）优点提炼

主体性教育模式的实施，不仅有利于在进行社会主义核心价值观教育过程中，革除传统的教育弊端，提高教育效能，改进教育方法，更重要的是，这一教育模式将重点落在人的主体性上，是在社会主义核心价值观的指导下，对人的本性、特性以及潜能的深入探究，彻底摆正了学生在教育中的地位与价值，将大学生的独立个性作为教育之本，这为我国教育变革与发展都奠定了良好的基础，为我国的教育事业提供了巨大的动力。

高校社会主义核心价值观主体性教育强调学生的主体地位，突出"以人为本"，将学生看成是学习的主人，将教师作为学生学习发展的辅助者和指导者，重视学生多方面潜能的拓展。

（2）缺点剖析

高校社会主义核心价值观的主体性教育模式也有一定的缺点。其采取和坚持的世界观是唯心主义的，方法论是形而上学的，坚持的基本前提"人性论"也是抽象的。高校社会主义核心价值观忽视了教育的外在价值，非常重视个人的潜能成长，片面强调教育的内在价值。

如果不能对社会主义核心价值观主体性教育模式的缺点进行认真分析与克服，就会在该模式的实施过程中出现过分夸大学生自由的现象，如果放任学生对自身的学习内容及学习方法的选择，过分强调他们的自主性，那么这种课堂实际上根本不是学生"自主"的本意，也不可能充分发挥他们的主体性。

二、大学生社会主义核心价值观价值澄清模式

价值澄清模式起源于20世纪60年代的美国，应用广泛而且备受争议。价值澄清模式的代表人物是纽约大学教育学院的教授路易·拉斯思（Louis Raths）、南伊利诺斯大学教育学院的梅里尔·哈明（Merrill Harmin）、马萨诸塞大学教育学教授悉尼·西蒙（Sidney Simon）以及美国人本主义教育中心主任霍德华·柯申鲍姆（Howard Kirschenbaum）。

（一）价值澄清模式的背景

价值澄清模式是应对西方社会的复杂多变的社会价值思潮以及价值观教育工作中存在的困难而产生的一种理论。拉斯思等人认为美国社会中快节奏的生活状态给人们的价值观

念带来了巨大的混乱，社会道德存在不断下降的状况，这给学校价值观教育带来了困难。具体来看，这些主要包含以下几个方面。

（1）社会发展引起人们价值观层面的深刻变化

20世纪五六十年代正直美国婴儿潮一代，美国社会面临了前所未有的环境。竞争压力大，社会变化快，人们在这样的环境下形成了不同以往的价值观念。人们所处的不同社会集团、不同社会阶层，要求他们带着自己的价值观参与到社会竞争之中。这就出现了不同经验背景、文化背景、生活背景的人们价值观之间的有力碰撞。每一个人都能为自己的价值观找到合理的根据与理由。传统的价值观文化就此打乱，人们陷入了新的困惑之中。

（2）社会发展所带来的家庭变化

在现代社会之中，家庭格局发生新的变化，给青少年价值观的形成带来不利因素。生活节奏加快，一个家庭的运营不得不进入双职工模式。父母双方忙于自己的工作，减少了同少年儿童的交流，大大减少了与儿童之间就社会伦理、道德、价值观等问题进行有意义的交流和沟通的机会。而且在快节奏的生活之中，自然家庭迫于社会压力而破裂或者因为其他原因而陷入危机之中，使得少年儿童难以形成明确的价值观。

（3）现代科技发展带来了更多的价值选择

美国社会科技发展为儿童的发展提供了丰富的信息环境。儿童有了更多的价值选择机会。这一方面开拓了儿童的价值视野，另一方面则给儿童带来了价值选择困惑。

（二）大学生社会主义核心价值观价值澄清模式的主要理论观点

1. 价值澄清模式的理论背景

拉斯思等人所提出的价值澄清模式的理论基础主要有人本主义心理学、存在主义哲学和经验主义教育学。人本主义心理学对当时的美国教育学界的影响可谓是空前的。这一理论主张人们可以通过自主活动探索出生活的真谛。价值澄清理论在这一主张的基础上认为，对于陷入价值困惑的青年，教师要给予信任，创设围绕学生的轻松自由的学习氛围，发挥学生的主动性，尊重学生的选择。存在主义哲学非常关注人的自由选择。价值澄清理论认为价值形成是一种主观的活动，存在于个人的选择之中，并不能依靠灌输和教授之后形成。价值澄清理论认为人能够通过自己的选择获得自己的道德自主性。在人本主义和存在主义之外，杜威的经验主义教育理论也对价值澄清理论产生了影响。杜威认为，成人和儿童的道德都是不断生长的，由坏的经验变为好的经验。价值也同样是一种生长的过程。拉斯思等人认为价值会随着人们经验的获得而得到更新。

2. 价值澄清模式的主要理论观点

（1）价值澄清的含义

从以上对价值澄清模式的理论背景论述可以看出，拉斯思等人的价值澄清理论观点主要是人们因为有了不同的生活经验而形成了不同的价值观。

美国社会崇尚的文化是自由主义文化。教师、家长不能用自己的观念去限制孩子的自由。因此，在拉斯思等人看来，人的价值观应是基于自己的生活经验而形成的，也只有他的生活经验能够影响他自己。因此，一个人的经验如果产生了一定方向的认识，那么必然会产生特定形态的价值观。对于价值澄清模式来说，它的主要任务在于帮助儿童在自己的生活经验中澄清自己的价值观，使之适合于自己的生活方式，不产生观念上的迷惘。价值澄清理论者认为获得价值观的过程比获得价值观的结果更值得研究。由此可见，价值澄清模式与其说是一种理论，不如说是一种方法，帮助儿童形成适合于自己生活价值观的方法。教师引导儿童对自己的生活进行分析与评价，帮助他们找到自己价值观形成的准确道路，并在这一过程中帮助他们主动容纳他人的价值观，与他人和平相处。

（2）价值澄清模式的核心思想

价值澄清教育模式的形成，源自西方现代社会复杂变化给人们的思想、道德、价值观造成的困惑乃至混乱，学校道德教育面临严重困难。针对这种情况，路易斯等人提出了这种价值观教育方法。社会转轨、价值观念复杂多变是这一模式产生的主要背景及应用环境。该模式通过对多样价值观的澄清过程，帮助青少年减少价值混乱，保持价值澄清的作用，让受教育者在选择行动的过程中提高自己分析和处理各种道德问题和社会问题的能力。

价值澄清模式的核心思想是：人们生活在一个变动着、充满价值观冲突的社会中，价值观深刻地影响着人们的身心发展，现实生活中没有一套公认的价值和道德原则；个体都具有不同的生活和社会经历，他们形成了不同的价值观，价值观并非一成不变，而是会随着人的经历的逐渐丰富，随着人的心智的逐渐发展而变化的。所以说，价值观是相对的，是个人的，每个人都拥有自己的价值观，并且在这一观念的指导下产生相应的行为。价值观不能也不应该是被传授或者灌输的。之所以对学生进行价值观教育，并不是让他们不断认同外在的价值观，接受外在的价值观，而是让他们在这一过程中澄清自身的价值，指导他们不断调整适应变化着的世界，并在其中扮演一个比较理智的角色。因此，如何获得价值观念比获得怎样的价值观要更加重要。要不断引导学生运用分析、评价的手段，减少他们价值混乱的状况，促进他们形成正确的价值观，并在此过程中提高他们应对价值冲突的能力，培养他们选择未来处理人际问题的技巧。

（3）价值澄清模式的四个基本构成要素

拉斯思等人认为价值澄清模式这一教学方法包含四个基本要素。

第一，对生活经验和生活方式的关注。价值澄清模式教育得以开展的基础是儿童的生活经验。教师必须结合儿童的生活经验，帮助其提炼总结自己的价值观。这一问题与儿童的价值观形成有着密切的关系。

第二，主动接受他人，建立和谐的人际关系。美国人尊重自己的自由，同时也尊重他人的自由。因此他们的价值观理所当然地包含尊重与自尊。在美国教师看来，美国社会的儿童必须要能够正确认识别人的价值观，在保护自己的同时不伤害别人。价值澄清模式教育也基于这一点要求儿童积极关注别人、接纳别人，将自己的价值观与他人的价值观融合在一起。

第三，引起儿童对生活的反思。有反思的生活才是进步的生活。这是杜威的观点，也被拉斯思融入自己的价值澄清理论之中。拉斯思等人认为，价值澄清并不是为了被动认识自己、认识世界，而是要在认识的基础上进一步思考，探索出自己发展的道路。因此，儿童必须能够学会反思，做出更多、更明智的选择，珍视自己和他人。

第四，获得独自生活的能力。价值澄清模式的教育同其他教育的目的是一样的，都是要求学生获得独自在社会中生活的能力，只不过其出发点不同。价值澄清模式要求学生在自己的价值观中容纳他人，反思生活，获得应对生活变化的基本能力，在日后表现如一、长期坚持。所以价值澄清模式从整体上是要求学生能够训练自己的能力或者技巧，进行自我应变指导。

（4）价值观澄清的基本模式

拉斯思等人在1966年出版的《价值与教学》中将价值观形成划分为三个过程，分别是选择、珍视和行动。在这三个过程的基础上，他们又将其划分为七个步骤，分别是选择过程的自由选择、可能性选择和审慎思考后再选择，珍视过程的珍视自己选择并且感到愉快、非常乐意向他人公开自己的选择，行动过程的依据选择进行行动和重复。

从这三个过程七个步骤中，我们可以看出拉斯思等人非常重视价值澄清模式中个体积极主动的选择。他们认为儿童可以在自己的主观经验中筛选出符合自己利益要求的选择。但是这个研究存在一个明显的缺陷，即拉斯思等人忽略了儿童价值观形成过程中的社会性，忽视了社会文化在价值观形成过程中的积极作用。针对此，拉斯思等人提出了两个方面的修改意见，即注重社会文化和增加价值观形成中的群体属性。柯申鲍姆在接受批评者的意见之后修改了价值澄清模式，将三个过程修改成了五个过程。柯申鲍姆在选择之前将思维和情感融入进来，又将珍视替换为交流。柯申鲍姆的这一修改实际上接受了社会文化主义者的观点：个人的思维和情感是对生活经验的一种遴选和反思过程。同时，柯申鲍姆还将人们之间的交往融入进来，使原来认同他人这种玄之又玄的观点变得更加具体化。可以看出，柯申鲍姆的修改是对拉斯思理论的一种进化，对于价值澄清模式教育的发展来说具有实际意义。首先，教师能够依据这一理论开展具体的学生价值观教育活动。其次，这些活动的开展并没有固定的标准，人们可以根据儿童的思想遴选特定的教育方法。最后，柯申鲍姆并没有修改行动，可见行动在其中的重要意义，教师一定要要求儿童做出准确的判断。

（三）大学生社会主义核心价值观采用价值澄清模式的必要性

不论是1966年还是1975年版本的价值澄清模式，他们都强调儿童价值获取的方式是积极进行生活选择，采取切实的行动。无疑，价值是一种评价，是一种选择，更是一种行动。从大学生社会主义核心价值观教育的意义来看，采用这一模式是非常必要的。

首先，当前我国的社会发展状况与20世纪五六十年代的美国有一定相似之处。学生面临着一定程度的价值混乱。学校思想政治教育工作面临复杂的社会状况。华侨大学林荣策的一篇《当代大学生社会主义核心价值观教育调查研究——基于福建三所高校的调研》中显示有61.4%的大学生愿意接受社会主义核心价值观教育，该调查还对社会主义核心价值观教育的阻力进行了调查，约有12%的人选择个人切身利益，有22%的人选择了多元价值观的冲击，有25%的人选择了教育的形式化，有39%的人选择了社会风气的影响。实际上，大学生社会主义核心价值观教育所受到的阻力远不止于此。该份调查限于篇幅没有一一列举出来。调查还对影响社会主义核心价值观内容接受、开展社会主义核心价值观教育效果不佳的原因等方面进行了调查。总之，这一份调查显示当前的社会状况以及当前的学校教育手段都对大学生社会主义核心价值观教育效果产生了实际的影响。

其次，大学生已经具备一些价值选择的能力，也愿意进行自主的价值选择。从当前大学生思想政治教育开展状况与大学生获取信息能力的状况来看，大学生接受思想政治教育，更加乐于在接受思想政治教育理论之后，进行自主选择。在信息技术得到大力发展的今天，大学生获取信息的能力大大增加。电脑网络与移动网络铺天盖地式的信息传播手段极大程度方便了大学生。在网络上，教师与学生的地位是公平的，都能够通过网络技术公平地获取网络信息。因此，我们说大学生具备了信息获取的能力，他们能够进行自主选择。

最后，社会主义核心价值观对各种类型的价值有一定的统驭作用，这一点广大高校思想政治教育教师要具备信心。社会主义核心价值观是当前社会各种类型价值观的高度总结和归纳。人们所做的各种价值选择都绕不开这些核心价值。一个人不论怎么选择，他生活在这个社会上，生活在这个国家里，他都应该爱国、爱劳动、尊重他人。这既是他生命中的根本需要，也是他安身立命之本。

（四）大学生社会主义核心价值观价值澄清模式的建构

社会主义核心价值观是当代社会存在的一套公认的可传递给学生的道德原则，当代大学生生活在价值观日益多元化、相互冲突的世界里，每一个面临抉择的关头或处理每件事务时，都面临选择。选择时人们都依据自己的价值观，但大学生们常常不清楚自己所持的价值观到底是什么就已做出了选择。因此，需要创造条件。大学生是社会主义的接班人，教师要利用一切有效途径和方法帮助大学生澄清他们对社会主义核心价值观的认可，把做出选择时所依据的内心价值观澄清为社会主义核心价值，并付诸行动。

从拉斯思等人提供的价值观澄清基本模式来看，大学生价值观的形成可以划分为思维、情感、选择、交流、行动五个过程。因此，结合当前大学生思想政治教育的基本构成来看，对大学生进行社会主义核心价值观教育可以分为以下几个步骤。

1. 大学生理论课教育

理论课教育是大学生获得社会主义核心价值观的主要途径。在价值澄清模式之中，教师要在课堂上帮助大学生确立有关大学生社会主义核心价值观的思考。关于这一点的措施又可以划分为以下几方面。

（1）确立以人为本的教学观念

思想是行动的前提，观念是行动的先导。教师首先要转变自己在社会主义核心价值体系教学过程中的观念，以人为本，围绕大学生，推动他们积极反思生活。价值澄清模式的根本在于学生对生活反思的积极性、主动性。因此,教师要树立以大学生为本的观念,积极关注大学生。

首先,高校各级领导要树立以人为本的观念,转变部分高校领导把思想政治理论课看作是可有可无的课程的思想。高校要培养全面发展的优秀人才,必须德才兼备。有德无才,或者有才无德,都不符合社会发展的要求。从社会主义核心价值体系的角度看,高校教师要提升社会主义核心价值观教育的实效性,培养道德上合格的人才。而做到这一点,必须转变过去部分高校领导的观念,充分重视高校思想政治教育理论课,提升教学质量。

其次,高校思想政治理论课教师要在高校各级领导的倡议下,真正实现教学之中的以人为本。高校教师要在教学之中思考,大学生在思想政治教育课堂上希望获得什么,现在能够获得什么,差距在哪里。将这些问题思考清楚,就能够真正关心、尊重每一个大学生。我国高校思想政治教育理论课目前实行的是大班教学。这种课堂上,教师要照顾到每一个学生的情绪,实在有点强人所难。这时落实以人为本的唯一方法就是从整个大学生的角度思考大学生的定位、需要、现状和差距,待教学条件有所改善之后,再将一些问题细微化。高校的思想政治理论课只有着眼于学生的学习需求,结合学生的发展现状,综合考量学生的学习兴趣和接受能力,并制定出适宜的教学方案,才能切实满足学生的学习需求,才能从根本上保证核心价值观教育的教学效果。

(2)培养学生的学习兴趣

兴趣是行动的老师。不论怎么定位高校思想政治理论课教育之中的学生,培养学生的学习兴趣将始终是高校思想政治教育工作的一个重要方面。只有对这一学科保持持久的兴趣,才能有源源不断的学习动力和学习积极性,才能真正将课堂所学知识转化为自身的实践行动,才能达到核心价值观教育的本质要求。作为一种高等级的精神需要,兴趣应该怎样培养始终都是一个问题。西方教育心理学学者认为,在教师培养学生的学习兴趣时,首先要促进学生进行正确归因和获得成就,使学生放弃原有的厌学因子。在这一心理状态下,学生至少不会对高校思想政治教育理论课的内容进行排斥。进一步,学生要产生理论课教育的兴趣,就要求教师能够为大学生搭建一个完整的理论框架,并使学生发现这一理论框架在生活中的实际用处,使学生认识到学习理论以后生活能够更有意义。

(3)提高思想政治理论课教材质量

教材是阻碍大学生社会主义核心价值观教育质量的重要因素。教育部和各省(市)思想政治理论课管理部门,要以与时俱进的精神进一步更新高校思想政治理论课教材编写思路。高校思想政治理论课教材的编写应引入科学的竞争机制,充分调动从事高校思想政治理论课教学科研的专家学者们的积极性。

从目前高校思想政治理论课教学研究和教材研究的情况来看,可以说还比较薄弱,这种状况严重影响了高校思想政治理论课教材的质量,也严重影响了高校思想政治理论课教学的质量。高校思想政治理论课教材建设既要体现系统性、理论性,更要体现针对性和实效性;既要体现马克思主义的立场、观点、方法和理论联系实际的基本原则,更要反映马克思主义与时俱进的品质。

2. 大学生心理健康教育

大学生心理健康是大学生做出正确价值选择的情绪保障。价值澄清模式要求教师要能够保证用积极的心态去面对生活，而这一保证手段就是大学生心理健康教育。

大学生心理健康教育不仅与大学生的情感联系在一起，还与大学生的交流与行动联系在一起。因此，对于价值澄清模式来说，大学生心理健康教育是大学生社会主义核心价值观价值澄清教育模式开展的一个重要保障。

从当前大学生的心理健康状况来看，笔者认为大学生心理健康教育应该从以下几个方面开展。

第一，大学生首先应对自我有清醒的认识。知人者智，自知者明。能够正确地认识自我是大学生心理健康的重要标准。具有良好心理健康状况的学生能够证实自己的缺点，客观评价自己的优点，在工作和学习中既不妄自尊大也不妄自菲薄，抓住人生发展的机遇，自信乐观地走向人生发展目标。

第二，大学生应对就业和学习保持清醒的认识。能够进入大学学习的学生，一般在智力发展上都不存在严重障碍。学习是大学生的主要和基本工作，心理健康的学生能够保持自小养成的认真学习态度，对于学习中的困难具有一定的钻研精神，并借助多方面的手段将其克服，能够在学习中获得自我满足与快乐。

第三，大学生应该及时调节自己的情绪。情绪是影响大学生身心健康、学习效率、人际交往的一个重要因素。具备良好心理状况的大学生能够进行自我情绪控制，能经常保持开朗、乐观、向上、知足的心境，对生活和未来充满希望。虽然在生活和学习之中也有许多不愉快的消极体验，但是适当的情绪调节能力能够帮助他们积极面对、主动调节。

第四，大学生应正确处理自己的人际关系问题。人际关系状况良好与否是最能体现和反映人的心理健康状况的标准。许多心理学家都认为，心理问题大多是在与外界的交往过程中产生的，而且多数是心理积压过多造成的。具备良好心理调节能力的人应该学会进行自我压力释放，乐于和善于与他人交往，要用尊重、信任、友爱、宽容、理解的态度与人相处，能分享、接受和给予爱与友谊，能与集体保持协调的关系，能与他人合作共事，乐于助人。

第五，大学生要培养自己适应环境变化的能力。环境适应能力包括正确认识环境以及处理个人和环境的关系。具备良好心理状态的大学生在环境突然改变之时，首先会积极主动地认识到现实对自我的影响，然后再思考应该怎样去改变自己才能适应现实的变化，最后再思考做出哪些努力能够改变现实，使现实更好地为自我服务。人与环境的斗争中，应该保持自己的主观能动性，把自己的力量逐渐地作用于现实。

从价值澄清模式的角度出发，教师应定期开展一次大学生心理健康调查，了解大学生的心理健康状况。我国大学生思想政治教育普遍实施的是大班教学，很难对每一个学生的心理健康状况有清楚的了解。在实施价值澄清模式的时候，这一点实际上也造成了一些障碍。因此，教师要掌握一定的调查技术，摸清大学生的心理健康状况，及时调节大学生整体的心理问题。对于个别出现问题的大学生，教师应该积极进行心理辅导，帮助他们走出心理的困惑。

3.积极开展大学生价值观实践教学

实践出真知。大学生在日常的选择之后，如何将之付诸实践，指导自己今后的生活，教师也应该有所指导。实践教学对于开展大学生社会主义核心价值观价值澄清模式教育来说具有十分重要的意义。一方面，实践教学有利于提高大学生接受核心价值观的积极性。大学生十分重视自己的所学能不能适应社会。在参与社会实践中，大学生会不断问自己，所学如果能适应社会，那么优势在哪里，如果不能，那么劣势又是什么。另一方面，大学生社会主义核心价值观价值澄清模式教育本身就需要实践教学。拉斯思等人在解释价值澄清模式的时候就非常重视行动。他们希望大学生能够将选择的价值观应用于社会活动中去。

从我国高校实践教学的发展来看，大学生实践教学的模式主要可以分为课堂实践教学、校园实践教学和社会实践教学。

（1）课堂实践教学

所谓课堂实践教学，就是以固定课堂为基本的教学平台，进而开展以学生为主体的实践活动。作为思想政治理论课实践教学的重要组成部分，课堂实践教学有着独特的探索研究和应用价值。从我国大学生思想政治教育课堂教学常见的方式来看，课堂实践教学的方式主要有课堂作业、课堂讨论、案例教学、情境模拟等。各个形式在价值澄清模式之中都有一定的优势。课堂作业这种形式能够高效帮助教师达成一定的教学目的。课堂讨论能够将大学生核心价值观内容和社会热点联系起来。案例教学和情境模拟则能够帮助大学生积极思考生活，反思自己，表达出自己对案例之中所蕴含的价值观念的看法。

（2）校园实践教学

校园实践教学是指思想政治理论课教师围绕教材内容，设计相关教学方案，以学生参与校园文化建设、校园管理活动、学生生活活动等方式来锻炼学生的意志品质，提升其为人处世的综合能力，培养其良好思想道德和行为习惯的一种教学活动。校园实践活动是一种较为有效的对学生进行素质教育的方式，对提高学生的综合素质，引导学生不断适应社会，并不断促进大学生的成长成才具有重要的作用。

（3）社会实践教学

社会实践教学是在理论教学的基础上以社会为课堂，安排大学生参加社会的各项活动，主要有参观访问、社会服务、社会考察、劳动教育等形式。参观访问能够使学生开阔眼界、增长见识，接受实践中赋予的政治思想教育。社会服务活动是服务者志愿参加的有组织、有目的的实践活动，服务内容主要有生活服务、科技服务、信息服务、咨询服务等。社会考察的目的是让大学生自己动脑、动口、动手，通过调查获得丰富的第一手材料，然后经过整理分析、理论思考得出正确的结论。它不仅能使大学生的思想和能力得到提高，而且其考察结论对其他人也有启发和教育作用。劳动教育，就是让受教育者从事一定量和一定程度的生产劳动,使之在劳动过程中树立正确的劳动观念,培养热爱劳动、亲近劳动人民的感情,养成劳动习惯。劳动观念是大学生获取核心价值观念的一个不可或缺的方面。

(五)大学生社会主义核心价值观价值澄清模式的评价

社会主义核心价值观的价值澄清模式自产生以来,在世界范围内产生了广泛的影响,尽管公众对此褒贬不一,但不可否认它确实产生了巨大的影响力。这一模式在高校的运用范围极其广泛,虽然在学术界该理论的重视程度远不如涂尔干、科尔伯格和杜威的理论,但从一定程度上讲,该理论要比这三者的理论更有意义,也更为重要,下面对价值澄清教育模式进行简要评价。

1. 优点提炼

(1)重视大学生主动性的发挥

社会主义核心价值观的澄清模式重视价值观形成过程中,大学生个体因素作用的发挥。在进行价值观教育的过程中,注重大学生积极性、主动性的发挥,同时结合价值观的发展需要对他们进行方向的引导与指点。采取多样化的方式,使大学生在轻松愉悦的氛围中获得良好的价值观教育,让他们在一种民主与平等的环境中接受价值观教育的相关内容。

(2)注重大学生的选择能力

大学生社会主义核心价值观价值澄清模式注重大学生的自主判断和自主选择的能力,大学生采取何种价值观、树立何种世界观、确立何种人生观都是大学生自主选择的结果,是在他们的道德意识与道德判断下,进行综合选择的结果。

(3)操作性强

价值澄清模式中有很多关于价值观状况的量表。这些数据可以反映大学生价值观的情况。并且在这一套表格中,教学方式的具体操作步骤都很清晰,在实际实践的过程中,具有极强的操作性。

(4)着眼现实生活

一般来讲,我国的高校德育课程比较注重国家和社会的需要,强调在宏观层面对大学生进行方向的指导、观念的培育,但是忽视了大学生的个人发展。这些课程在培育的过程中,对大学生应对现实生活问题的技能训练培养关注不多,这会导致大学生只是了解相关的理论知识,一旦进入社会实践,就表现出明显的力不从心的局面,在面对复杂的社会问题时,他们不懂得行使公民的权力、履行公民的义务,并且不善于利用法律对自己的合法权益进行正当维护。所以,这一模式的优势就在于能够注重对大学生解决现实问题能力的培养。这也为我国的大学生社会主义核心价值观教育提供了一个有意义的借鉴,在进行价值观培育的过程中,要注重大学生主体性的发展需要,不断开发多种具有生活化的课程,提高大学生的社会实践能力。

2. 缺点剖析

（1）贴近生活又疏离生活

价值澄清借助大学生个体的真实生活和时间经验，用与他们密切相关的生活事件来澄清其自身的价值，从这一层面来讲，大学生的价值澄清模式是十分重视生活、十分贴近生活的。但是，这一教育模式在贴近生活的同时又疏远了生活。究其原因，有以下两点：其一，该理论认为价值远高于生活，价值澄清的关注点和落脚点在大学生的道德价值，并非大学生的生活境界中；其二，这一模式鼓励学生接受实然，但不鼓励学生追求应然的生活。这两个原因会使生活分割成实然与应然两大相对立的部分。价值澄清理论接受生活的实然，削掉生活的应然，这与生命和生活更高层次的追求是相背离的。

（2）容易陷入相对主义

最近几年，价值澄清模式在社会遭遇了严厉的批评，其对价值个性的过分强调，导致该模式被认为是反理性的，因而容易将人导入价值的相对主义。

价值澄清模式在理论上承接的是杜威的价值相对论的思想，将个人的直接经验作为价值的源头，同时将个人的活动作为客观的价值检验标准。但是每个人的经验是不同的，这就导致了价值的多元化，进而形成了价值的相对主义。

三、大学生社会主义核心价值观教育体谅模式

价值观体谅模式是英国著名的道德教育家彼得·麦克菲尔（Peter McPhail）等提出的。麦克菲尔和他的同事依据《英国学校道德教育课程的方案》著了《生命线》（*Lifeline*）丛书。这本书要求教师在进行道德教育的过程中要对儿童多关心、少评价。针对大学生社会主义核心价值观教育来说，应用这一模式就是要将大学生的道德情感置于中心位置。体谅模式的理论基础是人本主义的哲学理论和人本主义的心理学理论。

（一）体谅模式的主要观点

麦克菲尔在研究了英国 1967 年到 1972 年之间 800 多名 13~18 岁青年学生之后，认为青少年对"好"事件的共同观点，好的、积极的事件整体都反映了体谅、幽默、宽容的品质。共同分享与分担是好的；统治的、支配的是坏的。

（1）社会主义核心价值观教育的基础——自己和他人快乐

麦克菲尔主张价值观教育的基础是使自己幸福和快乐。他强调体谅和关心他人的时候，重点是要让自己快乐、幸福和满意，而他人的快乐和满意是附属品。关心和体谅他人的行为首先是一种自我激励的利己行为。麦克菲尔认为，学生不应提早使用"应该"这类词语，这会让他们觉得自己被促使做关于体谅的事情。之所以不宜用"应该"，是因为麦克菲尔认为体谅的方式对别人来说是快乐的，对自己来说是回报性的快乐，满足于别人需要的回报，就无须进行伦理学或道德的再学习。

在大学生社会主义核心价值观教育中，教师要帮助学生发现使学生快乐的源泉，让大学生知道快乐源于健康的生活，源于祖国和社会的稳定，快乐和幸福源于利他的行为。大学生社会主义核心价值观教育的另外一个目的就是将大学生从互相不信任的模式之中解放出来，正常地同他人进行交往。

（2）社会主义核心价值观教育的目的——学会关心

麦克菲尔认为价值观教育的目的在于引导学生学会关心人。在介绍《生命线》一书时，麦克菲尔引用了约翰·拉斯金（Jhon Rushin）的话："教育并不意味着教人们知道他们不知道的事，而意味着当他们不知道如何做的时候教他们怎样做。"这说明，麦克菲尔的价值观教育的中心论点是道德教育关系到气质的修养、行为举止的塑造和解决问题的能力。麦克菲尔认为，儿童观察生活中的重要人物，了解他们如何为人处事，就会学到一些重要的道德准则。道德是有感染力的，能让人明白什么是好，什么是坏。麦克菲尔还从人与人之间的影响论证了价值观教育的目的是在寻找人与人之间的共性。道德之间的感染，使人们相信人们之间有很多共性的价值观念，这也是人们能够相互关心、相互理解、相互信任、相互体谅的根本原因。人们之间的这一共通点并不是表面的，而是深层次的。在大学生社会主义核心价值观教育中，教师应使大学生相信社会中的相互交流源自对社会一些共通价值观念的认同，而这些共通的价值观念正是社会主义核心价值观。大学生要在核心价值观的基础上关心和体谅他人，并在这个过程中收获自己的快乐和满足。社会主义核心价值观一共二十四字，包含了三个层面，涵盖了国家、社会、公民应持有的基本观念。教师要教育大学生，使其认识到国家富强和谐、社会公正自由、人民爱国敬业是自身快乐的根基。因此，大学生在社会主义核心价值观教育中要学会关心祖国、关心社会、关心他人。

（3）社会主义核心价值观教育的重点——引导大学生与人友好相处

拥有良好的人际关系，是人具有健康心态或者价值观念的重要标志。一旦失去了融洽的人文环境和健康的精神氛围，一个人的价值观念必然受到影响。麦克菲尔认为，价值观教育的目的就是要让儿童学会互相帮助，使他们在学习的过程中用有益的理论摆脱那些破坏性的和自我损害的冲动。在社会主义核心价值观教育之中，教师要教育大学生摆脱那些以自我为中心、自私、粗暴或者其他不健康的价值观因素。大学生社会主义核心价值观教育要通过引导大学生建立良好的人际关系，摆脱那些不健康的价值观因素。

（二）大学生社会主义核心价值观教育体谅模式的建构

在麦克菲尔的《生命线》丛书中，麦克菲尔设计了一层层循序渐进的社会情境，逐步引导学生学习价值观。麦克菲尔每一部分的设计都包含几个单元。这里结合麦克菲尔的设计与大学生社会主义核心价值观教育的需要，对麦克菲尔的观点进行了改良，具体如下。

（1）设身处地为公民、社会、国家着想

《生命线》丛书的第一部分是《设身处地为别人着想》，包括敏感性、后果和观点三方面内容。麦克菲尔的设计围绕普通人的问题，在家庭、学校、邻里这些情境中展开。他认为这些做法有以下特点。

第一，材料是有情景的。

第二，这些情景来源于对青少年的调查，因此，这就是他们所处的情景。

第三，对这些情景的陈述很简要（通过提供个人的详情），促进他们融进情景当中，使他们做出各自不同的反馈。

第四，一般来说，提出的问题多涉及实际行为，而不是讲道理。

第五，所提出的行动课程中的角色扮演以及戏剧性的表演一般比较容易引起情感上的共鸣和增加理智，因而提高了学生对人类行为的更现实的欣赏与理解。

第六，有助于激发青少年对社会活动的自然倾向。

第七，材料中所提供的为他人着想的基本动机是关心他人的素质，这种素质会产生应得的反馈。

第八，事件的一览表是不固定的，表明教师与学生可自愿地做其中的项目。

第九，这些情景在用完之前不应逐一地试用或不断地使用，可能时应指导学生进行选择，因为能否置身于环境中是至关重要的。

第十，设身处地为他人着想的情景永远也不应该被用于惩罚或增加额外的负担。

从大学生社会主义核心价值观教育的需要出发，教师可以设计一些相类似的情境，使大学生思考一些关于公民、社会、国家的问题。例如，关于公民爱国这一核心价值观，教师可以列举出类似于李登辉和安倍晋三的做法，让大学生认识到爱国是获得幸福的重要品质。关于爱国的材料应尽量来自历史和社会之中，具有真实性，这样才能够达到设身处地的目的。我国大学生具备信息选择和价值选择的能力。教师还可以利用他们的这一能力让其从网络上搜索一些与爱国相关的信息，通过讨论，明确爱国的重要性。

因此，教师可以按照麦克菲尔所认为的特点选择一些社会主义核心价值观教育情境，从全面性和真实性的角度出发，使大学生认真反思自己，认识到具备这些价值观对于自己幸福生活的重要性。

（2）证明公民、社会、国家所应具备的规则

《生命线》丛书的第二部分是《证明规则》，包含有五个单元，分别有规则与个性、你期望什么、你认为我是谁、为了谁的利益、为什么我应该做。这一部分涉及比较简单的个人的压力和冲突的实例，也涉及比较复杂的群体利益冲突和权威问题。学生在这一部分探讨各种社会背景之中自己所应面对的一些难题，这一部分要求学生形成健全的统一性，使其成为对社会有贡献的人。

在麦克菲尔的设计中，第一单元包含了规则的复杂性，第二单元则侧重社会道德和伦理的冲突，使学生认识到社会问题，第三单元则包含了学生对个人自我意识的认识和定义，第四单元的重点是对群体的认识，第五单元则是对权威和社会潜规则的认识。

我国大学生在初等教育和中等教育中都对社会规则有了明显的认识，然而对社会规则的复杂性仍旧认识不足。在大学生社会主义核心价值观教育中，教师仍有必要在这方面有所加强，使大学生认识到规则的深层次含义。例如，有大学生在老人摔倒后帮忙扶起来，

却被诬陷将其撞倒。大学生在这里不免就要出现对规则的迷茫。社会规则到底是什么，应该怎么利用才能促进社会的和谐。同样是针对这一问题，有一高校民意调查显示，高达64.8%的受访者认为该扶起老人；26.9%的民众认为不好说，要视情况而定；8%的民众认为不该扶。社会上对待同一问题的观点并不一致。大学生应该怎么做呢，怎样才能算是弘扬社会主义核心价值观呢。通过对大学生的教育要让大学生认识到在利用道德规则的同时还要利用法律规则。

社会主义核心价值观就是公民、社会、国家活动中应具备的一些基本规则。教师在利用体谅模式对大学生进行社会主义核心价值观教育时，可以借鉴麦克菲尔对规则的理解，帮助大学生确立社会主义核心价值观在规则体系之中的核心地位。一切好的社会规则，道德的、法律的甚至是潜在的，都是为了整个社会能够按照共同的意志运行。那些坏的规则则不在其列。大学生要学会利用好的规则对抗坏的规则，在维护社会正常秩序的同时，维护自身的利益。

设计规则，强化大学生对社会主义核心价值观的理解，更重要的是要帮助大学生开展对规则的辩证认识。一切规则并不是像它显示的那样支配社会的运行，而是在具体情境之中展开应有的变化。教师要帮助大学生全面认识社会主义核心价值观，辩证看待其在社会发展中各个不同层面的作用。

（3）付诸行动

行动永远是价值观教育的终极指向。在采用体谅模式对大学生进行社会主义核心价值观教育时，教师可以组织大学生进行讨论，从不同的侧面帮助大学生全面认识社会主义核心价值观。例如，教师可以组织学生讨论"键盘侠"的社会影响与公民道德问题，从而为大学生确立网络价值规则。教师也可以组织学生开展医患纠纷问题的讨论，围绕医生道德问题与患者举止的合理性展开。

（三）大学生社会主义核心价值观教育体谅模式的评价

（1）优点提炼

《生命线》教程提出了一种较全面的德育方法。情境从较简单、直接的相互影响活动到复杂的历史问题。所有的材料都是选择性的，既可以分组也可以单个使用。麦克菲尔模式的实践比理论给人的印象更深刻。价值观教育从情感入手，注重理解他人、体谅他人，在这一过程中也使自己感到快乐、满足和幸福。体谅模式注重从实证研究出发，根据实际调查的资料来进行情景的分析，据此制定出的教材具有很强的操作性。同时，价值体谅模式也将人本主义理论作为基础，强调价值观教育过程中的学生的人格，保证学生在正常的人际关系中接受教育。

（2）缺点剖析

价值体谅模式关注的是人与人之间的价值问题，对国家和社会的价值规则的讨论有所欠缺。另外，价值澄清模式所关注的问题仍旧不成体系，文化这一方面是其重要缺陷。历史文化对人的价值观念影响不仅体现在知识上,更重要的是行为上。这一点在价值澄清模式中没有体现。

四、大学生社会主义核心价值观网络教育模式

在新的形势下,对大学生进行社会主义核心价值观教育,要讲求方式方法,不能空谈说教,要寻求工作方法上的不断创新。中央在《关于进一步加强和改进大学生思想政治教育的意见》中明确提出:"主动占领网络思想政治教育新阵地。要全面加强校园网的建设,使网络成为弘扬主旋律、开展思想政治教育的重要手段。"这为高校寻求培育方式创新提供了发展方向。在传统教育模式基础上继承和突破,提升大学生的核心价值观培育效果,需要对网络教育模式加以了解。

(一)大学生社会主义核心价值观网络教育模式的发展现状

目前大学生社会主义核心价值观网络教育模式已经有了一定的发展。从清华大学推出的第一个"红色网站"发展到现在的很多高等院校都建有一个或多个思想政治教育网站,从最初以专门党建网站形式的出现发展为思政类网站、校园BBS、高校主页等多种形式,积极推动了大学生的核心价值观教育。同时也存在着制约网络教育模式发展的一些问题,如网站信息内容枯燥、形式单一、点击率低、没有专门宣传大学生社会主义核心价值观的专栏等。

在信息网络环境下,树立正确的网络观是进行大学生社会主义核心价值观网络教育的基础前提。用网络完全代替大学生社会主义核心价值观教育是不可取的,然而也应该看到网络应用于教学的光明前景。网络对大学生的认知方式产生了巨大的影响,为适应形势的变化,进行大学生社会主义核心价值观网络教育是一种提高大学生思想政治理论课程教育的创新形式。

网络环境的开放性、交互性以及虚拟性都对大学生的价值观念产生了重大影响,同时也影响着他们的行为方式。互联网的开放性,使得多种网络文化得以充分展现和交流,网络文化也融合了不同国家和民族的文化特征,保证了网络文化永远有新的活力,也让网络文化保持了新陈代谢的能力。互联网的开放性,为多种信息的存在提供了一个平台,使得思想政治课堂教育的教学空间更加开放,也使得核心价值观教育的途径有更为多样化的形式。在网络平台上,教育者与被教育者可以进行更为便捷更为有效的交流与沟通,这一交流不限时间、不限地点,并且交流主体之间是平等的,不受身份的影响。在这一平台中,受众也不再是被动的信息接收者,而是积极的大众传播的参与者。有别于传统的大学生社会主义核心价值观教育的方式与内容,网络教育模式能实现教育主体更多的课外交流,甚至借助网络的匿名性,这种交流会是更深层次的,这种互动会是范围更广的。

大学生社会主义核心价值观的网络教育模式为课程教学改革提供了新的思路与方向,借助网络的多媒体平台,大学生的学习能够具备更为完善的课件制作的基础,他们的积极

性也会得到提高。网络课堂教学使大学生社会主义核心价值观教育的现实课堂教学与虚拟网络课堂实现了有机融合。

(二) 大学生社会主义核心价值观重点内容把控

大学生社会主义核心价值观的网络教育模式是适应时代要求发展起来的，21世纪是网络信息的时代，我们应当高度重视网络信息对当代大学生的影响，注重网络的教育管理，加强对大学生网上教育的指导，把握大学生社会主义核心价值观教育的主动权。

网络教育模式并非独立于传统教学之外的一种模式，而是对传统教育模式的一种突破和扩展，是对传统的教育模式进行融合之后的一种创新与开拓。这样的教学模式既能够保证思想政治理论教学的政治方向性、科学性、计划性以及目的性，又能够提高大学生学习社会主义核心价值观的积极性、主动性，同时增强了大学生社会主义核心价值观教育的实效性与针对性。因此，大学生社会主义核心价值观网络教育模式在具体的实践过程中，需要重点把握以下几个方面。

（1）把握网络发展方向，确定基本内容

根据社会主义核心价值观的表述及要求，大学生社会主义核心价值观的基本内容主要包括政治信仰和理想信念教育、民族精神和时代精神、道德修养和行为准则等方面。这些内容落实到大学生身上，主要体现为有极强的政治信仰和坚定的理想信念，有高度的民族自豪感和爱国热情，有极高的道德修养和行为操守，有诚实守信、待人真诚友善的可贵品格。大学生社会主义核心价值观教育也应该围绕这些基本内容进行。

（2）运用网络技术优势，创新传播方式

网络以其独特的技术特点丰富和拓展了社会主义核心价值观教育模式的载体和手段，社会主义核心价值观的传播应适应网络融合的特点，运用新思维，采取新方法，利用新媒介，制作新产品，将传统的单向的信息传输和疏导教育转变为双方的互动、多方的分享，将枯燥的强行理论灌输转化为自觉的主动接收信息。

要采用创意传播的形式，适应大学生审美心理、知识结构和审美特征，采取渗透以及双向互动的交流方式，将社会主义核心价值观以直接或渗透的方式融入各种资讯形式为手段，整合国家、社会及学校的各类教育资源，对大学生群体进行核心价值观教育，使其在获得有用资讯时受到教育，心灵受到震撼，自觉培养出符合社会要求的价值观的网络媒体。

建立家校联动平台，实现"四位一体"教育。现代社会是一个多元社会，学生的成长、价值观的形成受各方力量的影响，需要依靠学校、家庭、社会和大学生个人四方力量共同努力，形成一体，方能实现大学生社会主义核心价值观教育成效最大化。

（3）掌握网络传播规律，构建评估体系

网络媒体具有"分众化""大数据"的特点，要建立社会主义核心价值观传播反馈机制和舆情信息分析研判机制，通过数据反馈对社会主义核心价值观教育进行评估。

对大学生社会主义核心价值观教育评价主要从宏观和微观两方面来进行考虑。前者是从国家、社会的层次，在一定时期内，对大学生社会主义核心价值观教育在社会发展进程中占据的地位及具有的社会价值进行评估，而具体到一所大学，就是考察其大学生社会主义核心价值观教育是否被社会认可。微观评估则是对大学生社会主义核心价值观教育过程中的具体某项工作、过程进行评价。大学生社会主义核心价值观教育，常常是结合大学生的思想状况、价值观念等来进行评价，所以一般转化为对大学生个体的评估，如理论考试、推优、入党等。

（三）大学生社会主义核心价值观网络教育模式的构建途径

围绕中央对核心价值观教育的总体要求，以当代大学生的特点为基础，以计算机、网络技术为支撑，以国内外时政热点为施教素材，构建集强制性、自愿性、趣味性为一体的网络平台，通过构建校园网络文化、提高网络监管力度、推进大学生的网络素养建设、增强网络教育队伍建设以及完善网络监管制度等方式着手核心价值观教育工作的开展。

（1）建设校园网络文化

校园网络是开展大学生社会主义核心价值观教育的主要阵地，与互联网相比较，校园网在技术上和管理上有一定的可控性，为大学生社会主义核心价值观教育提供了较好的条件。针对大学生上网的心理和行为特征，创新校园网络和大学生社会主义核心价值观课程教学主题网站的管理方式，将管理与教学相结合，提升管理育人的功能，是大学生社会主义核心价值观网络教育得以实现的重要保证。

校园网络文化是在校园网络环境下产生的一种新的文化形态，它既是对传统校园文化的虚拟，又是对其的发展和延伸。近年来，随着网络信息技术的迅猛发展和电子计算机的应用普及，校园网络文化也呈现出迅速发展的态势，并逐渐成为高校校园文化建设不可缺少的环节。在校园网络文化建设中，要始终坚持以社会主义核心价值观为指导，倡导学生的积极参与，在校园实践中不断提升学生的内在修养和素质，树立正确的世界观、人生观和价值观，实现学生的全面发展。

从当前中国高校的校园建设来看，大多数的高校都已经建立了自己的网络平台，为学生提供成绩浏览和信息查询等服务。在对大学生进行社会主义核心价值观教育的过程中，高校就可以在校园网站的基础上，建设社会主义核心价值观教育专栏，从形式、内容上给学生耳目一新的感觉。在内容的选择上，可以选择学生践行社会主义核心价值观的典型，然后倡导学生进行学习，注意信息内容的真实性与实效性。

高校还要注重加强校园网的软硬件建设，改善校园网络基础设施，加大物质投入，推动技术升级。首先要充分利用高校自身的技术人员和网络资源优势，自主地逐步设计出自身特色的应用系统。其次，要加强网络教育软件建设。最后，为了发挥校园网的作用，有必要对各级领导干部和广大师生进行有针对性的培训，提高他们利用校园网开展教育教学、管理、服务等工作的能力。

在校园网络文化的建设过程中，还要注意规范高校师生的网络道德素养，倡导网络文明，防止网络暴力的出现。要把社会主义核心价值观渗透到网络环境的各个环节和领域，除了建设一批融知识性、思想性、趣味性于一体的校园红色网站，还要在不妨碍大学生正常需求的前提下，通过网络监控和不良信息屏蔽技术，把握社会主义核心价值观网络教育的主动权。例如，在校园网上建立大学生社会主义核心价值观主题网站时需要注意：网站的定位要准确、定位要鲜明，要突出大学生社会主义核心价值观的育人功能；主页的内容既能把握形式的美感，又要把握住权威的内容和热点问题讨论来吸引人；网页中的页面、版块之间的链接要易于检索并符合学生的浏览习惯，防止页面文字单调呆板，也要防止插入大量图片导致网页加载过慢等。

此外，高校可以建立网上竞赛、网上交流、网上信息发布、网上意见征集、网上心理咨询、网上谈心等一整套网络评价体系，让大学生随时进行自检和自评，倡导自我约束，全面提高自身素质。除此之外，还要加强对校园网络的管理，为大学生社会主义核心价值观教育提供一个良好的网络环境，引起学生的兴趣，有利于大学生学习效率的提高。

（2）提高网络监管力度

近年来，随着我国互联网技术的不断发展创新，网络呈现出跌宕起伏的特点。众多的天灾人祸、社会矛盾，以及改革开放 40 年积累下来的深层次问题，加上百年一遇的全球金融危机，诸多突发事件和社会现象，使得中国网民表现出强烈的社会关怀，频频发声。互联网成为各阶层利益表达、情感宣泄、思想碰撞的舆论主渠道。

当前，我国在网络管理与网民结构方面存在很多问题：一方面，社会管理机制缺失，导致法律和道德对网络行为的约束力较弱，网络舆情环境混乱复杂。另一方面，由于我国网民结构尚处于"三低"状态，网民自律意识缺乏，言论与信息传播缺少自律性，对于负面信息的好奇心大，对突发网络事件认识不理性，观点意见往往表现出情绪化、个人感官化和偏激化。导致网上有害信息、虚假信息泛滥，网络舆论的产生、扩散和形成处于自发无序的状态中，网民道德自律、网络传播行业自律和管理亟待加强。互联网是社会大众共有的虚拟世界，这一虚拟世界早已和现实社会密不可分，这就决定了互联网不是绝对自由的平台，而应该是和谐与法治秩序的领地。如果管理不善，国家信息安全就会受到威胁，企业电子商务就会受到影响，大众个人隐私就会受到损害。

在现实社会管理过程中，需要行业和个人的自律，互联网管理也不例外，并且由于网络传播的广泛性与快速性，因此更需要相关机制和法律的约束。当前，我国网络立法体系还不健全，导致网络暴力事件频发，因此人们对网络监管的呼声也越来越高。面对这种情况，对于政府来说，就应该及时加强对网络监管的立法，健全法律机制，维护国家和广大公民的利益，实现网络社会的良性发展。

（3）推进大学生网络素养建设

在大学校园中，虽然网络已经普及，但是大学生对网络媒介的了解却很有限，因此对大学生继续进行网络媒介素养教育就显得很有必要，其可以帮助学生对网络媒介建立起较为系统的认识,从而提高大学生的网络操作能力和自我约束能力。与传统媒介相比,网络媒介有其特殊性,其传播方式也存在很大的不同点。在这种情况下,如果大学生不能对网络媒体的运用有较为深入的了解,甚至沉迷于网络中的一些不良信息中,那么网络对于高校教育来说就不会成为一个得力的工具,甚至还会起到严重的破坏作用。例如,很多大学生由于不能妥善管理自身的网络行为,会出现网络成瘾的现象,甚至很多学生在大学四年的生活中,整日以游戏为乐,惶惶度日,荒废了大好的青春时光,任由自己被网络所吞噬。网络素养教育可以帮助大学生正确使用网络,规范网络行为,做一个合格的"网民"。

在网络媒介素养课程化建设过程中,首先,应将媒介素养教育的内容融入其他相近或相关的学科课程中或者直接开设网络媒介素养教育课程。虽然我国大部分地区在中小学就开设了媒介课程,但多侧重于多媒体网络技术及其运用。进入大学后他们以前学习的网络技术知识是远远不够的,这就需要高校开设相关的必修课或选修课,用这些课程来介绍主要媒介类型的知识,培养学生对网络媒介信息的分析能力,通过在课堂中由教师引导的对网络新闻信息的正确解读,达到提高网络媒介素养水平的效果。其次,要编写网络媒介素养教育的适用性教材。作为知识载体的教材,不管对于教师的教还是学生的学都至关重要。当前我国虽然对网络媒介素养的教育问题讨论颇多,并且也出版了一些媒介素养的相关教材,但其通用性和实用性都有待提高,这就需要尽快组织有关专家根据重点难点编写出适合大学通识教育的网络媒介素养教育普及教材。最后,要构建和完善媒介素养教育的相关评价指标体系,保证高校媒介素养教育取得良好的效果。

(4)增强网络教育队伍建设

在传统的教育教学模式中,教师都担负着极其重要的作用。同样,在核心价值观网络教育的过程中,教师的作用也不可替代。教师如果引导得好,就能最大限度地激发学生的学习热情,使其在自主学习的过程中自觉促进自己网络媒介素养的提高。加强网络核心价值体系教师队伍建设,才能形成网络社会主义核心价值观工作体系,牢牢把握网络教育的主动权。

现在大多数学校已经装备了以计算机、投影仪、声响设备等为主要原件的多媒体教室,为教师使用计算机进行辅助教学提供了基础。从大学生社会主义核心价值观教学情况来看,教师在课堂中使用电子文稿演示软件,其优点是更有效率、易于更改和普及。同时使用 VCD 和 CD-ROM 进行教学,也是大学生社会主义核心价值观教学中不可忽视的重要手段。丰富、凝重的史料加上动情的演说,会让学生有身临其境的感觉,弥补了传统课堂中唤起学生注意力不足的缺点,加深对课程内容的理解,让教学的说服力和感染力得到增强。

然而不容乐观的是当前很多教师自身网络媒介素养不高,有的教师在网络意识、网络知识、网络能力等方面根本不能适应信息化社会的要求,因此,要加快大学生网络媒介素养队伍化建设,就需要高校开设与媒介素养教育相关的教师培训项目,采取"送出去、请进来"的做法组织教师进行培训。定期对高校教师进行短期和长期培训,对他们进行脱产和半脱产培训，以及利用现代远程教育对他们进行在职培训，同时邀请相关专家来学校开设专题讲座，使他们在短时间内掌握有关教育、教学理论和学科发展的新成果，掌握现代化的科学研究手段和教育媒介技术，真正起到网络育人的作用。

（5）完善网络监管制度

当前网络环境下，不够健全和完善的大学生网络监管制度是导致大学生出现网络问题的重要因素，制定强有力的监管制度是大学生网络教育的重要保障。建立完善的监管制度不仅需要高校积极主动，还需要政府相关部门、社会各界的沟通与配合。要形成全员育人的良好氛围，首先应健全网络的检查监督制度。在网站注册登记时，严格把关、认真审核，从源头上进行检测。同时要做好工作实际效果和落实情况的督促和检查。其次，建立信息监管制度。网络信息五花八门、鱼龙混杂，这就要求相关部门对发布的信息进行必要的监控和过滤，加强对网络信息的监管力度，对获取到的信息经过组织加工之后再提供给学生阅读。最后，建立网络应急突发事件处理预案制度，以确保在突发网络公共事件时相关职能部门能够第一时间快速反应和处理，避免出现失去管控的情况。同时高校也要通过加强网络管理，落实校园网络安全责任制，引导文明上网，规范网络管理，强化网络监督，严防各种有害信息的传播。

（四）大学生社会主义核心价值观网络教育模式的评价

1. 优点提炼

（1）打破学习的时间限制

与传统课堂教学相比，在时间上，社会主义核心价值观网络教育模式打破了固定的时间限制，大学生可以灵活安排学习时间。网络教育模式能够保证学生采用电子邮件、论坛、留言本以及聊天室等多种形式保持相互之间的交流互动。这种互动不受时间限制，不拘泥于短暂的课堂时间，提问、讨论以及答疑都不会因为时间的有限而受到限制。

（2）突破学习的地域限制

传统课堂教学地点是固定的，社会主义核心价值观网络教育模式打破了空间的限制，大学生可以在任何拥有计算机网络的地方进行。学生的学习不仅仅局限于课堂上多了解到的知识，还能在网络阵地中与众多的学习者进行交流与讨论，即便是素未谋面的陌生人，也能针对同一个问题进行观点和思想的碰撞，这会极大提高他们的学习热情，提高他们的学习积极性。

（3）拓展了学习方式

由于受到课时的限制，传统的社会主义核心价值观课堂教学内容是有限的，大学生一般用死记硬背的方式学习。然而网络可以为大学生提供广阔的社会主义核心价值观的学习空间，不仅能使学生扩展课堂知识，而且能锻炼学生查找所需信息和处理信息的能力。传统的课堂教学是教师向学生讲授知识、传授经验，是单向的信息流动的过程，在网络教育模式中，学生既可以是知识的接受者，同时也可以是知识的发起者，学习的方式是多样化的。大学的一项重要功能就是服务社会,甚至是面向全社会,让众多的学习者都参与进来,以不断提高各项教学资源的利用率。

2. 缺点剖析

当然,任何事物都具有两面性,网络教学也不例外。一旦学生的自控能力不强,那么网络教学就不能发挥正面的作用。并且网络教学需要教师掌握相应的现代教育技术,也就是说在没有网络的地区无法实施,因此具有一定的局限性。

第三节 大学生社会主义核心价值观教育创新的机制构建

一、建立健全大学生核心价值观教育的宣传教育机制

以信息技术革命为中心的经济全球化如同一把"双刃剑",它在推动全球生产力大发展、加快经济增长速度、提高国家生活水平的同时,也给发展中国家带来了严重的冲击。同样,这样新的冲击也因其对文化、传统的侵蚀,而给大学生核心价值观带来了新的考验。只有不断完善我国大学生核心价值观宣传教育机制,提升我国大学生价值观宣传教育的效果,才能适应时代的发展。

(一)建立健全大学生核心价值观教育体系

1. 充分发挥学校教育的功能

学校作为一种学缘性的生活共同体,是进行系统公民核心价值观教育的重要阵地和主要渠道。学校存在的目的就是为学生"传道授业解惑",充分发挥学校在大学生核心价值观中的教育和培养作用,这是完善大学生核心价值观教育教学体系的重要手段。

(1)提升大学生核心价值观教育质量

在我国学校核心价值观教育中,存在着教育内容相对过重与主体能力相对不足、教育期望相对过高与教育效果相对不佳的现实矛盾。当前,中国学校从小学到大学价值观教育内容繁多是不争的事实,这是因为价值观是一个综合性的概念,它包含核心价值观教育、品德教育、纪律教育、法治教育和心理健康教育等多个方面的内容,每个内容又包括若干子项,子项又分许多小项,再加上应试教育下的考试压力,学校核心价值观教育经常是"流于形式"或"力不从心",所以出现当前这种局面也就不足为奇了。核心价值观教育的"力不从心"主要表现在两个方面:一是教师能力欠佳,学校的德育课教师素质普遍偏低,专业素养有待进一步提高,学校对这些课程的重视程度也不高,因此教师队伍良莠不齐,教师数量少且质量低下;二是作为受教育主体的学校学生接受新知识的能力有限,他们的专

业课（主要是数学、语文、英语等）负担过重，没有过多的精力去专注于这些德育课程的学习，忽视了这些核心价值观教育课程的重要性。除此之外，还存在一些教学内容与学生心智不相符合的问题。学校核心价值观教育应该体现核心价值，合理调整大学生核心价值观教育的内容、模式等要素，帮助当代大学生树立牢固的社会主义核心价值观，促进他们的成长。

（2）提高大学生核心价值观教育的针对性

马克思指出，"人双重地存在着：主观上作为他自身而存在着，客观上又存在于自己生存的这些自然无机条件之中"。这说明人存在于实现自身目标的活动过程中，同时也实现了社会的目标。学校核心价值观教育，一方面，在内容上要针对学生的不同层次采用不同主题的教育内容，因材施教，循序渐进。如幼儿园侧重家庭美德教育，动之以情；小学侧重社会公德教育，导之以行；中学侧重个人品德教育，晓之以理；大学侧重职业核心价值观教育，授之以渔。另一方面，在形式上针对不同年龄阶段采用不同的教育形式，分类指导，有序衔接。如幼儿园采用儿歌教育，小学采用故事教育，中学采用历史教育，大学采用理论教育，最终实现"勉之以恒，持之以恒，学之以恒，行之以德，道之以德，齐之以礼，有耻且格"。

（3）尊重大学生在核心价值观教育中的主体地位

在现实社会生活中，人既是教育活动的主体，又是教育活动的客体。之所以这样说，是因为人是为实现其价值满足的目的而存在的，同时又是教育活动的对象，是教育活动得以进行所依靠的手段。人的价值本身就包含着目的与手段的统一。学校核心价值观教育要想在社会公众中获得普及，必须首先依靠其教育主体——学生，通过对他们不断进行教育，使这些人受到熏陶与观念的改变，进而在行动上对其他成员产生影响，在全社会形成良好的氛围；从另一个意义上来说，学校核心价值观教育就是为使这些学生产生良好的核心价值观行为，这也是它的目标与最终的追求。

（4）将个人价值与社会价值统一到大学生核心价值观教育中

学校核心价值观教育既要满足人的全面发展需要，又要满足社会和谐发展需要。所以从这个层面上来讲，它是个体价值与社会价值的统一。所谓的个体价值，是说人都有为实现自身的全面发展而不断接受教育，获得新的知识，进而提高自己能力的需要，而核心价值观教育为人的全面发展提供了一个契机，使人在接受教育的同时，实现了自身的目标与价值。因此，学校教育要结合学生的具体特点，制定适合他们的教育模式与教育内容，全面提升他们的个人素质，充分释放他们的天性。人的自由而全面的发展是社会发展和进步的基础，大学生核心价值观教育要按照社会发展的整体目标与发展要求，提高学生的综合素质，并牢固树立"服务社会"的意识，培养合格的社会主义接班人。在学校核心价值观教育的价值定位上，要将个体价值与社会价值统一起来、结合起来，充分发挥其个体价值与社会价值。

2. 大力发掘家庭教育的潜能

（1）提高家庭成员的思想觉悟和个人素养

家庭的教育职能发挥得怎样，往往同这个家庭的环境、经济状况、父母的文化程度、生活方式、价值观品质、婚姻基础等因素有很大关系。简单来说，也就是与家庭的素质有关。而家庭是由家庭成员组成的，因此，要提高整个家庭的素质，就必须提高家庭成员的思想觉悟与知识水平。目前由于受不良社会风气的影响，家庭伦理核心价值观出现了亲情观念淡化、婚姻关系稳定性下降、家庭暴力、虐待老人儿童、邻里关系日趋冷淡等问题。因此，必须要推进家庭美德建设，提高家庭成员的价值观水平与知识文化水平，努力营造尊老爱幼、团结和睦、积极向上的家庭氛围，围绕家庭伦理核心价值观体系开展各具特色的活动，通过一些贴近群众、贴近生活的活动把抽象的家庭核心价值观规范化为人们的核心价值观行为和核心价值观习惯。同时，应不断提高知识文化水平，树立正确的教育观念与方法，掌握教育常识，掌握孩子的心理特点，正确地预见和分析孩子对各种情况的反映，从而使家长在教育子女的过程中避免失误，有针对性地依据孩子的心理去设计方法，实施教育，充分发挥家庭教育的作用。

（2）树立正确的家庭教育理念

家庭教育是十分重要的，它密切关联着孩子的命运和前途，密切关联着家庭的团结和幸福，密切关联着社会的进步和发展，也密切关联着人类的前途和未来。家庭教育担负着传授文化知识、培养核心价值观品质、指导行为规范的社会责任。随着经济社会的发展，家庭教育的重要性已被人们逐渐认识，但存在着很多误区，尤其是在独生子女教育方面存在很多问题，如对孩子重智育，轻德育；重物质满足，轻精神需求；重智力因素，轻非智力因素。在素质教育日益重要的今天，我们的家庭教育不应仅仅重视知识的传授，还应培养孩子多方面的能力，包括知识技能、操作技能、智力技能以及非智力因素的能力，以便培养孩子适应社会、学会生存的能力，促进孩子的身心健康。因此，必须树立正确的家庭教育观念，明确家庭教育的内容，加强人们对家庭教育的重要性与正确性的认识。

（3）推动家庭教育方法的全面更新

家庭教育是一门科学，也是一门艺术，必须要遵循它的客观规律，掌握教育原则。时代在前进，社会环境与条件都与过去大不相同。随着青少年的思想观念、认识水平、情感爱好的变化，科学地教育子女如何适应社会环境已成为一个新的非常现实的问题。家长要教育好子女：首先，要提高自己有关家庭教育的思想认识水平与自身素养，尤其要更新、改变甚至破除那些传统的旧观念，推动家庭教育方法的全面更新。其次，要加强父母与子女间的沟通与理解。通过沟通，了解孩子的所思所想，有针对性地摆事实讲道理，通过共同研究讨论问题，启发孩子的自觉性，提高孩子的思想认识，解决孩子的心理困惑，帮助孩子明辨是非善恶，培养良好的思想品质，形成正确的行为规范。再次，要充分发挥父母在家庭核心价值观教育中的主导和榜样作用。家长是孩子的一面镜子、一个榜样，直接对孩子的学习生活产生影响。在孩子的价值观养成过程中，父母是第一任启蒙教师，对孩子的健康成长具有不可替代的影响作用和不可推卸的责任。父母既是孩子的养育者，又是孩子获取核心价值观良知的引路人。父母作为子女心目中的楷模和权威，除了向他们灌输做人的道理外，更应以身作则，注意自身的形象，为子女树立一个良好的核心价值观榜样，使价值观教育在家庭中起到"润物细无声"的作用。最后，要通过实践活动教育、启发、锻炼子女。孩子各种能力和品德的培养离不开实践和锻炼，只有在实际生活和社会实践活动的过程中，能力和品德才能形成、发展和完善。父母可以通过有目的地组织子女进行一定的实际活动，创造一定的环境，寓教育于情境中，使孩子置身其中，培养子女的各方面能力，教育启发孩子，帮助孩子形成良好的生活习惯和思想品德。

3. 营造良好的社会教育氛围

（1）广泛开展群众性精神文明创建活动

群众性精神文明创建活动是社会主义核心价值观教育的有效载体，是组织群众参与社会主义精神文明建设的主要形式之一。它能够有效调动和激发人民群众建设社会主义精神文明的热情和创造精神，加强人与人之间、人与集体和社会之间的联系，培养人们的爱心和奉献精神，增强社会的凝聚力。但是，开展群众性精神文明创建活动，必须要同解决人民群众普遍关心的实际问题结合起来，把群众关心的热点作为活动的突破口，这样才能使群众乐于参与，自觉主动参与，在参与中受教育，享受到实实在在的精神文明建设成果。

（2）建立约束监督管理，使核心价值观教育和法律惩罚相结合

要形成良好的社会秩序和较高的社会公德水平，离不开完备、详尽、具体的法律法规的支撑。在强调核心价值观自律的同时，还应当强调建立监督机构和法律在内的多种他律手段来强化和维护社会公德建设。改革开放以来，我国的法制建设取得了很大的成就，但由于各种复杂的原因，法制建设尚待加强和完善。法制的不健全，严重地削弱甚至破坏了法制对核心价值观建设应有的保证作用，造成了一部分人核心价值观沦丧，社会风气败坏，社会秩序被破坏。因此，在人们核心价值观有待提升的阶段，法律的外在约束和强制是不可缺少的，必须要加强执法监督，把社会公德建设工作纳入有法可依的法治轨道，从所处的地理、历史、社会、经济、民族习惯等实际出发，制定可行的法规政策，建立起有关的硬性约束机制，实现核心价值观教育和法律惩恶的结合。

总之，家庭、学校、机关和企事业单位及社会在公民核心价值观教育方面各有侧重、各有特点，是相互衔接、密不可分的统一整体。必须把家庭教育、学校教育、单位教育和社会教育四个环节紧密结合起来，相互配合，相互促进，突出加强社会教育，巩固家庭教育、学校教育、单位教育的成果，促进公民核心价值观教育的深化。

（二）优化大学生核心价值观宣传体系

1. 科学把控宣传引导工作的方向

一般来说，宣传要取得较好的效果，必须满足以下三个条件。首先，宣传工作必须坚持正确的方向，在宣传工作中始终要坚持党性原则，宣传工作只有与社会领导层意见相一

致的时候，才会获得最大的支持和帮助。其次，宣传过程要坚持正面宣传为主的方针，对先进人物和事迹进行大力弘扬并重点示范，实现对社会大众的引导作用。最后，要讲究时效性，准确把握有利的宣传时机。

（1）坚持正确的宣传方向

在宣传工作中，必须要把党性原则放在首位。坚持党性就是要坚持四项基本原则，坚持正确的政治方向，坚决贯彻党中央的方针政策，与党中央的方向保持一致。对核心价值观建设的宣传工作来说，无论是运用大众传媒，还是在日常的宣传工作中都必须坚持党性，任何偏离党性、偏离正确方向的言论和行动都是错误的、危险的。

社会主义核心价值观建设宣传的党性，其主要内容是：公开声明我们所宣传的社会主义核心价值观，要坚持全心全意为人民服务，要坚持爱国主义、社会主义、集体主义，倡导大公无私的奉献精神。要旗帜鲜明地弘扬主旋律，对现实生活中积极的、正面的、先进的、光明的核心价值观观念和核心价值观行为进行广泛宣传，同时对现实生活中消极的、落后的、反面的、黑暗的核心价值观观念和核心价值观表现进行严肃的抨击。坚持党的基本路线不动摇，坚持有中国特色的社会主义理论，坚持社会主义初级阶段的各项方针政策不动摇，确保社会主义核心价值观建设的道路通畅，前途光明。

（2）注重宣传的舆论导向功能

社会舆论具有传播快、覆盖面广、渗透力强、影响力大等优势。社会舆论虽不是一种强制力量，但是能对人们心灵产生潜移默化的影响。具有正确价值取向的社会舆论会让人们分清什么是真、善、美，让人们认清什么是假、恶、丑，会给人们提供一个判断社会核心价值观行为的标准，让他们明白什么是正确的核心价值观行为准则，什么是错误的行为准则，进而通过社会舆论这种软约束来进行春风细雨般的疏导，调节人与人之间以及人与社会之间的关系，以此来大力弘扬社会主义核心价值观新风尚，充分发挥社会舆论的主观能动性。

舆论宣传是意识形态建设的重要手段，是发挥主流意识形态社会导向功能的重要载体和路径。现代网络的飞速发展，在使信息快速传播的同时也使得舆论宣传的作用越来越大，舆论可以影响群众情绪，影响国家生活，影响社会稳定。因此要对社会舆论进行正确引导，通过引导社会舆论，使社会公民自觉树立与和谐社会相适应的社会观念，进而营造出良好的舆论环境与社会氛围，这对于构建和谐社会十分重要。首先，要牢牢把握正确的舆论导向。在经济社会深刻变革、思想文化日益多样的情况下，社会上出现一点杂音噪音难以避免，关键是要唱响主旋律，在全社会形成积极向上、生动和谐的主流舆论。其次，要拓宽舆论宣传的途径。广播、电视、报纸、刊物等大众媒体已经成为人们生活中必不可少的部分，也是核心价值观教育的重要形式。互联网作为开放式的信息传播和交流的工具，是价值观建设的新阵地。电影、电视剧、戏曲、音乐、舞蹈、美术、摄影、小说、诗歌、散文、报告文学等各类文艺作品的创作，也是舆论宣传的重要途径。再次，要改进舆论宣传的方式。舆论宣传要按照贴近实际、贴近生活、贴近群众的要求，深入研究、准确把握新形势下人们思想活动的特点和接收信息的规律，把坚持正确导向与讲究宣传艺术统一起来，营造出和谐有序的舆论环境。最后，要正确处理舆论宣传与舆论监督的关系。新闻媒体是党和政府的重要舆论工具，必须把正面宣传与舆论监督相结合，舆论监督应着眼于改革开放稳定的大局，站在人民群众根本利益的立场上，以事实为准，以理服人，全面、科学、谨慎地把握，达到正面引导的目的。

（3）要坚持正面宣传为主的方针

在之前的内容中我们讲到，在发挥大众传媒的作用时，要同时发挥正面宣传与负面批判的作用。与之相适应，在发挥核心价值观宣传的作用时，也要将两者广泛结合，但是，在宣传过程中，要注意的是，应以正面宣传为主，以负面宣传为辅。正面为主，就是说在宣传的过程中，要着力宣传并报道鼓舞和激励人们发展社会生产力的事物，对那些积极弘扬社会主义核心价值观和规章制度的行为予以表扬，鼓舞和激励人们坚持社会主义民主和法制建设，对于有利于国家富强、人民幸福以及社会进步的时机都应当进行报道。

2. 充分发挥与利用大众传播的作用和功能

（1）发挥大众传媒正面宣传的导向作用

"精神文明重在建设"，所谓的"重在建设"就是要求我们做好正面宣传工作，对于一些社会上的优秀先进事迹要大力弘扬，典型示范，做好舆论导向。大众传媒要以这些正面的事迹和人物为主要内容，积极推进爱国主义、集体主义以及社会主义教育，同时大力宣传倡导家庭美德、职业核心价值观以及社会公德，充分发挥其引导作用，使社会公民树立正确的世界观、人生观、价值观，引导他们自觉遵守社会核心价值观规范，按照社会要求的行为来实践社会生活。

（2）正确认识并发挥舆论的"批判"功能

大众传媒是社会主义的捍卫者，是无产阶级的斗争武器。大众传媒除了可以对各种符合社会主义社会核心价值观要求的行为进行正面宣传之外，它还具有对一些违背社会主义核心价值观的丑恶现象和错误言行进行批判和讨伐的作用。通过这种批判和讨伐，这些错误的言行一出现就会造成大众的不断议论与指责，形成"过街老鼠，人人喊打"的局面，这些违背社会主义核心价值观的错误言行会在这种社会氛围中自动弱化直至消失。大众传媒的批判作用是十分强大的，尤其是在现代社会，互联网的普及使得一些原本人们不会知道的社会不良现象在网络上飞速传播，进而使人们对客观事实有进一步的深入理解，这些都使得当事人为自己的错误行为在大众面前公开道歉并做出郑重承诺，这些都为良好的社会核心价值观风尚的形成提供了有利的契机，有效遏制了各种腐朽思想和丑恶现象的滋长蔓延。但是同时，我们也应注意到，在发挥大众传媒的批判作用时，应把握好度，现在网络上时有"人肉搜索""当事人因不堪舆论压力自杀"等负面新闻的报道，这都是由于在批判当事人错误行为的时候对他们进行了不恰当的人身攻击，批判针对的是"错误的行为"，而不是"做出该行为的当事人"，况且，当事人在做出公开致歉或是承诺不再犯错时，我们应该怀着宽容的态度接受他们的歉意，而不是对他们进行谩骂攻击，这会严重影响他们对社会、对集体，以及对人生的态度，抗挫能力差的人甚至会因为一时想不开而走向极端，这就严重背离了我们建设社会主义核心价值观的初衷，会适得其反。

（3）主动开拓网络价值观教育阵地

在加强互联网宣传工作时，要加强网络阵地建设，使网络成为传播社会主义先进文化的阵地。尤其是要加强学校网络阵地的建设，加大制止网络不文明行为的力度。学校是学生生活的主要场所，当代学生对信息网络的重视和运用远远超过了以往，因此，在宣传工作中，要注意吸引青年学生的注意，这是运用网络宣传、渗透价值观信息，加强网络阵地建设的前提。在进行网络宣传时，要将学生的目光首先吸引到网络阵地上来，要敏锐地洞察他们对于网络的需求，进而利用网络上的信息和资源为他们提供相关的服务，在满足他们需求的同时，使他们对网络产生适度的依赖和信任，成功地将其注意力聚焦到网络上面。只有网络阵地上的大学生规模达到一定程度时，学生们才会在网络上无所顾忌地发表他们的言论，讲述他们的一些观点，这样才会形成理性交流的氛围，对一些有争议的社会主义核心价值观问题在网络上进行深入探讨和分析，进而得出正确的结论，从而实现网络在学校价值观建设中的主导地位。

3. 提升和丰富宣传引导工作的时效性和层次性

（1）宣传引导工作的时效性提升

宣传工作要及时生效，要善于把握宣传时机，保障宣传效果。"好的开头是成功的一半"，加强核心价值观教育宣传，要抓好各种节日、纪念日和重大活动的宣传工作，利用这些有利的时机，对党的方针政策，以及爱国主义、社会主义和集体主义进行广泛宣传。同时关注国内外发生和涌现的好人好事，不失时机地对其进行宣传表扬，以激发公民的热情。

（2）宣传引导工作层次性的丰富

当前，由于受社会发展环境巨大变化的影响，大学生的处世态度、行为方式、思维方法等正朝着多元化的方向发展。因此，学校思想政治教育工作者要适应变化了的新形势，从大学生的实际需要出发，既要从其成长的规律和不同个性入手，又要体现出因人、因时、因地的差异，增强大学生社会主义核心价值观培育与践行的针对性，这是一种考量，更是一种创新需要。

首先，宣传教育要分层次进行，即学校依据大学生对马克思主义理论的理解程度和实际表现，将大学生划分为不同的类型。学校对不同类型的大学生采取不同的宣传教育策略和方法。对于大学生党员、入党积极分子和学生骨干来说，主要是进行青年马克思主义者的教育培养。要在对他们进行坚定共产主义理想信念的宣传教育和开展时事政治、马克思主义理论、中国特色社会主义理论的宣传教育中，引导他们成为大学生社会主义核心价值观培育与践行的先锋、模范以及优秀的宣传者。对大多数的团员青年来说，主要是进行中国特色社会主义共同理想教育。由于团员青年是青年马克思主义者的重要来源，是中国共产党的助手和后备军，因而对他们进行宣传教育的内容主要是围绕中国特色社会主义的共同理想教育、民族精神教育和时代精神教育。对于无坚定共产主义信念和入党愿望的少数学生来说，则主要是全面开展以爱国主义教育、公民教育、遵纪守法教育等为主要内容的宣传教育，促使他们首先成为爱国守法的好公民，然后不断进步，循序渐进。

其次，宣传教育要分阶段进行，即根据大学生心理成熟的程度和社会化的程度，对大学生按照不同年级采取不同的宣传教育的策略和方法。大学一年级学生，处在心理特征的交替过渡阶段，他们开始关注人生、思考人生，但是思考还不成熟，践行能力也相对比较薄弱，对他们主要是开展以社会主义荣辱观为主的宣传教育。学校可以通过关爱弱势群体、服务社会（区）等主题活动，引导他们去体验和认知社会生活中的复杂事件，辨别好、善和坏、恶，正确积极地定位和追求人生，增强他们对社会主义荣辱观践行的自觉性。对于大学二年级学生，学校可以通过形势宣讲、组织走访革命根据地等进行以爱国主义为核心的民族精神的宣传教育和认同中国特色社会主义道路的宣传教育，让他们增强对国内外形势和国家重大政策的了解、对国计民生和改革开放等的了解，引导青年学生刻苦学习，奋发向上，把爱国意识和爱国行为结合起来。大学三四年级的学生，心智逐渐成熟，有了一定的专业技术知识的基础，但他们同时又面对择业或者深造的选择，因而学校可着重对他们进行以改革创新为核心的时代精神和以升华中国特色社会主义共同理想为主的宣传教育。采取的方式和方法就可以通过专业实验、就业见习和服务地方经济等进行。

二、建立健全大学生社会主义核心价值观教育的示范引领机制

榜样是美好道德的化身，具有示范和引领的双重价值。榜样的力量是巨大的，无论是普通大众还是党员干部，在榜样的示范作用下，都会增强自己的责任感，从而激发全社会对向善风尚的大力弘扬，促进社会正能量的集体输出。大学生可塑性大，有了生动具体的榜样形象做引导，更容易具体地领会道德标准和行为规范，从而逐步实践，做到知行统一，提升自己的价值认识。

（一）加强高校师德师风建设，发挥教师的引领作用

教师在教学的过程中起引领作用，其工作内容是教书育人，教的是知识，培育的是人才。师德，一直都是放在教师培养和考评的首要位置。在现代社会，教师不仅仅是教给学生知识，还要教学生如何做人，教师的一言一行会对学生的一生产生重要影响，对每一个学生的成长和发展负有不可推卸的神圣责任，必须自觉地做学生健康成长的指导者和引路人。为此，培育和践行社会主义核心价值观也成为我国高校师德师风建设的核心。

1. 师德师风建设对教师的基本要求

（1）爱国守法

"爱国守法"是高校教师的政治道德要求。在道德理想层面要"热爱祖国，热爱人民，拥护中国共产党"，"维护社会稳定和校园和谐"是道德原则层面的要求；"不得有害于国家利益和学生健康成长"是高校教师的道德准则。热爱祖国是每个公民，也是每个教师

的神圣职责和义务。国家养育了我们，给了我们施展才华的平台。对高校教师来说，做好本职工作，为祖国培养合格、有用的人才，这就是爱国的最好体现。把爱国情感融入师德师风，并渗透到教师的职业活动中，会使爱国主义精神在一代又一代人的情感中传承。

（2）敬业爱生

"敬业爱生"是高校教师的职业基本要求。"敬业"的道德理想层面要求——就是要"忠诚于人民教育事业，树立崇高的职业理想"，"以人才培养、科学研究、社会服务和文化创新为己任"，愿意为教育贡献毕生精力。"爱生"——集中体现为"做学生的良师益友"。在道德原则层面"敬业"——应静下心来教书，潜下心来育人，"恪尽职守，终生学习，刻苦钻研"，努力提高完成工作的能力。"爱生"——要求教师尊重学生、理解学生、严格要求学生、公平对待和评价学生、主动帮助学生。在道德准则层面"敬业"——要求"不得从事影响教育教学工作的兼职"。"爱生"——要求"不得损害学生的合法权益"。"敬业爱生"是教师入职的前提条件和基本的执业标准，是教师"爱国"的最起码要求。高校教师的"敬业"，最起码的就是要集中精力、兢兢业业，妥善处理好"人才培育与科学研究"的关系，妥善处理好"本职工作与兼职工作"的关系，妥善处理好"本职工作与个人生活"的关系。"爱生"是对高校教师与工作对象关系的根本要求，是"敬业"的最重要的落脚点。

（3）教书育人

"教书育人"是高校教师处理教育教学方面关系的道德要求。"坚持育人为本、立德树人"是道德理想层面的要求。"遵循教育规律，实施素质教育，注重学思结合，知行合一，因材施教，不断提高教育质量，严慈相济，教学相长，尊重学生个性，促进学生全面发展"是道德原则层面的要求。在道德准则层面"不拒绝学生的合理要求，不得从事影响教育教学工作的兼职"。高校教师职业道德的内核就是"教书育人"。这是对高校教师如何处理教育教学方面道德关系的集中概括，培养人才是高校教师的天职，是高校教师职业道德的核心。"教书育人"就是指高校教师既要传授知识、传承文化，使学生"成才"，又要培养学生的道德情操，促进学生全面发展，使学生"成人"。"教书"与"育人""成才"与"成人"是同一过程的两个方面，"教书"与"育人"同时并举是高校教师的应然，"成才"与"成人"共进是大学生的必然。

（4）严谨治学

"严谨治学"是高校教师的学术道德要求。"弘扬科学精神，勇于探索，追求真理，修正错误"，不断追求真知，做真学问是道德理想层面的要求。"实事求是，发扬民主，团结合作，协同创新"，"秉持学术良知，恪守学术规范"，"尊重他人劳动和学术成果，维护学术自由和学术尊严"是道德原则层面的要求。"诚实守信，力戒浮躁"，"坚决抵制学术失范和学术不端行为"是道德准则层面的要求。严谨治学是高校教师处理与科学研究、文化创新的道德关系的基本准则，是高校教师学术工作重要的道德规范。"严谨"有两层含义，一是严格谨慎，二是严密、无疏漏。用来说明说话、做事严密、严肃等。"治学"就是做学问。

（5）服务社会

"服务社会"是高校教师社会服务的道德要求。"勇担社会责任，为国家富强、民族振兴和人类进步服务"是道德理想层面的要求。"传播优秀文化，普及科学知识"，"热心公益，服务大众"，"积极参与社会实践，自觉承担社会义务，主动提供专业服务"是道德原则层面的要求。"坚决反对滥用学术资源和学术影响"是道德准则层面的要求。服务社会体现了大学教师与社会活动关系的道德要求。从服务的对象看具有多元性，包括大众、国家、民族、人类；从服务内容看具有多样性，包括传播优秀文化、普及科学知识、参加公益活动、提供专业服务；从服务态度看具有积极主动性，热心、主动参与、自觉承担、积极提供服务；从服务能力和水平看具有高层次性，要达到专业水平。

（6）为人师表

"为人师表"是高校教师的人际道德要求。在道德理想层面的规范是高校教师要"学为人师，行为世范"；在道德原则层面要求高校教师"淡泊名利，志存高远"；在与学生的关系上，要"树立优良学风教风，以高尚师德、人格魅力和学识风范教育感染学生"；在公共生活中，要"模范遵守社会公德，维护社会正义，引领社会风尚"，"言行雅正，举止文明"；在私人生活方面，要"自尊自律，清廉从教，以身作则"；在道德准则层面上要求高校教师"自觉抵制有损教师职业声誉的行为"。"为人师表"是从高校教师日常行为的角度提出的人际道德，是教师自我道德的内在要求，是高校教师受到社会尊重的总体道德表征。

2. 师德师风建设的主要途径

（1）用马克思主义中国化的最新成果武装教师，提升教师核心价值观教育素质

政治素质是指政治主体在长期社会生活中，基于我国当前国情对于某些政治事件所形成的认识和看法。公民的政治素质是形成公民政治行为的基本要素，它决定着人们的政治观念和政治立场，是激励人们形成高尚的政治理想和政治信念的基础。政治素质是人们参与政治生活的基础，是思想政治素质的核心内容，也是社会政治文明现代化程度的重要体现。

作为社会主义核心价值观教育者，高校教师要特别注重自己政治素质的培养和提高，具体来说在大学生价值观教育中高校教师应该具有以下两种政治素质。

第一，与国家的政治方向一致。作为社会主义思想与价值观的主要传播者，教师一定要对马克思主义坚信不疑，对党和国家的领导坚信不疑，对必定实现社会主义和共产主义坚信不疑，只有这样才能保证核心价值观教育在社会主义道路上前进。

第二，鲜明的政治立场。大学生价值观教育者在对社会价值观进行教学的过程中，教师必须明确自己的政治立场和政治信仰，将自己对社会主义民主的认识和理解融入自己的教学当中，为社会主义现代化建设提供思想保障。

（2）明确社会主义价值理念，提高教师道德素质

对大学生进行社会主义核心价值观教育的目的之一就是让大学生认识到社会主义制度

的优越性,增强他们对我国发展道路的认同,坚定他们对社会主义和共产主义的信心。在大学生社会主义核心价值观教育中,教师必须以身作则,用自己的实际行动引导大学生核心价值观教育。核心价值观教育者必须要有强烈的责任感和道德观念,只有这样,他们才能更好地激励大学生的行为,帮助他们更好地树立社会主义核心价值观。

（3）理论联系实际,提高教师实践素质

大学生社会主义核心价值观教育是帮助当代大学生树立科学的人生观、世界观的重要途径。大学生在社会主义核心价值观教育中,要充分发挥自己的聪明才智和创造精神,不仅要理解社会主义核心价值观的表层含义,还要在社实践中不断探索核心价值的深层含义,促进我国社会主义核心价值观的教育普及。马克思曾指出:"哲学家进行理论探究的目的不仅仅是解释世界,终极目的是改造世界。"毛泽东则说:"马克思主义的哲学认为十分重要的问题,不在于懂得了客观世界的规律性,因而能够解释世界,而在于拿了这种对于客观规律性的认识去能动地改造世界。"

社会主义核心价值观教育者增强实践教学,提升大学生新价值观,促进大学生价值观教育的效果提升,可以从以下两个方面入手。

第一,在教育的实践活动中,马克思主义的观念、方式都在实践中得到检验,有助于我国国际政治局势的稳定。

第二,在马克思主义立场上对人、事和物进行理解和思考能够更加全面、更加深入。在大学生核心价值观教育中,学校不能只注重教学目标的完成和实现,还必须给予教育对象充分的尊重,从而提升大学生核心价值观教育的效果。

（4）大力倡导教育创新,提高教师创新意识

没有创新的民族,是一个无法发展、没有进步的民族,同理我们可以知道,缺乏创新精神和创新意识的教师也难以获取更好的发展机会。创新是进步的源泉,教师这个角色在当前素质教育中能够发挥怎样的作用,完全取决于他们的创新能力和对素质教育的适应能力。在核心价值观教育中,教师必须要肩负起自己的责任和使命,可以说教师工作的成功与否关系着我国的未来和民族发展的希望,因为一代又一代的学生都是依赖教师的教育和指引才慢慢成长为国家和社会的栋梁的。

目前,从我国教育的现状来看,我国的教育仍然有着浓厚的传统教育的影子,素质教育并没有在我国的教育系统中真正地推广开来。应试教育就像无形的枷锁将学生的个性和创新束缚了起来,而且这种影响还波及家长和教师,使得大家都被应试教育捆绑。应试教育以考试和成绩作为教学活动的核心,家长和教师投入大量的精力在应试教育上,效果却不尽人意。因此,只有充分发展素质教育,激发大学生的探索精神和创新精神,才能使教育活动回归到生活之中。

（二）树立先进典型，挖掘学生榜样的示范作用

1. 学生榜样的作用

（1）身边人物的说服和感染作用

在大学生教育中发挥榜样示范的引领作用，把抽象的说服教育变成生动的形象教育，更容易引起大学生思想情感的共鸣，具有强烈的说服力和感染力。同一年龄段的大学生的思想、价值观、关注的焦点以及为人处世的态度、方式，往往具有相通性。通过与大学生先进典型的座谈、交流等途径对其他学生进行言传身教，具有更强的说服力，更容易被学生所接受。

大学生先进典型从学生中来，到学生中去，是大学生中的活生生的案例。在大学校园中，大学生不仅受激动人心的音乐旋律、动人心魄的竞技比赛的感染，更能够受到大学生先进典型人格与体现这种高尚人格的感情、道德力量的感染。大学生先进典型在大学生中应当成为核心和中坚分子，对于其他同学在学习、生活中遇到的困难，要主动热情地帮助解决；对同学在学习及生活中遇到的问题要予以正确的解释和回答。无论何时何地，都表现出积极性、主动性和创造性，形成强大的号召力和凝聚力，让积极向上的风气充满整个和谐的校园。

（2）具体行动的带头示范和导向作用

大学生先进典型为其他大学生的模范行为树立了一种标准行为，通过对大学生先进典型的学习可以帮助其他大学生成为模范并获得适当的行为模式以及实践技能。在通过对先进典型示范引领的学习模式中，对他们的认同会促进其他大学生的自我思考，对其他大学生的成长成才产生深远的影响。这种影响表现为不仅原有的行为模式得以巩固或改变，原来潜在的行为倾向得到表现，而且会使人学到新的、原来没有的行为。

（3）人格魅力的榜样激励作用

先进典型本就蕴含着崇高的道德品质和价值取向的意思，在大学生社会主义核心价值观教育中，大学生典型代表着先进的前进方向、代表着时代的特色和发展要求，会对其他的学生产生很强的吸引力，并激励他们以榜样为目标，自觉树立和践行社会主义核心价值观。青年学生思想活跃、情感丰富，先进人物的事迹会引起他们的巨大情感或者身份共鸣，从而产生巨大的激励作用，推动我国青年工作的前进和发展。

（4）对不良行为倾向的矫正作用

大学生先进典型就像一面镜子，可以使大学生经常对照检查自己，了解自己的不足和差距，从而不断去努力克服缺点，矫正自己的行为。榜样教育在过去、现在和未来的教育中都是必不可少的教育方法，在比较中更有利于找到差距，完善自己。大学生模仿能力强，最容易受到先进典型的榜样示范和鼓励，从而使他们产生做好事的积极性和主动性，自觉控制不符合道德准则的言行。遇到不良诱惑，能主动抵制干扰、调整心态，坚持善行，并经常以先进典型为榜样，克服缺点，改正错误，不断进步。在大量西方思潮的多渠道直接

或间接的影响下，当代大学生更需要经过深入系统的思想教育，提高进行社会主义事业所需要的思想政治素质，真正成为社会主义事业的建设者和接班人。

2. 挖掘学生榜样作用的途径

（1）科学选择榜样

榜样必须存在才能发挥出作用，因此科学选取榜样成为榜样激励的起点。榜样选取得合理与否对榜样作用的发挥有着重要的影响，首先，榜样选择会影响到示范效应的总体效果，其次，榜样的选择影响着价值引导的方向。因此，在大学生核心价值观教育中，应该根据学生的心理需求和教育教学的目标来科学确定榜样人选，从而推动我国核心价值观教育的发展。

（2）将榜样精神内化于心

为了进一步发挥榜样的示范、激励和引导作用，必须结合现代化手段，改进榜样的宣传途径和方法。例如，在校园内建设了一批重大典型雕塑和先进事迹展览馆，作为全校师生缅怀学习的场所；出版先进典型优秀事迹报告文学或者传记，组织拍摄反映先进典型优秀事迹的电影；通过橱窗、海报、画册、校报、电视、广播、座谈会、报告会等大力宣传先进典型的同时，注重新媒体的运用，帮助他们将榜样的作用内化于心。

（3）将榜样示范外化于行

美国新行为主义心理学家阿尔伯特·班杜拉认为个体可以通过观察榜样人物的行为以及行为产生的结果而获得新的行为模式。因此，通过榜样示范，受教育者可以建立起基本的道德意识和价值观框架，随着教育教学过程的推进，受教育者的道德和价值观不断完善，并依据榜样的行为特点将自己的道德观和价值观运用到实践活动当中。

帮助大学生缩短与先进典型的距离。我们在发挥大学生先进典型的示范引领作用时，要善于找到先进典型和普通大学生之间沟通的连接点，引导大学生学习先进典型的根本精神，把学习先进典型与大学生的日常生活联系起来并转化为实际行动。同时引导大学生将对先进典型的感动、敬佩之情转化为道德行为和习惯，用先进典型的故事和精神来调节自己的行为，提高自己的修养。

第五章　大学生社会主义核心价值观教育创新的实践探索

第一节　社会主义核心价值观与爱国主义教育实践

一、爱国主义教育与社会主义核心价值观理念的耦合

社会主义核心价值观是国家建设的目标、社会发展的前景和个人自立的规范的统一，回答了我们要建设什么样的国家、建设什么样的社会、培育什么样的公民的重大问题。大学生是国家未来的建设者。爱国是社会主义核心价值观的重要内容。巩固和改善已有的爱国主义教育成果，引导大学生从自身做起，积极践行社会主义核心价值观，增强走中国特色社会主义道路的信心和决心，需要在新的时代条件下，将高校爱国主义教育与社会主义核心价值观有机契合，使其互相促进，共同引领时代进步。

（一）爱国主义教育必须体现社会主义核心价值观的价值取向

爱国主义教育是高校思想政治教育的重要内容，是社会主义核心价值观的主要传播渠道，也是国家意识形态安全的重要保证。2014年五四青年节，习近平总书记来到北京大学考察，在与广大师生座谈时发表重要讲话，强调青年要自觉践行社会主义核心价值观，与祖国和人民同行，努力创造精彩人生。"人类社会发展的历史表明，对于一个民族、一个国家来说，最持久、最深层的力量是全社会共同认可的核心价值观。""如果一个民族、一个国家没有共同的核心价值观，莫衷一是，行无依归，那这个民族、这个国家就无法前进。""我为什么要对青年讲社会主义核心价值观这个问题？是因为青年的价值取向决定了未来整个社会的价值取向……青年要从现在做起，从自己做起，使社会主义核心价值观成为自己的基本遵循，并身体力行大力将其推广到全社会去。"

当前我国的主导价值观就是社会主义核心价值观。爱国主义教育本身就是一种实现主导价值观的灌输和内化的过程。所谓主导价值观，即在人们的价值观念体系中处于主导、支配地位，体现价值体系的基本方向，统率其他价值观念，反映现实生活和社会发展内在

要求和趋势及统治阶级根本利益，规范行为、稳定秩序、提供精神动力支持的核心价值目标和价值导向。现时期高校爱国主义教育必须体现社会主义核心价值观的价值取向。

（二）爱国主义教育是实现社会主义核心价值观培育的重要途径

爱国主义是中华民族精神的核心，是社会主义核心价值体系的重要内容。党的十七大报告指出：社会主义核心价值体系是社会主义意识形态的本质体现，要切实把社会主义核心价值体系融入国民教育和精神文明建设全过程，转化为人民的自觉追求。社会主义核心价值体系是社会主义制度在价值层面的集中反映，是坚持中国特色社会主义道路的必然要求。社会主义核心价值观是社会主义核心价值体系的内核，体现社会主义核心价值体系的根本性质和基本特征，反映社会主义核心价值体系的丰富内涵和实践要求，是社会主义核心价值体系的高度凝练和集中表达。

爱国主义是社会主义核心价值观的重要内容，是实现社会主义核心价值观培育的重要途径。对大学生进行社会主义核心价值观教育要紧紧抓住爱国主义教育这个关键。爱国主义的内涵既有其自身的连续性和稳定性，又随着时间推移和时代变迁不断与时俱进。"富强、民主、文明、和谐"是社会主义核心价值观在国家层面的价值目标，深刻反映了中华儿女的共同追求，为大学生实现个人梦想提供了坚强保障，并为个人追梦提供了强大精神动力。进行爱国主义教育，就是要引导大学生全面认识中国的发展目标与发展道路的统一性，认清走中国特色社会主义道路的必要性，树立道路自信、理论自信和制度自信；引导大学生深刻领会"富强、民主、文明、和谐"在当代中国语境下的内涵，坚定走中国特色社会主义道路和实践和平发展、科学发展、和谐发展的决心、信心。"自由、平等、公正、法治"是社会主义核心价值观在社会层面的价值取向，既是现代文明的优秀成果，又与社会主义和谐社会的价值内核高度契合。"自由、平等、公正、法治"反映了当代中国社会治理的目标和途径，也反映了人民大众在改革开放和现代化进程中有效维护自身权益，实现更有尊严的生活、更有价值发展的根本要求。进行爱国主义教育，就是要引导学生认识到着力解决利益固化藩篱、着力改善民生、着力遏制权力腐败、确保社会利益分配公平公正的重要性，使同学们深刻地认识到社会主义核心价值追求是有机融合于解决广大人民群众最关心、最现实、最迫切的问题过程之中的。"爱国、敬业、诚信、友善"是社会主义核心价值观在公民个人层面的价值准则，反映了我国社会成员长期稳定的基本价值观念与精神追求，并作为新时期公民行为准则构筑起我们共同的精神家园。"爱国、敬业、诚信、友善"在一定程度上也体现了当代中国人在国民形象建设上的目标和要求：一个国家公民的文明素养、行为方式和价值取向是一个国家的名片，国民形象与国家形象具有内在的同一性。进行爱国主义教育，就是要引导大学生深刻理解这种同一性，自觉加强文明修养，从自身做起，以自己的言行去塑造中国良好的国家形象。

爱国主义教育是公民道德建设的基石。大学生正处在世界观、人生观和价值观的形成阶段，面临着复杂的国际和国内新变化，承受着激烈的就业、发展压力。多元化的价值观在给他们带来更多自由思考空间的同时，也必然产生一定冲突，导致他们内心的矛盾，使他们难以形成清晰明确且始终如一的评价尺度和评判标准，因而很容易做出一些非理性的判断和选择。在经济全球化背景下，我们强调和倡导的国家利益至上的集体主义价值观也与个人利益、实现个人价值等观念产生了更大的冲突与矛盾。这些问题涉及领域广，政策性和理论性强，要正确认识它们还需要有一定的积累和理论把握能力。因此在大学生的爱国主义教育中，尤其需要引导他们积极掌握并践行社会主义核心价值观，使他们懂得在个人与国家、个人与民族、个人与社会的关系中应该倡导什么、坚持什么，应该反对什么、抵制什么，使他们形成社会主义现代化建设所需要的伦理道德观念，使他们随着文化知识的增加和社会阅历的丰富不断纯洁自己的心灵，使他们能够自觉地将爱国主义精神和社会主义核心价值观体现到自己的学习和工作中去。爱国不仅表现在对祖国、对民族、对人民的深厚感情上，更表现在为祖国的繁荣、民族的振兴、人民的富裕而不懈奋斗的实际行动中，从而激励自己创造出属于个人和祖国的更加辉煌的明天。爱国、敬业、诚信、友善是对公民的基本要求，公民能做到这八个字，国家和社会层面的富强、民主、文明、和谐、自由、平等、公正、法治就有了坚实基础。

二、爱国主义教育中的社会主义核心价值观培育实践

爱国主义教育的基本内容来自教材《思想道德修养与法律基础》最新版本的第二章。我们将现有的爱国主义教育内容结合社会主义核心价值观的新思想，将其概述为三个专题，分别是"中华民族爱国主义优良道德传统""经济全球化条件下的爱国主义教育""爱国主义与爱社会主义和拥护祖国统一"。

（一）"中华民族爱国主义优良道德传统"专题中的教学设计及实践

课前提示：深刻理解和把握爱国主义的科学内涵和基本要求，继承爱国主义的优良传统，认识中华民族爱国主义的时代价值，弘扬民族精神和时代精神，以热爱祖国为荣，以危害祖国为耻，为建设富强、民主、文明、和谐的国家而奋斗。

教学内容：爱国主义的科学内涵；中华民族爱国主义的优良传统；爱国主义的时代价值

1. 爱国主义的科学内涵

（1）爱国主义中的"国"——祖国和国家

爱国主义的对象是"国"，包括"祖国"和"国家"。从辞源上来讲，中国的"国"实际上起源于中国封建社会的封地观念。按照《说文解字》的解释，"国"是从人、从戈、从口，意指持有武器的一个士兵，守卫着一片有一定疆域、有一定人口的国土。这是传统意义上"国"字所表达的最基本的含义，把国与家、与疆域，把国与人口，把国与这个人口所代表的一种文化几者紧密地联系了起来。"祖国"是世代居住，并对所在国文化有着

高度文化认同感的并且自己和祖先国籍共同所在的国家。一定数量的民族、自然环境和历史文化构成了祖国存在的基础。"国家"是拥有共同的语言、文化、种族、血统、领土、政府或者历史的社会群体,既具有明确政治边界,又得到国际公认,是国家政权的具体化身。一定数量的公民、主权和疆域构成了国家的具体内容。"祖国"与"国家"在构成要素上相互重叠,自然环境成为两者共同的存在基础,但它们又相互区别。就内涵而言,"祖国"一词更倾向于不带政治色彩的一种历史文化概念和自然情感流露,体现为对乡土人情、历史文化、自然景观、民族同胞的深深眷恋、自豪之情,是长期以来人们的民族意识积淀和民族文化熏陶的结果。而"国家"则呈现出浓郁的政治色彩和抽象的理性特征。从历史进程来看,"祖国"体现了强烈的民族性和历史延续性,是人民长期生活的历史缩影和生活内容的精神表现。"国家"则是"祖国"在一定历史时期特定的外延,是"祖国"在特定时期存在的具体形式和社会条件。没有国家支撑的祖国,是精神上的祖国,不是现实中的祖国。综上所述,爱国主义的"国",既是历史上的祖国,又指现存的国家和社会制度。

(2) 爱国主义的含义

爱国主义体现了人民群众对自己祖国的一种深厚的感情,反映了个人对祖国的依存关系,是人们对于自己故土家园、民族和文化的归属感、认同感、尊严感和荣誉感的统一。爱国主义是调节个人与祖国之间关系的重要的道德要求、政治原则和法律规范。爱国主义也是民族精神的核心。

爱国主义是极其深厚的情感。苏联的教育家苏霍姆林斯基认为,热爱祖国,是一种最纯洁、最敏锐、最高尚、最强烈、最温柔、最有情、最温存、最严酷的感情。中华民族的爱国情感,是各族人民经过长期的、漫长的社会实践和实实在在的情感积累而逐步培养巩固下来的。

爱国主义是一种道德规范。世界各国人民都以是否热爱自己的祖国、是否为祖国贡献力量来评价一个人、集团、组织、政党乃至阶级的言行。把爱国、报国、兴国、强国、救国视作高尚的美德,把卖国、辱国、祸国、叛国等视为极不道德的丑恶行为。

爱国主义是政治原则。中国特色社会主义事业是社会主义建设在现阶段的一个主题和具体的表现。中国走上社会主义道路,是中国人民和中华民族经过长期革命斗争所得出的正确的选择,是中国近代历史发展的必然结果。爱国主义和爱社会主义在本质上是一致的。中国是社会主义国家,爱国主义是社会主义的爱国主义,社会主义的爱国主义是中华民族爱国主义传统在新的历史条件下的继承和发展,其具体表现就是要支持并且投身到中国特色社会主义事业当中。

爱国主义是一种法律规范。《中华人民共和国宪法》第54条规定:中华人民共和国的公民有维护祖国的安全、荣誉和利益的义务。不得有危害祖国的安全、荣誉和利益的行为。《中华人民共和国宪法》第55条规定:保卫祖国、抵抗侵略是中华人民共和国每一个公民的神圣职责。这说明公民爱国、保卫祖国、奉献祖国是公民对国家必须承担的最基本的义务。若违犯一种法定义务则意味着将受到严厉的制裁。

（3）教学扩展——政治学概念中基于阶级意识的爱国主义

国家作为政治学的概念，是指作为阶级统治的强制性机构，国家就是所维持的阶级关系中的统治阶级实施统治的工具。国家的主要职能是从内外两个方面维护、巩固现存的社会制度、社会秩序以及现存的阶级关系。对内是用强制性手段要求国家中的成员维护社会内部制度、社会秩序，同时更重要的是调节社会内部的阶级关系，以维护统治阶级的统治。这意味着，在阶级存在的社会形态下，国家固然要维护社会关系、社会秩序，但这种功能的发挥并不能完全超越其特有的阶级属性。在阶级社会中，爱国主义不必然体现为对国家全体成员利益的兼顾和维护，其核心内容是统治阶级利益的根本体现。任何统治阶级为了维护自己的统治和国家的存在，都必须履行一定的社会公共职能，在一定程度上具有社会公共利益的性质。对外则是要求国家中的成员防御外国势力对本国的颠覆。这时，爱国主义表现为为了祖国的领土完整、独立自主而奋斗不懈；一旦遇到外敌入侵，即挺身而出，保家卫国；为国家独立、民族解放，不惜献出自己的鲜血和生命。在这方面，爱国主义的表现最为明显、最为突出。

（4）教学扩展——伦理学概念中基于身份认同的爱国主义

国家是一种特殊的生活共同体，是同一共同体内部的成员在不结成生活共同体就无法生存、发展的情况下，在其漫长的历史进程中自然结成的一种社会群体。这种相互依存和团体协作培育了对所在共同体的深厚感情，并经过长期的积累逐渐成为民族成员共同的心灵烙印。由此而生的爱国主义情感，具有宗族认同、兄弟事亲、友朋相谐之内源性、恒久性和向心力。这样的爱国主义体现了国家大多数成员的最高利益。所以，爱国主义应当成为全社会成员的政治行为和道德行为准则。爱国主义是把国家全体成员的角色及其利益提到首位，即当国家全体成员的共同利益与个体利益发生冲突时，首先考虑国家全体成员的共同利益。如个体既是国家的成员又是某一家庭的成员，此时，爱国主义作为道德规范要求成员为国家而舍弃小家。

（5）爱国主义的基本要求

爱祖国的大好河山。祖国的大好河山，不仅是中华民族世代生息、繁衍、发展的基础和条件，而且还是主权、财富、民族发展和进步的基本载体。自古以来，每个国家和民族都把祖国看作母亲和家园，都会感谢祖国的滋养哺育之恩，都会誓死捍卫祖国领土的完整。2012年8月15日，中国香港14名保钓英雄进入钓鱼岛海域，其中7名勇士登上钓鱼岛，表达了中华儿女维护祖国领土主权的决心和斗志，虽然被日本当局非法扣押，但仅仅在两天之后的8月17日，经中国政府的严正交涉和多方努力，日本方面无条件放还了在中国钓鱼岛及其附近海域非法抓扣的全部14名中方人员及船只。

爱自己的骨肉同胞。人民群众是历史的创造者。爱自己的同胞就是爱人民群众。对人民群众感情的深浅程度，是检验一个人对祖国忠诚程度的试金石。爱自己的骨肉同胞，最主要的是培养对人民群众的深厚感情，紧紧地和人民群众站在一起。2008年5月12日14时28分04秒，四川汶川发生里氏8.0级地震。地震共造成69 227人遇难，17 923人失踪，

37万多人受伤。绵阳安县桑枣中学紧临着受灾最为惨烈的北川县，学校外的房子百分之百受损。地震发生时，全校2 200多名学生和上百名教师，按照平时的演习，从不同的教学楼和不同的教室中，全部冲到操场，以班级为单位站好，仅用时1分36秒。学生无一伤亡，教师无一伤亡。这主要归功于被网友称为"最牛校长"的叶志平校长。汶川大地震发生的时候，他并不在学校。学生们是按着平时学校的要求和他们已练熟了的方式疏散的。从2005年开始，叶校长每学期都要在全校组织一次高标准严要求的紧急疏散演习。每个班的疏散路线固定，两个班疏散时合用一个楼梯，每班必须排成单行。每个班级疏散到操场上的位置也是固定的，每次各班级都站在自己的地方，不会错。

不仅如此，叶校长在消除教学楼的安全隐患方面也做了积极努力。学校较早开始使用的试验教学楼在着手建设时，没有找正规的建筑公司，到后来，没有人敢为这栋楼验收。叶志平担任校长后，连续多年对这栋楼进行改造加固。1998年，他找正规建筑公司，将楼板缝中填水泥纸袋的地方，重新灌注了混凝土；1999年，他请人拆掉沉重又华而不实的砖栏杆，换上轻巧美观结实的钢管栏杆。接着，按正规的要求，他让人将整栋楼的22根承重柱子——直径37厘米的三七柱，重新灌注水泥，加粗为50厘米以上的五零柱。这栋实验教学楼，建筑时才花了17万元，光加固就花了40多万元。学校没有钱，他一点点地向教育局申请，请求支持，修楼的钱就靠这样左一个5万元、右一个5万元地点点集聚。教学楼时刻要用，他就与施工单位协调，利用寒暑假和周末，蚂蚁啃骨头般，一点点地将这栋有16个教室的楼修好。这座楼在地震中没有倒塌。新建的楼，楼外立面贴大理石板，只贴一下不行，他不放心，怕掉下来砸到学生。他让施工者将每块大理石板都打四个孔，然后用四个金属钉将其挂在外墙上，再粘好，因此，即使受到大地震侵袭，教学楼的大理石板也没有一块掉下来。

爱骨肉同胞、爱学生的深厚感情使叶校长自觉地把学生的生命看得高于一切，并充分体现在平时细致入微的工作中。爱骨肉同胞不是"高大上"的口号，而是踏踏实实、认真负责地工作，是精益求精的严格要求，体现了最朴实、最深刻的爱国情怀。

爱祖国的灿烂文化。中国有着五千多年的悠久历史和灿烂文化，这些文化印刻着中华儿女无数的集体记忆，是中国人民众志成城的同心圆。当文化成为一种被普遍认同的群体力量时，就能够成为撬动世界历史的杠杆，影响社会前进的步伐。如今，文化越来越成为民族凝聚力和创造力的重要源泉，成为综合国力竞争的重要因素。中国传统文化中"天人合一，物我两忘"的和谐自然，"自强不息，厚德载物"的人生态度，"己所不欲，勿施于人"的道德准则，"天下兴亡，匹夫有责"的爱国情怀，"先天下之忧而忧，后天下之乐而乐"的奉献精神等，凝聚了数千年中华民族的生存经验和生存智慧，融入了中华民族的血脉，将在新的时代发扬光大。独具特色的语言文字、浩如烟海的文化典籍、异彩纷呈的文学艺术、充满智慧的中国哲学、完备深刻的道德伦理等组成了源远流长、博大精深的中华文化，浸润了中国人的灵魂，强劲了中国人的精神。习近平总书记说："中华文化源远流长，积淀着中华民族最深层的精神追求，代表着中华民族独特的精神标识，为中华民族生生不息、发展壮大提供了丰厚滋养。"

爱自己的国家。每个人的发展都是同国家的发展和进步紧密联系在一起的，爱祖国就要心系国家的前途和命运，就要把国家和人民的利益摆在首位，为祖国的独立和富强、为人民的解放和幸福贡献力量。国家是人的生长地、归宿处，是根基，也是平台，是前提，也是结果。没有强的国，哪有富的家？爱国是每个公民的基本义务和责任。中华民族历经磨难，独特的文化和传统仍得以保存，也是得益于每个中国人、每一个炎黄子孙对祖国的热爱和奉献。常言道，"苟利国家生死以，岂因祸福避趋之""不要问国家可以为你做什么，你应该要问自己可以为国家做什么"。

2. 中华民族爱国主义的优良传统

（1）热爱祖国，矢志不渝，天下兴亡，匹夫有责

中国人自古以来就有爱国之志、爱国之行，其为了国家的兴盛，甘尽匹夫之责的意愿、情怀非常强烈，反映了一种坚定的爱国意志和忠贞不渝的报国情怀，而对误国、害国、背叛国家的伪君子十分痛恨。《晏子·春秋》中写道："利于国者爱之，害于国者厌之"。《荀子大略》中写道："口能言之，身能行之，国宝也。口不能言，身能行之，国器也。口能言之，身不能行，国用也。口言善，身行恶，国妖也。治国者，敬其宝，爱其器，任其用，除其妖"。拜伦说："连祖国都不爱的人，是什么都不会爱的。"

鲁迅说："我们从古以来，就有埋头苦干的人，有拼命硬干的人，有为民请命的人，有舍身求法的人……虽是等于为帝王将相作家谱的所谓'正史'，也往往掩不住他们的光耀，这就是中国的脊梁。"个人爱国，首先要超越小我，要超越对个体利益的一种追求。班超投笔从戎，岳飞精忠报国，戚继光勇挫倭寇，郑成功收复台湾，林则徐虎门销烟，谭嗣同慷慨赴刑，刘胡兰宁死不屈……正是"热爱祖国，矢志不渝，天下兴亡，匹夫有责"的爱国献身情怀，支撑着他们的追求，留下可歌可泣的动人历史篇章。京张铁路是中国首条不使用外国资金及人员，由中国人自行设计，投入营运的铁路。这条铁路工程艰巨。近代科学先驱、著名工程师詹天佑，在国内一无资本、二无技术、三无人才的艰难局面面前，满怀爱国热情，受命修建京张铁路。他以忘我的吃苦精神，带领队伍走遍了北京至张家口之间的山山岭岭，只用了500万元、4年时间就修成了外国人计划需资900万元、需时7年才能修完的京张铁路，并创设了"竖井开凿法"和"人"字形线路，震惊中外。杨靖宇21岁参加革命，1940年年初，他被日军围困，身负重伤，饿得啃不动树皮，只能将棉衣里的棉花和着冰雪吞下去充饥。在冰天雪地、弹尽粮绝的紧急情况下，最后孤身一人与大量日寇周旋战斗几昼夜后，年仅35岁的杨靖宇壮烈牺牲。面对杨靖宇将军的英勇和顽强，日军颇感惶惑：杨靖宇自被重重包围以来，被切断食物来源，这些天他究竟怎么生存？为解疑惑，他们命令蒙江县城民众医院的医生解剖检查，看他的胃肠里究竟有什么。经解剖，他的胃肠里一粒粮食也没有，见到的只是未能消化的草根、树皮和棉絮。参加解剖的主刀医生、民众医院院长金源大为感慨，在场的日军也肃然起敬。

"热爱祖国，矢志不渝；天下兴亡，匹夫有责"是中国传统文化的精髓。习近平总书记说："中国传统文化博大精深，学习和掌握其中的各种思想精华，对树立正确的世界观、人生观、价值观很有益处。古人所说的'先天下之忧而忧，后天下之乐而乐'的政治抱负，'位卑未敢忘忧国''苟利国家生死以，岂因祸福避趋之'的报国情怀，'富贵不能淫，贫贱不能移，威武不能屈'的浩然正气，'人生自古谁无死，留取丹心照汗青''鞠躬尽瘁，死而后已'的献身精神等，都体现了中华民族的优秀传统文化和民族精神，我们都应该继承和发扬。"爱国主义是中华文明呈现强大生命力的思想基础；爱国主义是中华民族充满生机活力的精神支柱。

（2）维护统一，反对分裂，同仇敌忾，抗御外侮

中国历史上朝代频繁更换，民族几经离合，但最终还是形成了一个统一的多民族的国家。其根本原因就在于，维护国家的统一和民族的团结，是中华民族的共同心愿和一致行动。中华民族爱国主义传统还有一个重要特征，就是在外敌入侵前，保持和发扬民族气节。每当民族面临危难之时，全民万众一心，同仇敌忾，为祖国的生死存亡而进行殊死搏斗。中华民族曾数度遭到强敌入侵，但从没有被灭亡，靠的就是全民共赴国难的爱国主义精神。戚继光抗击倭寇，郑成功收复台湾，三元里人民抗英，轰轰烈烈的义和团运动，浴血十四年的抗日战争等，这些爱国壮举集中体现了中华民族爱国主义优良传统中同仇敌忾、抗御外侮的精神。近代的屈辱历史，使中华民族的爱国之情更加强烈地表现出来，升华为国家富强而奋斗的伟大民族精神，成为亿万中华儿女奋斗前行的准则。

同样，中国人民绝不允许任何人、任何势力以任何方式把台湾从祖国分割出去。《反分裂国家法》的制定和实施，表明了全中国人民反对"台独"、捍卫国家主权和领土完整的共同意志和坚定决心。中华民族各族儿女尤其是我们的大学生，要同一切出卖祖国利益、损害祖国尊严、危害国家安全、分裂祖国的言行进行坚决的斗争。实现祖国完全统一，是海内外中华儿女的共同心愿，要坚决反对一切分裂活动，不断提高国防和军事实力，捍卫国家主权和领土完整。

新的时期，社会主义核心价值观把国家、社会和公民三方面的核心价值观凝为一体，彰显了社会主义本质，传承了中国传统文化精髓，融合了世界文明成果，符合人类美好价值追求，体现了当代中国人的价值理想和要求。

3. 爱国主义的时代价值

（1）爱国主义是中华民族继往开来的精神支柱

爱国主义是中华民族团结奋斗、锐意进取，战胜千难万险，绵延数千年而不衰，创造人类历史奇迹的精神支柱。德国大哲学家黑格尔曾经说过："只有黄河、长江流过的那个中华帝国是世界上唯一持久的国家。"

（2）爱国主义是维护祖国统一和民族团结的纽带

爱国主义是一种伟大的凝聚力和向心力。中国历史上曾出现过民族纷争和国家分裂的局面，爱国主义支配和调整着个人与民族、国家的关系，使得国家总是能够平息风浪，使

我们这个多民族国家始终成为一个坚固的整体。民族团结和祖国统一始终是人心所向，是中国历史发展的主流。

（3）爱国主义是实现中华民族伟大复兴的动力

如今各国之间综合国力的竞争日益激烈，中华儿女只有万众一心、发奋图强，最大限度地团结全国各族人民，激发起爱我中华、建我中华、强我中华的爱国热情，为祖国的统一、国家的富强、人民的幸福和社会的进步做出积极的贡献，实现中华民族的伟大复兴。

（4）爱国主义是个人实现人生价值的力量源泉

一个人对祖国爱得越深，历史责任感就越强，人生目标就越明确，人生信念就越坚定。肯尼迪说："不要问你的国家能为你做些什么，而要问一下你能为你的国家做些什么。"

小结：爱国主义具有集文化归属、情感认同与利益协调为一体的复杂属性，既反映个体与祖国的相互依存关系，也体现为一种个人对祖国的深厚感情，又内含对某种道德律令、行为准则和法律规范的认同和遵守。我们要爱祖国的大好河山，爱自己的骨肉同胞，爱祖国的灿烂文化，爱自己的国家，大力发扬热爱祖国、矢志不渝、天下兴亡、匹夫有责的优良传统，维护祖国统一，反对分裂，同仇敌忾，抗御外侮。

（二）"经济全球化条件下爱国主义教育"专题中的教学设计及实践

课前提示：在经济全球化趋势加快发展的形势下要大力弘扬爱国主义。爱国主义是中华民族精神的核心，自觉培养民族自尊心和自豪感，促进民族团结和祖国统一，做忠诚的爱国者；了解以改革与创新为核心的时代精神，把握弘扬改革创新精神的基本要求，把弘扬时代精神与弘扬民族精神有机结合起来。

教学内容：经济全球化时代的爱国主义；经济全球化与当代大学生的爱国主义；爱国主义与时代精神

1. 经济全球化时代的爱国主义

国际货币基金组织认为："经济全球化是指跨国商品与服务贸易及资本流动规模和形式的增加，以及技术的广泛迅速传播使世界各国经济的相互依赖性增强。"经济合作与发展组织认为："经济全球化可以被看作一种过程，在这个过程中，经济、市场、技术与通信形式都越来越具有全球特征，民族性和地方性在减少。"经济全球化促进了全球贸易自由化，推动了生产、资本、技术、服务、资源、金融等生产要素的优化配置，世界各国经济的联系日益紧密，相互依赖程度日益提高，各国国内经济规则不断趋于一致，多边或区域组织对世界经济的协调和约束作用越来越强。经济全球化有助于不同国家和民族间的沟通和联结，但在一定程度上也冲击和破坏了发展中国家的爱国主义精神，弱化了国家认同和民族责任意识。一些西方发达国家，经常批评和指责发展中国家的爱国主义为"民族主义"，但它们自己却是有意识地凸显其国家意识和国家认同。在"9•11"事件以后，美国人的爱国主义热情高涨，而其国家领导人从小布什到奥巴马，尽管推行的方针政策有所不同，但都在强调爱国主义。

（1）在经济全球化条件下，国家仍然是民族存在的最高组织形式

国家不仅能够凝聚民族的意志，代表社会成员的利益，动员全民族的力量，规划全社会的未来，而且是本民族整体利益的最高代表者。尽管经济全球化使国家的部分职能处于变革之中，但是，国家作为民族存在的最高组织形式未变，国家是民族整体利益唯一最具权威性的代表者这一事实未变。在今天的世界，一个民族若削弱了国家的地位和能力，那么这个民族将面临毁灭性的生存危机。这已被当代世界历史所证明，如苏联的解体。而犹太人流亡上千年，历经磨难，回到多灾多难的巴勒斯坦地区，在阿拉伯国家的敌视和暴力冲突中，千辛万苦地建立了自己的国家。

（2）在经济全球化条件下，民族国家仍然是国际社会的最强大的独立主体

经济全球化对民族国家的主体地位和功能提出挑战，全球主义与区域主义（区域性经济联盟）挑战国家的主权。经济全球化对国家主权的影响主要表现为：一是国家主权的部分让渡。由于经济的相互依赖日益加强，为了保证本国的经济能够融入世界经济的发展之中，各国的经济活动越来越多地遵循国际条约和国际惯例来运作，国家必须通过让渡主权来参与国际合作。二是国家主权的相对弱化。经济全球化使各国之间的经济互动关系日益加强，在经济交往中为了获取更大的经济利益，有时要弱化本国的经济主权。如跨国公司为维护自己的经济利益而影响母国的政治、经济、社会和外交政策，弱化母国的经济主权。三是国家主权的共享。全球性的问题，如环境问题、毒品问题、恐怖活动、金融危机等的出现，要求加强国际组织与国际协调的地位与作用，使国际组织成为与国家同样重要的国际社会主体，从而实现国家主权的部分共享。经济全球化趋势使得国家利益的边缘出现模糊化的倾向。民族国家的权力开始发生变化，一部分转移给世界性经贸组织，一部分转移给基层民主。但这并不意味着民族国家主体地位的削弱和消失。今天的国际社会架构仍然是以民族国家为基础的。无论是区域性的经济联盟，还是跨国公司，都不具有民族国家的主体地位，民族国家依然是国际社会中最强大的、最具权威性的无可替代的主体。无论与一个国家的何种组织和个人做何种交往和互动，都必须首先与这个国家打交道，并征得它的认可，否则一切都不可能。

2011年利比亚撤侨，我国政府在短短的12天内，动用91架次中国民航包机、35架次外航包机、12架次军机，租用外国轮船11艘、货轮5艘、军舰1艘，成功地实现了3万多名中国公民的大撤离！不仅如此，在力所能及的情况下，本着人道主义精神，中国还帮助12个国家撤出了2 100名外籍公民！国家的强大与公民的安全与幸福息息相关，国家越是繁荣壮大，对公民个人的保护和发展越有力。

（3）在经济全球化条件下，国家是促使经济全球化正常发展的最具实力的制约力量

今天，民族国家仍然是国际社会主体间最具权威的相互制约和抗衡力量。经济全球化是一种世界发展的客观趋势，但是经济全球化的进程和事件却不可避免地受大国的影响和控制。经济全球化在为各民族国家提供发展机会的同时，也为某些西方发达国家借机控制世界、控制他国、窃取别国的利益创造了机会和条件。目前，某些西方发达国家企图控制

经济全球化进程、实现本国利益的趋势日益明显。在这种情况下，国家仍然是维护本民族权益、抗衡大国控制和掠夺的最具实力的权威力量。这种抗衡大国控制经济全球化进程的权威力量是任何其他组织所不具备或不完全具备的。

（4）经济全球化条件下，国外敌对势力妄图西化和分化我国的战略并未改变

冷战结束以后，中国的综合国力发展迅速，中华文明在世界上的地位和影响力上升，已经成为西方发达国家潜在的竞争对手，所以，他们企图遏制中国，继续分化和西化中国。冷战结束后的国际斗争事实也告诉我们，不论西方发达国家对中国采取何种斗争策略，他们遏制、西化和分化中国的战略始终未变。以20世纪末的亚洲金融危机为例。在1997—1998年的亚洲金融风暴中，唯一顶住了外资热钱（索罗斯）的进攻而没有经济崩溃的就只有回归后的香港。1997年7月1日香港回归当日，中央政府将净值1197亿港元的土地基金移交给特区政府，此举大大增强了香港的外汇和财政储备。特区政府能动用上千亿港元，干预股市及期指市场，成功击退国际炒家，这批资金发挥了重要作用。

3. 爱国主义与时代精神

时代精神是中国精神的主要内容和重要组成部分。我们所强调的时代精神，是在新的历史条件下形成和发展的，是体现民族特质、顺应时代潮流的思想观念、行为方式、价值取向、精神风貌和社会风尚的总和。时代精神与民族精神紧密相连。时代精神是民族精神的时代性体现，民族精神是时代精神形成的重要基础和依托。两者的有机统一，构成了中国精神的本质内涵。

（1）改革创新是时代精神的核心

改革创新精神是当代中国最鲜明的时代特征，最能激励中华儿女锐意进取的精神。它表现为一种突破陈规、大胆探索、勇于创造的思想观念；表现为一种不甘落后、奋勇争先、追求进步的责任感和使命感；表现为一种坚忍不拔、自强不息、锐意进取的精神状态。改革创新是中华民族进步的灵魂，是我国兴旺发达的不竭动力，是中国共产党永葆生机的源泉。改革创新充分体现和吸纳了时代要求，为实践的发展注入了鲜活力量。

改革创新是进一步解放和发展生产力的必然要求。社会主义的根本任务之一是发展社会生产力。社会主义现代化必须建立在发达的生产力基础之上。实现社会主义现代化，最根本的就是要通过改革创新，不断促进先进生产力的发展。党的十一届三中全会以来的辉煌成就雄辩地证明，改革创新是中国走向繁荣富强的必由之路，是中国特色社会主义发展前进的成功之路。

改革创新是建设社会主义创新型国家的迫切需要。现代国家发展的基本模式有三种，一是资源型发展模式，二是依附型发展模式，三是创新型发展模式。我国的国情决定了自身不可能选择资源型和依附型的发展模式，只有通过全面的改革创新，走创新型国家的发展道路，全面提高民族的自主创新能力，才能在日趋激烈的国际竞争中立于不败之地。工业的发展是其他产业发展的先决条件，制造业是一个国家工业的主导力量，在国民经济中

发挥主要作用。2010年，中国制造业产出占全球19.8%，是仅次于美国的全球第二大工业制造国，中国凭借巨大的制造业总量成为名副其实的"世界工厂"。但我国仍然不是制造业强国，总体上还处于国际分工和产业链的中低端。2010年我国汽车产销双双超过1800万辆，稳居全球产销第一，但是，仍然需要高价从国外购买发动机等关键部件的核心技术和专利；中国已是全球最大的空调生产国，2010年空调产量突破1亿台，但是，压缩机和制冷剂等核心技术掌握在一些发达国家手中；IT产业的产量虽然处在全球前列，但是芯片技术、操作系统等也依赖于国外。大量的关键零部件、系统软件和高端装备基本都依赖进口。2013年，中国80%的芯片都依赖进口。中国制造业有着来自内部和外部的双重压力。内部困境主要表现在，随着劳动力、土地、税收等各种成本的上升，以低端产品为主、利润空间有限的中国制造的收益越来越低。2015年春节刚过，微软宣布关闭诺基亚北京和东莞手机工厂，转至越南。两地工厂预计将裁员9000人。全国各地雾霾频发，终于"倒逼"得对环境污染开始"动真格"。大批污染严重企业的关停，势必影响到中国制造业的发展。要完成从"中国制造"向"中国智造"的转变，必须利用以信息技术为核心的高新技术，使我国制造业从生产型制造向服务型制造、从粗放型制造向绿色制造、从低技术制造向智能制造等方向发展，这是我国工业转型升级的主攻方向。《中国制造2025》是中国制造未来发展的路线图，基本思路是借助两个IT的结合（工业技术和信息技术），改变中国制造业现状，令中国到2025年跻身现代工业强国之列。其基本方针之一是坚持把创新摆在制造业发展全局的核心位置，完善有利于创新的制度环境，推动跨领域、跨行业协同创新，突破一批重点领域关键共性技术，促进制造业数字化、网络化、智能化，走创新驱动的发展道路。增强自主创新能力已成为国家战略，努力在关键生产领域和若干科技发展前沿掌握核心技术和拥有一批自主知识产权，不断增强科技创新能力，增强经济社会持续发展能力和强大竞争力，对于中国成为名副其实的制造大国、制造强国具有重要意义。

改革创新是贯彻落实科学发展观、构建社会主义和谐社会的重要条件。科学发展观是马克思主义同当代中国实际和时代特征相结合的产物，是马克思主义关于发展的世界观和方法论的集中体现，对新形势下实现什么样的发展、怎样发展等重大问题做出了新的科学回答。构建社会主义和谐社会，是推进经济社会发展的重要目标，是社会主义现代化建设的客观要求，是广大人民群众的共同愿望。

（2）弘扬以改革创新为核心的时代精神

弘扬以改革创新为核心的时代精神，大力推进理论创新、制度创新、科技创新、文化创新以及其他各方面的创新。

弘扬以改革创新为核心的时代精神，要自觉投身于改革创新的伟大实践。

小结：在经济全球化条件下，国家仍然是民族存在的最高组织形式，仍然是国际社会的最强大的独立主体，是促使经济全球化正常发展的最具实力的制约力量；国外敌对势力妄图西化和分化我国的战略并未改变。人有地域和信仰的不同，但报效祖国之心不应有差别。科学没有国界，但科学家有祖国，在经济全球化条件下，要加速提高中国的国力，积极应对挑战和风险，以宽广的眼界看待世界。我们应弘扬以改革创新为核心的时代精神，要树立创新意识，确立与时代进步潮流相适应的思想观念、价值取向和行为方式，努力走在全社会创新的前列，努力为理论创新、制度创新、科技创新、文化创新以及其他各方面的创新做出应有的贡献。

第二节　社会主义核心价值观与理想信念教育实践

一、理想信念教育与社会主义核心价值观培育的耦合

社会主义核心价值观反映了中国特色社会主义事业的发展要求，顺应了中国社会主义制度的本质规定，既坚持了马克思主义的共性，又涵盖着中国特色社会主义的个性，既坚守国家社会的目标，又张扬了人的主体性，既有深厚的传统底蕴，又有鲜明的时代特征，既有中华传统文化精华，又汲取人类文明优秀成果，符合历史、合乎实践，贴近民情、顺乎民意。社会主义核心价值观的特性决定了其培育和践行过程同我们的理想信念教育有着高度的契合。一方面，社会主义核心价值观可以引领具体的理想信念教育；另一方面，理想信念教育又是社会主义核心价值观培育的核心和关键。

（一）以社会主义核心价值观引领理想信念教育

社会主义核心价值观是社会主义核心价值体系的凝练和概括，是社会主义意识形态的本质体现，从价值层面阐释了中国特色社会主义的共同理想的基本内涵。实际上，社会主义核心价值观从价值层面规定着从个体到社会的理想内容，为理想信念教育提供了价值指向。通过社会主义核心价值观的培育和引领可以提升理想信念教育的教育境界，拓展其教育路径，丰富其教育内容。

1. 社会主义核心价值观为理想信念教育提供了价值指向

社会主义核心价值观国家层面的内容作为社会主义核心价值观在发展目标上的规定，构成了中国特色社会主义理想的基本特征。社会主义是迄今为止最为先进的生产关系和社会制度，消灭了阶级对抗，极大地解放和发展了社会生产力，必将创造出比以往社会形态更为发达的物质文明和高度的精神文明，也必定会产生更高形态的社会民主与和谐。国家实现富强、民主、文明、和谐是近代以来的历史给予中国人民的重任，也是中国人民自己的不懈追求。近代以来，无数仁人志士抛头颅、洒热血就是为了谋求一个富强、民主、文明、和谐的国家。在当代中国，实现国家繁荣昌盛、民主清明、人民幸福安康、社会和谐，最终实现中华民族伟大复兴，顺应近代以来中国人民的共同意愿，昭示着中国特色社会主义伟大事业的美好前景，始终是一个凝聚人心、振奋精神的价值理想。这个价值理想从国

家层面规定中国特色社会主义的发展方向，最大限度地团结人民，鼓舞人心，使中国人民始终斗志昂扬。

中国特色社会主义道路是一条宏伟的改革道路，是一条社会急剧转型的跨越道路。在这条道路上改革开放不断深化，经济社会不断变革，利益格局不断改变，外来文化不断涌入，人们思想观念深刻变化，思想活动的独立性、选择性、多变性、差异性不断增强。只有积极培育和践行社会主义核心价值观，才能厘清是非、明辨善恶，才能在一个文化多样、思潮迭起的社会中，包容多样，引领思潮，形成一元共识，从容应对中国发展道路中的各种思潮和文化的挑战，适应中华民族伟大复兴对文化软实力提出的要求。党的十八大报告深刻把握时代潮流，强调通过"三个倡导"来积极培育和践行社会主义核心价值观，丰富了社会主义核心价值体系的建设思想，为进一步培育社会主义核心价值观提供了新的指导和新的思路。任何社会都有多元的价值观和价值体系，也必然有具有统治地位的核心价值观和核心价值体系。社会主义社会作为一种现实存在着的社会形态也必然有统摄和支配多种价值观的核心价值观和核心价值体系。在中国，我们把这种不可或缺的核心的价值观和价值体系分别称作社会主义核心价值观和社会主义核心价值体系，是中国特色社会主义的重要组成部分。

理想信念是价值观在个人奋斗目标上的体现，有什么样的价值目标就有什么样的奋斗追求。大学生的理想信念教育既要使大学生个人梦想自觉符合社会主义核心价值观，又要使其上升到社会主义核心价值观的社会、国家层面。在具体的理想信念教育中，就是要从大学生的个人梦想出发，帮助大学生分析其梦想正确的、合理的因素，剔除幻想的、空想的成分，通过社会主义核心价值观教育，帮助学生拨开是是非非的社会思潮迷雾，觉悟正确的价值取向、价值尺度和价值标准，为构建科学理想信念打下扎实的思想基础。社会主义核心价值观是对中国优秀传统文化价值观的继承和弘扬，是对中国当今时代问题的回应，是对中国"两个一百年"奋斗目标的精神支撑。理想信念坚持社会主义核心价值观的价值取向才能成为科学的理想信念，才能把个人理想与社会理想有机结合在一起。

2. 社会主义核心价值观为理想信念教育升华了教育境界

价值简单来说就是意义，社会主义核心价值观就是一种正确而崇高的意义。社会主义核心价值观是对人和事物最基本的、符合我国国情的社会主义的价值取向、价值标准和价值目标的集中概括。社会主义核心价值观主要是从两个层面提升了理想信念教育的境界。一是理想信念教育应该更加注重价值观教育，注重价值观引导，从真善美的角度引导学生自觉追求理想人格，提升自己的人生境界。二是社会主义核心价值观丰富、夯实了理想信念教育的价值取向的观念基础。

理想信念教育本质是觉悟教育、境界教育。梦想人人都有，是人的需要体系自觉统摄的结果。这本就是一个从自发到自觉的过程。不过，这种自觉也是分程度、分境界高低的。理想信念教育是使人民从对梦想的自发追求转成对理想的自觉追求和践行。"终日吃饭，未曾咬着一粒米；终日着衣，未曾挂着一缕丝。"这句禅语说的就是未觉悟的人，虽然穿衣吃饭，但却没有理解生活的意义。因此，理想信念教育的教育核心之一是让学生领悟境界的魅力，唤醒学生对境界的追求。把学生对幸福生活的向往，上升为自己的精神家园，通过教育使学生掌握从小乐趣走向大境界的方法和道路，完善学生的理想信念内容，提升学生的人生境界。要教会学生充分感受大自然的朗朗晴空、茫茫草原，领略山间的潺潺流水，欣然接受造物主的一切恩赐；教会学生享受冬天取暖、夏天乘凉的乐趣，在人与人的交往中获得自己的人生意义，感悟人生的快乐。普通人也罢，伟大的人也好，都不能穷尽宇宙的奥秘、地球的奥秘、生命的奥秘、人生的终极，但都可以在富裕的生活下充分享受上述人之常情。而这些都可以引发人对真善美的关爱，把友善的目光投向自然、投向社会，搭建人与万物、人与人之间的情感彩虹。这样，人们的心灵将会得到净化，生命的意义将会得到升华。世界因理想信念的觉悟而多姿多彩。

理想信念作为一种深层次的价值观念必须有着丰富的价值理念支撑。社会主义核心价值观就是社会主义核心价值体系凝练的表述，有着丰富的内涵和崇高的境界。只有在社会主义核心价值观那里充分汲取价值观念的养分，才能构建科学的理想信念。没有包含社会主义核心价值观十二个基本概念的理想信念是不完满的理想，也是难以充分发挥理想信念功能的理想。社会主义核心价值观可以直接构成科学理想信念的价值取向和价值目标。因此，理想信念教育离不开社会主义核心价值观的培育。从社会主义核心价值观入手，会进一步拓展理想信念教育的价值目标，提升理想信念教育的价值境界。理想信念教育本身也是一种更为核心的价值观教育，是从目标层次、信念层次开展的社会主义核心价值观教育。社会主义核心价值观支撑了理想信念教育，从基础层面和核心层面提升了理想信念的教育境界。

3. 社会主义核心价值观为理想信念教育丰富了教育内容

理想信念教育随着中国的改革开放和马克思主义的中国化不断丰富着自己的教育内容。社会主义核心价值观是马克思主义中国化的成果之一，也是理想信念教育的重要内容。

富强、民主、文明、和谐是中国特色社会主义理想的基本特征，体现了社会主义核心价值观在发展目标上的规定。社会主义是迄今为止最为先进的生产关系和社会制度，消灭了阶级对抗，极大地解放和发展了社会生产力，必将创造出比以往社会形态条件下更为发达的物质文明和高度的精神文明，也必定会产生更高形态的民主与和谐。国家实现富强、民主、文明、和谐是近代以来历史给予中国人民的重任，也是中国人民自己的不懈追求。近代以来，无数仁人志士抛头颅、洒热血就是为了谋求一个富强、民主、文明、和谐的国家。在当代中国，实现国家繁荣昌盛、民主清明、人民幸福安康、社会和谐，最终实现中华民族伟大复兴，顺应近代以来中国人民的共同意愿，昭示着中国特色社会主义伟大事业的美好前景，始终是一个凝聚人心、振奋精神的价值理想。这个价值理想从国家层面规定了中国特色社会主义的发展方向，最大限度地团结人民、鼓舞人心，使中国人民始终斗志昂扬。

自由、平等、公正、法治，反映了中国特色社会主义社会的基本属性，体现了现代社会的基本精神要素和价值追求。文明社会不只是富裕社会,更是自由社会、平等社会、公正社会、法治社会。马克思主义更是认为未来社会是人的自由而全面地发展的社会,并将其作为自己的终极目标,认为实现公平正义的基本条件,就是整个社会实行生产资料公有制,在不断解放和发展生产力的基础上逐步实现人人参与、人人共享、人人受益,实现每个人自由全面地发展。中国共产党从成立之初就把实现和维护社会公平正义、人的自由发展作为始终不渝的奋斗目标,并在实践上努力将自由、平等、公正和法治循序推进,发扬光大。党领导人民夺取新民主主义革命胜利,建立社会主义制度,为实现自由、平等、公正和法治的社会奠定了根本政治前提和制度基础。

爱国、敬业、诚信、友善,是对中华传统美德的继承和发扬,是中国特色社会主义对其公民价值追求和道德准则的根本规定,体现了社会主义公民道德行为和价值追求的本质属性。爱国是中华民族传统的道德规范,爱国主义素被称为"中华民族之魂"。爱国,反映了社会主义国家的公民与祖国之间应有的关系,是衡量个人与国家价值关系的人生准则,是一种崇高的思想道德境界。敬业是职业道德最基本、最起码、最普通的要求,同时也是"专心致志,以事其业"的积极向上的人生态度。诚信是中华传统美德,也是社会主义市场经济得以建立的基石,讲信用、守承诺、公平竞争是公民最起码的道德品质。友善也是中华民族的优良传统,强调要友好、友爱、与人为善。"人与人的和谐"是"人"与人类社会应该体现"天道"的要求。今天,在利益多样、日益复杂的社会生活中,友善是构建和谐社会必不可少的重要力量,是让人感到温暖和快乐的源泉。爱国、敬业、诚信、友善,涵盖了社会主义公民道德行为的各个环节,贯穿了社会公德、职业道德、家庭美德、个人品德各方面,集成了中华民族传统美德、中国共产党人革命道德和社会主义新时期道德的精华,可以全面系统地规范、指引公民在社会生活中的价值判断和价值行为。

总之,社会主义核心价值观有着丰富的内涵,反映了中国特色社会主义事业的发展要求,顺应了中国社会主义制度的本质规定,既坚持了马克思主义的共性,又涵盖着中国特色社会主义的个性;既坚守国家社会的目标,又张扬了人的主体性;既有深厚的传统底蕴,又有鲜明的时代特征;既有中华传统文化精华,又汲取了人类文明优秀成果,符合历史、合乎实践、贴近民情、顺乎民意,直接丰富了理想信念教育的内容。

4. 社会主义核心价值观为理想信念教育拓展了教育路径

社会主义核心价值观的培育和践行过程本身就是一个科学理想信念的树立过程。社会主义核心价值观培育出成果的一个标志就是社会上形成体现社会主义核心价值观的风气,人人具有科学的理想信念,也就是说,社会主义核心价值观的培育是理想信念树立的一条基本途径。习近平指出:"核心价值观的养成绝非一日之功,要坚持由易到难、由近及远,努力把核心价值观的要求变成日常的行为准则,进而形成自觉奉行的信念理念。"习近平对青年大学生自觉践行社会主义核心价值观的要求,实质上道出了实现理想信念的道路,即核心价值观养成之路:

中国特色社会主义事业是一个包含经济、政治、文化、社会和生态文明等各方面建设的巨大工程，需要人们在富强、民主、文明、和谐的社会主义精神价值归宿下，秉承自由、平等、公正、法制等理念，自觉地把爱国、敬业、诚信、友善贯穿于工作、生活等各个方面。社会主义核心价值观的培育与践行从国家层面、社会层面、制度层面、个体层面分别出发，最终会通圆融，起到引导多层面的价值取向，规定国家和社会发展的基本方向的基本作用。总体来说，社会主义核心价值观，不是单纯依靠社会自发形成的，而要在科学揭示、正确认识其内在生成和发展规律的基础上，依赖于国家执政集团的长期灌输、强化和引导，持之以恒地进行建设、培育，系统地阐述社会主义核心价值观的重大意义、理论基础、历史渊源、科学内容、现实要求、实践途径等重大问题，强化教育，深入宣传，辅以制度，形成机制，日积月累，最终形成人们自觉的价值取向、价值追求、价值尺度和价值原则。

核心价值观只有贯彻于社会的基本制度之中，才会引导人们逐渐形成对核心价值观的信念。我国的基本经济制度、政治制度与基本政策，包括具体经济制度、政治制度、行政体制、人才制度、教育制度、医疗制度、社会福利制度、婚姻制度、就业制度、住房制度等，都要努力做到与社会主义核心价值观的基本要求相符合。此外，社会主义核心价值观只有进一步渗透到人们的日常生活之中，植根于现实生活，转化为人们的日常价值观和生活实践，才会真正为广大人民群众所认同、所信服，逐渐转化为人民群众的内在信念和自觉行为，才能保持旺盛的生机与活力。当然，这个过程也可以从下而上地运行。通过倡导社会公德、职业道德、家庭美德和个人品德，让人们在日常生活实践中践行社会主义价值观，进而逐步上升为社会主义核心价值观，成为人们共同遵循和维护的价值取向、价值追求、价值尺度和价值原则，从人们的思想意识深处生发，自觉要求转化为机关准则、企业规章、社区公约、乡规民约和学生守则等，渗透到社会生活的各个方面，进一步上升到国家法律与制度，倡导自由、平等、公正、法制等理念，并最终把个人理想融入富强、民主、文明、和谐的社会主义共同理想之中。

另外，建设社会主义核心价值体系，形成人人崇尚社会主义核心价值观的社会风尚，既要以先进理念引领，又要从群众日常生活中生发。这就需要从马克思主义认识论与实践论出发，正确认识社会主义核心价值观的培育和践行，解放思想，实事求是，开辟适合国家、社会、个人要求的新的理想信念教育路径。总之，社会主义核心价值观从自身培育与践行出发，为高校理想信念教育提供了新的教育方式和路径。

（二）理想信念教育中培育社会主义核心价值观的着力点

理想信念教育同社会主义核心价值观培育有着内在统一性。理想信念作为核心价值观的核心，其教育过程就是一个培育社会主义核心价值观的过程。而理想信念教育在核心价值观培育中更具有根本性，同社会主义核心价值观的培育也有着诸多契合点。

1. 在理想信念的认知中理解社会主义核心价值观

个人理想是个体对真善美的追求，是个体的价值目标，是个体价值观的集中体现。社会理想则是社会群体共同的美好愿望,是社会核心价值观的集中体现。江泽民同志指出:"在全社会形成共同的理想信念和精神支柱,是中国特色社会主义文化建设的根本。"中国特色社会主义旗帜是包括中国特色社会主义道路、理论体系和制度的有机整体。中国特色社会主义是当代中国发展进步的旗帜,是全党全国各族人民团结奋斗的旗帜。在现阶段,坚定理想信念,就是要坚信只有中国特色社会主义才能实现中华民族的伟大复兴。在中国特色社会主义道路上实现中华民族的伟大复兴,是无数仁人志士、革命先烈的理想和夙愿。在长期艰苦卓绝的奋斗中,我们党紧紧依靠人民,付出了最大牺牲,书写了感天动地的壮丽史诗,不可逆转地结束了近代以来中国内忧外患、积贫积弱的悲惨命运,不可逆转地开启了中华民族不断发展壮大、走向伟大复兴的历史进程,使具有五千多年文明历史的中华民族以崭新的姿态屹立于世界民族之林。因此,这个凝聚在中国特色社会主义伟大旗帜之下的过程,既是理想信念教育的过程,也是社会主义核心价值观生长的过程,更是价值共识凝聚的过程。

理想信念教育首先是对青年大学生进行理想信念的认知教育。大学生可以从理想信念的认知中正确而深刻地理解社会主义核心价值观的内涵。大学生通过理解理想是什么,了解理想的基本内涵,了解自己梦想的由来,以及自我梦想转变为有实现可能的理想的方法。这样一个过程让学生可以明白自己对"价值"这个概念是如何在自我需要的满足中形成的,了解到价值观对人的态度、动机和行为的决定性作用。至此还需要进一步引导大学生认识理想信念对人生的基本作用,对大学生为什么学、走什么路、做什么人的解答作用。这个对理想是什么、有什么用的认知过程是一个学生自我认识、自我发现和价值觉悟的过程。这样一个认知过程为大学生理解社会主义核心价值观开启了基本的理性自觉。

大学生了解了梦想与理想的关系,认识到了理想和梦想、幻想、空想的不同以及理想的基本作用,就会产生对科学理想信念认知的需求。科学的理想信念一定是觉悟了社会理想的个人理想。一个觉悟到自己的历史使命,符合自然科学规律,符合人类历史发展规律,自觉站在人民立场上形成的梦想才可能是科学的理想信念。人民立场、历史使命、客观规律恰恰是社会主义核心价值观生成和发展的基础。社会主义核心价值观对价值的认同和判断的出发点就是站在人民的立场并具有历史唯物主义观。一个具有科学理想信念的人必然是一个拥有和坚持社会主义核心价值观的人。

理想信念的认知教育使大学生对社会主义核心价值观的认知不再是为认知而认知,而是从个人需要和梦想出发,一直上升到中国梦。社会主义核心价值观的12个作为价值共识的基本概念被赋予了理性色彩和个性意义。

2. 在对理想信念的追寻中感悟社会主义核心价值观

对理想信念的正确认知是为了让大学生树立科学的理想信念。大学生树立科学理想信念的过程就是一个人格塑造的过程,也是对社会主义核心价值观的感悟过程。

王国维在《人间词话》中写道:"古今之成大事业、大学问者,必经过三种之境界:

'昨夜西风凋碧树。独上高楼，望尽天涯路'。此第一境也。'衣带渐宽终不悔，为伊消得人憔悴。'此第二境也。'众里寻他千百度，蓦然回首，那人却在，灯火阑珊处'。此第三境也。"王国维引用古诗句谈的这三种境界完全可以看成一个人对理想信念苦苦追寻并最终获得意义感悟的过程。青年大学生要想获得属于自己的崇高理想信念就需要开阔眼界，通晓国情世情，关注国家大事，努力站在巨人之巅，立在时代潮头。这样一个过程也是对社会主义核心价值观从高层次理解的过程。知晓唯有人人坚持社会主义核心价值观才能汇集团结伟力，共创中华民族伟大复兴的未来。这是第一境界。第二境界则是苦苦寻觅自己个人理想如何同社会理想结合的过程。大学生已经明确了社会理想以及社会主义核心价值观的重大意义。大学生在寻找社会主义核心价值观与个性的联系中，苦苦坚持，但"心有灵犀一点通"始终不出现。这时，对社会理想的感悟和行为，甚至不能为"个体"的利益提供任何帮助。这些坚持和追求看起来都是没有任何用处的。就社会主义核心价值观来讲，如何从自己出发，将个人层面的社会主义核心价值观的要求上升到社会和国家层面，或者如何从国家和社会层面下行到个人层面，做到你中有我，我中有你，这是大学生必须面临的深层次课题。这实际上是对社会主义核心价值观更深层次理解的结果，是对第一境界的更高层面的"否定"。只要不放弃自己的理想信念，只要不放弃对共产主义远大理想的追寻，总有一天会豁然开朗。我们自己会发现，只要对共产主义心向往之，自己的活动就是共产主义的，或者共产主义就在身边。对社会主义核心价值观的坚持本身就是社会主义核心价值观的目的要求。社会主义核心价值观作为社会价值共识，是一种"大道"。道往往是"日用而不知"。我们对这种"大德""大道"的追求实质上就是对百姓生活的重新认识的过程。人民群众是历史的真正创造者，一个人只有走同人民群众相结合的道路，才能树立科学理想信念，才能实现人生价值，才能真正坚守社会主义核心价值观。

对理想信念的追寻和对核心价值观的感悟是一个过程的两个方面。领悟社会主义核心价值观，才可能洞彻人生真理，才可能拥有具有自我个性的理想信念。同理，自觉追求梦想、自觉雕琢个人理想的过程，就是自觉地将个人融于人民群众的过程，就是自觉发现"大道"的过程，也是自觉领悟社会主义核心价值观的过程。

3. 在对理想信念的实践中践行社会主义核心价值观

习近平在中共中央政治局第十三次集体学习时强调："一种价值观要真正发挥作用，必须融入社会生活，让人们在实践中感知它、领悟它。"社会主义核心价值观的养成不仅要内化于心，更要外化于行。社会主义核心价值观践行的内在动力就在于人的思想，尤其是人的理想信念。人们实现理想信念的过程就是践行理想价值标准的过程。因此，要想把社会主义核心价值观融入人们的生活之中，必须关注人们的理想信念及其践行。

理想是人们对未来美好社会和生活的憧憬，是人们奋斗的目标。理想是未来的现实，树立理想就是为了追求之、实现之。对大学生进行理想信念教育就是为了让大学生去追求正确的理想，去实现中国特色社会主义共同理想。大学生自觉追求实践中国特色社会主义理想的过程，就是自觉践行社会主义核心价值观的过程。

理想的追求和实现就是一个实践的过程，只有在实践中才能化理想为现实，才能在未来获得理想的现实。这样的一个实践过程是坚持个人理想与社会理想统一的过程。当前的社会理想就是中国特色社会主义共同理想，就是中国人的中国梦。中国梦是实现中华民族伟大复兴的梦，是中国几代人的梦想和追求。中华民族是一个伟大的民族，有着悠久的历史，有着辉煌的文明，为世界发展、人类进步做出过重大贡献。中华民族的伟大复兴就意味着再铸辉煌，实现一个繁荣富强的中国，实现一个文明和谐的社会。中华民族伟大复兴的实质就是建成中国特色社会主义。只有社会主义才能救中国，也只有社会主义才能发展中国。社会主义道路是中华民族伟大复兴的唯一道路，中国特色社会主义是中国前进的根本方向。中国特色社会主义就是要建设富强、民主、文明、和谐的社会主义现代化国家，就是要创建自由、平等、公正、法治的和谐社会。因此，大学生追求理想的实践过程就是一个坚定中国特色社会主义信念的过程，就是信任党并在党的要求下爱国、敬业、诚信、友善地做人、做事、健康成长成才的过程，就是践行社会主义核心价值观的过程。

坚持个人理想与社会理想统一的实践就是把中华民族伟大复兴的共同理想化为个人远大理想的过程，就是把远大理想化为个人具体目标和任务的过程，就是同自己的本职任务相结合，从小事做起、从具体事情做起的过程，就是一个千里之行始于足下的过程。社会主义核心价值观的真正践行，既要保证立场正确、信念坚定，又要落实、落细、落小。要使这种"细小实"体现出社会主义核心价值观，就必须坚持理想信念。越是远大的理想越是需要更长的时间来完成，越是需要长期地、细致地躬行践履。《老子》中说："合抱之木，生于毫末；九层之台，起于累土；千里之行，始于足下。"崇高理想信念的实现必然是从平凡的工作开始的。平凡的工作中有着神奇、有着意义。从平凡工作做起，是一个修炼的过程，是一个积累的过程，是一个从量变到质变的过程。可以说，在平凡的工作中坚持到底的人，就是一个从平凡走向伟大的人，从平庸变为神奇的人，就是一个真正拥有了社会主义核心价值观、脱离了低级趣味的人。

二、理想信念教育中的社会主义核心价值观培育教学实践

理想信念教育的基本内容主要来自《思想道德修养与法律基础》的第一章。我们将现有的理想信念教育内容结合党的十八大以来的新思想，将其概括为三个专题，分别是"理想信念认知"专题、"理想信念树立"专题和"理想信念实现"专题，主线是突出社会主义核心价值观中的价值取向，主要让学生领会理想信念与社会主义核心价值观的基本关系，树立科学理想信念，强调在实践中身体力行自己的理想信念。下面就每个专题的教学设计及实践逐一进行介绍。

（一）"理想信念认知"专题中的教学设计与实践

课前提示：要自觉理解理想信念并不是一件容易的事情。理想信念涉及诸多概念，要想让学生理解这些概念，需要让学生对自己的念头、想法进行一番梳理，把概念同自己的

常识和感悟进行有效对接。本专题通过一定的方法让学生真正认识什么是理想信念。从对梦想、理想、幻想、空想等概念的厘定和辨析入手，展开对理想信念基本问题的讨论，着重分析理想和信念的特征和功用。难点在于理解"理想信念"这个综合概念及其作用。

教学内容：理想与信念；理想信念的作用

1. 理想与信念

人人都有自己的念头和想法，人人都有自身的需要。"中国梦"的提出更进一步地激发了青年大学生梦的情怀。经过课堂调查发现，大学生还处于做梦的时代，对自己的未来抱有美好的梦想和激情。从这点出发让学生去反思自己的梦想。让学生思考自己这些梦想是怎样出现在脑海中的。是从天上掉下来的，还是一出生就有？和儿时的梦想保持着一致，还是有了新的想法？一般说来，儿时的梦想基本上都放弃了，同学们来到大学后有了新的想法和追求。通过有效的引导，让学生明白梦想是一种想法，想法来源于自身的实践活动。作为有需要的人，在实践活动中会自觉不自觉地对自己的需要进行反映。人有着丰富多样的需要，这些需要构成了人们梦想的动力源。正是有了需要，才会感到对现实状况的不满，才会追求对需要的满足，把希望寄托于未来。不过，人的需要不一定都是有益的，也不一定是统一的。一般来说，人的需要可以分为生存的需要、发展的需要和享受的需要。有的时候一种需要会同另一种需要发生冲突。如古人有"不吃嗟来之食"，就是生存的需要同尊重的需要产生了冲突。人可以放弃生存的需要来满足自己的受尊重的需要。在现实生活中，从心理学角度看，人的需要会产生"双趋冲突""回避冲突""趋避冲突"等矛盾。面临这些需要的冲突，人们会产生痛苦，在必须做出抉择的时候，人们要么根据当下自己最看重的需要作为选择的依据，要么就会依据自己的梦想来做出裁决。我们就会发现梦想来自需要却高于需要，是对需要的高度自觉，同时又统摄着自己的各种需要形成一个相对有序的需要体系。因此，梦想具有不可或缺性。梦想的这种功能使其成为人的世界观、价值观、人生观的"具象显化"，具备了"三观"的一些功能，如反映着对社会、人生的看法，成为对事物价值判断和取舍的依据。

梦想这么美好，它能实现吗？青年人对自己的梦想总是抱有激情和自信，相信通过自己的努力就可以实现自己的梦想。真的如此吗？明朝有一个人叫万户，他是个木匠，对太空充满了向往，梦想自己有一天可以登上月球。为了这个梦想，他展开了行动。万户做了一把巨大的椅子，椅子上绑满了火箭，然后就坐在这把椅子上，手里还拽着两只大风筝，一声令下，他让人点燃椅子上的火箭。不幸的是，椅子腾飞后，火箭爆炸，万户受创身亡。假如，万户没有死，继续为自己的梦想奋斗，他能不能实现自己的梦想呢？显然不能，为什么呢？因为万户所处的时代决定了他还无法掌握同"飞天"相关的现代物理学知识，不可能发明出实际可用的航天器，他的梦想离客观实际太远了，不能正确反映客观实际及其规律，注定在那个时代不能实现，他再怎么努力也不行。我们把这种梦想称为幻想。

塞万提斯的小说《堂吉诃德》描写了一个叫堂吉诃德的人沉迷于骑士小说，梦想自己成为一名游走天下的骑士。于是,他按照自己的梦想出发了,可怜到死才从梦幻中清醒过来。显然,无论他怎么努力都不可能在近代社会做一个活着的中世纪骑士。就像无论科技怎样发达都无法完成拔着头发上天的梦想。一个幻想的问题是完全脱离基本规律的问题,完全不顾及客观实际的问题。堂吉诃德的梦想脱离了他所处的时代,不能正确反映客观实际,主观同客观必然完全脱节,注定其梦想不能实现,注定其越是积极努力越是不幸,越是要走向悲剧。我们把这种完全脱离客观实际的梦想称为空想。

我们说青年人要有梦,但注意不要把自己的梦变成"悲剧"的梦,应该是有着实现可能的梦,能给自己带来幸福美好的梦。我们把有实现可能的梦想称为理想。理想之所以有实现的可能就是它能反映客观实际,有着鲜明的时代性,有着可实践性,是人的主观能动性与客观必然性统一的结果。

经过这样的梳理让学生自然而然领悟理想概念,区分理想与幻想、空想,加深对理想的认知,并认识到自己的美好愿望需要经过雕琢才能成为有实现可能的理想。而雕琢需要工具。梦想作为世界观、人生观、价值观在奋斗目标上的一种体现,只有树立正确的世界观、人生观和价值观才能拥有可实现的美好愿望。至此,价值观作为"潜伏"的主线已经同理想一同进入大学生的头脑之中。

信念是人对某种事物产生确信不移的观点后所拥有的一种精神状态和心理态度。理想要想在现实中对人产生作用还需要同信念相结合。也就是说,人要有理想,还应该有执着追求理想的精神。理想信念是信念的最高层次,是理想认知、理想情感和理想意志的统一体,是人们自身和社会美好追求的自觉认知,是坚定不移地身体力行的精神状态和心理态度。显然理想只有同信念相结合才能彻底摆脱"常立志"的尴尬境地,变成"立常志",获得理想的稳定性和持久性。

2. 理想信念的作用

对理想的追求除了理想自身美好性、幸福性的感召还有赖于对理想功用的认知和感悟。如果仅认为理想是美好的,一句"现实是残酷的"足以摧垮理想的美好。因此,要坚定理想信念还应从功用上把握理想信念。理想信念是人生的指路明灯,指引人生的奋斗目标,坚定人生方向。方向性问题对于人生来讲是至关重要的,方向错误,自己的努力同自己的奋斗目标就可能是南辕北辙,大量的努力换来的是一事无成。方向具有唯一性,排他性。梦想是需要的反映,不少青年有着丰富多彩的梦,但这些梦往往不全是自觉的反映,梦与梦之间甚至有着根本性的方向冲突。只有有了较高层次的理想信念,才能察觉自己奋斗目标中的方向问题。理想信念提供人生前进的动力。理想信念是一种构建在需要基础上的目标体系。对于未来美好生活的向往本身就会使人产生去追求的动力。每一个目标的实现还会强化这种动力。在面对挫折和失意的时候,唯有理想信念才能供给前进的能量,让人坚持下去。理想信念充实人的精神世界,提高人的精神境界。理想信念甚至会直接反映在人的气质上,反映在人的态度和行为上。没有理想信念的人每天再忙碌也总感到空虚不实,总会受到迷茫和焦虑的侵扰。一个人一旦有了目标，初步有了追求，其行为和身处的世界便带有了这种目标的意义，自己的行为就有了依托，自己的忙碌就获得了另一种充实。这种目标越高就越容易把未来的关于自身与世界的意义带入现在，使人不仅活在当下还活在未来。当下的一些痛苦与挫折同美好的未来相比也变得微不足道了，或者可以苦中寻乐了，这就是境界的提升。

对理想信念功用的梳理，让学生理解人生观、世界观、价值观对人的行为乃至人生的作用。世界观是人们对世界的根本看法，人生观是人们对人生的根本看法，价值观是人们对价值的根本看法。三者紧密相连，世界观决定着人生观和价值观，人生观影响着世界观和价值观，而价值观完全体现在对世界、对人生的态度和价值的判断中。在理想信念中，三者这种高关联性体现得最为生动，共同体现于理想信念的奋斗目标之中。理想信念的科学性有赖于世界观、人生观、价值观的正确性，美好性、意义性则有赖于价值观的觉悟度。价值的世界是意义的世界，事物的意义被人认识得越深刻，其价值越大。理想信念实际上是一个人核心层次的价值观念，在人的思想深处决定着人们对待世界、人生和事物价值的态度。因此，对理想信念的功用的认知和教育不仅可以使学生自觉去追寻自己的科学梦想，还能主动去雕琢自己的梦想，同时感悟价值观乃至社会主义核心价值观对人生的指导作用。

（二）"理想信念树立"专题中的教学设计与实践

课前提示：要想发挥好理想信念的作用就必须要有境界高且科学的理想信念，也就是说应该树立科学的理想信念。什么是科学的理想信念，又应该如何树立呢？本专题分别从客观的历史使命和主观的理论武器——马克思主义出发，得出两者的结合就是要求树立中国特色社会主义共同理想这一结论。

教学内容：大学生的历史使命；树立马克思主义科学信仰；树立中国特色社会主义共同理想

1. 大学生的历史使命

历史使命是一个时代的历史任务，是理想信念尤其是科学理想信念构建的现实基础，同时也是一定时期价值观念进步与否的现实标准。历史使命问题必须讲清讲透。判断理想信念科学与否，一个重要标准就是主观同客观有没有辩证统一，主观在多大程度上反映了客观实际。显然，只有站在时代高度，自觉履行时代使命，才能最大可能地反映客观实际。每个时代都有其历史任务，都会赋予青年人历史使命。1840年第一次鸦片战争爆发，反帝反封建就成了那个时代人们的历史使命。完成了，中国将走向独立；失败了，中国将一步一步迈向深渊。从历史中我们可以看出，一开始只有少数仁人志士认清了这一使命。也正是如此，从虎门销烟、洋务运动、戊戌变法、辛亥革命到大革命运动，最终都以失败告终。当然，一次又一次的进步的革命运动，包括马克思主义在中国的传播与发展，使广大中国人民逐渐觉悟了自己的历史使命，形成了伟大的历史合力。抗日战争爆发以后，侵华日军在中国惨绝人寰的暴行让中国人在屈辱和痛苦中更加深刻地认识到中华民族面临的危机,自觉于历史赋予的时代使命。至此,中华民族空前大团结,万众一心,经过艰苦抗战,终于迎来了抗日战争的伟大胜利,中华民族获得了空前的解放与独立。反帝反封建只是中华民族伟大复兴历史任务的初始阶段。中华民族不仅要独立,还要走向繁荣和富强,屹立于世界民族之林。正是在这个目标的指引下,新中国迅速建构了属于自己的工业体系,独立研制出了尖端战略武器,拥有了具备自主知识产权的航天事业。也正是在这个历史使命的要求下,中国锐意改革,积极主动进行改革开放,在经济上获得了长足发展。经过三十多年的高速发展,一跃成为世界第二大经济体,成为世界经济发展的重要引擎。今天,中华民族伟大复兴进入了关键时期,大学生的主要奋斗历程同中华民族伟大复兴历程同步向前,成为历史赋予今天大学生的历史使命。中国的先进青年对这一使命的领悟与否直接决定了中国民族的兴衰成败。大学生是中华民族伟大复兴重任的承担者,要在中国新的历史起点上继往开来。

2. 树立马克思主义科学信仰

马克思主义是科学而又崇高的。在教学实践中必须讲清讲透"科学"和"崇高",然后才能让学生明白马克思主义为什么是科学而崇高的。一些学者认为马克思主义站在无产阶级立场,发现了历史基本规律,发现了共产主义必然取代资本主义的秘密,其当然是科学而崇高的。但帮助学生明白这个道理首先要让其有正确的价值判断。如果学生没有正确的价值判断,肯定难以理解马克思主义的崇高性,没有正确的真理观也难以理解马克思主义的真理性。

一些教育者通过展示马克思的理论成果、马克思的人品,以及现当代西方对马克思的评价,来衬托马克思主义的科学而崇高,这吸引了学生的注意,起到了一定效果,但难以保证从根本上说服大学生。要想彻底说服大学生,就需要像马克思说的那样抓住事物的根本。大学生大都没有读过马克思、恩格斯的原著,我们也难以要求各专业的学生去通读马克思、恩格斯原著,哪怕是《马克思恩格斯选集》。那么,试图让学生在马克思、恩格斯论著中获得对马克思、恩格斯的敬仰乃至对马克思主义科学又崇高的认识是难以行通的。

如果学生明白了一般的价值准则,特别是社会主义核心价值观的准则,则让他自觉用这些准则去衡量各种理论和思潮。学生掌握了价值准则等于是被"授之以渔",不仅可以应对大是大非,对生活中复杂的具体事物也可以洞若观火。当其了解到马克思主义的精髓时,必然在信服的价值观下认识到马克思主义的科学和崇高。借助学生的马克思主义原理知识,让其明白,我们的自觉行为来自自我意识的指导。意识的正确性将决定行为的正确性。只有意识符合客观,行为才能在客观世界中不碰壁。要想意识符合客观,则需要意识正确而不是歪曲地反映客观实际,尤其是反映出复杂现象背后的规律和趋势。例如,我们知晓了重力定律,我们就能准确预测理想状态下,物体在地球上的运动轨迹和未来运动趋势。同理,要想把握自己乃至人类社会的未来必须认识到人类社会发展变化的规律。马克思主义是科学的世界观与方法论,它发现了人类社会发展的基本历史规律。

人是社会的人,人生活于社会中,对于一件事情值不值得去做,做了以后有没有意义,是不是道德的、崇高的,让不让人接受或喜欢,不是简单掌握自然和历史规律就能判断的。这需要对事物的价值进行判断。一般来讲,值不值、美不美等都是价值判断,是对一事物于主体所产生的效应的判断。也可以简单地认为价值就是客体对主体的效应。价值判断、价值观则是对这种效应的一种反映。哲学上主体就是人。但在生活中、历史中没有抽象的人、抽象的主体,总是具体的、现实的个人。于是客体对主体的效应指向着一个个具体的人。每个人都对现实有着自己个性的价值体验和判断。但是,在现实中人不仅反映着自身价值判断,还直接和间接反映着指向他人的价值判断。在现实社会中,人是社会的人,是社会的有机组成部分,事物对人的价值指向将在"平行四边形"法则中汇总为一个合力指向。这个合力指向使事物的价值效应指向社会主体,成为事物的客观价值。据此,事物或人的崇高性是指其对主体产生的价值效应的价值判断。从生活常识出发,一个人专门利己、毫不利人,他的行为对个人乃至社会产生的效应是负面的,没有任何价值,连基本道德也谈不上,更不会崇高了。反之,只有无私帮助他人的人,才会被认为是"好人"。马克思主义的理论目的和信奉者的行为就是无私为每一位无产阶级工人服务、为人民群众服务,不是为少数剥削者服务,也不是为自己服务。显然,马克思主义的人民立场使其具有了崇高性。

3. 树立中国特色社会主义共同理想

中国特色社会主义共同理想是一种社会理想,是中国人民对美好未来追求的一种升华。帮助大学生树立中国特色社会主义共同理想,仅仅让学生了解中国特色社会主义共同理想的内涵是不够的,还需要让学生始终抱有对党的信任,始终坚持只有社会主义才能发展中国的信念,始终充满对中华民族伟大复兴的信心。

中国共产党是在中国无产阶级中产生的,是同人民一起经过了浴血奋战而不断壮大起来的,在历史中被人民哺育和选择,才成就了今天在社会主义中国的领导地位。中国爱国主义者、中国先进分子,为了救国救民,最终走上了共产主义的道路。中国共产党的权威是历史形成的,是民众的最终选择。从共产党成立90多年的历史中我们可以看到,中国共产党领导人民至少完成了三件大事。一是中国共产党领导人民建立了一个完全独立自主的新中国;二是中国共产党领导人民在世界上人口最多的国家建立了社会主义制度,从根本上消灭了剥削阶级;三是中国共产党领导人民进行了伟大的改革开放,走上了一条可以使人民幸福安康的中国特色社会主义道路。可以说,这三件大事不可逆转地结束了近代以来中国的屈辱史,不可逆转地开辟了中华民族伟大复兴的新纪元。历史证明,没有共产党就没有新中国,就没有中国特色社会主义。中国共产党同人民具有天然的血肉联系,其方针、政策和党员行为也要求走群众路线——从群众中来,到群众中去。可以说,党的领导已成为中国特色社会主义的最本质特征。中国的伟大崛起、中华民族的伟大复兴,只有在中国共产党的领导下走中国特色社会主义道路才可以实现。没有中国共产党,就难以保证中国的社会主义性质，难以保证中国走在正确的道路上。今天的青年大学生若缺乏对党的信任，是不能树立起中国特色社会主义共同理想的。

只有社会主义才能救中国，只有社会主义才能发展中国。邓小平指出："如果不搞社会主义，而走资本主义，中国的混乱状态就不能结束，贫困落后的状态就不能改变。"新中国建立前后的历史、中国的改革开放史已经充分证明了这一点。中国的早期仁人志士的革命态度不可谓不坚决，不可谓不勇敢，不可谓不聪明，但是革命屡遭失败，前途迷茫。只有走社会主义道路才使中国革命面貌焕然一新，才彻底完成了反帝反封建的历史任务，并建立了真正民族独立的新中国。也正是继续进行了社会主义革命才保证了革命的胜利果实的稳固和始终为人民的革命属性。改革开放以来，中国正是因为坚持走社会主义的改革开放道路才创造了人类经济发展史上的奇迹，通过短短的三十多年的改革历程，从一个贫穷落后的国度一跃而成为世界第二大经济体，走过了发达国家几百年才完成的道路。当今中国，中国特色社会主义是中国人民经过奋斗得来的最宝贵财富，是中国完成伟大民族复兴的必由之路。失去了社会主义、中国特色社会主义，中国没有任何绝对优势同资本主义发达国家竞争。今天，大学生只有从历史出发，从现实出发，才能真正树立起社会主义的中国道路、中国制度、中国理论的自信，才能坚定"只有社会主义才能救中国，只有社会主义才能发展中国"的信念。

中华民族伟大复兴是国家、民族、人民作为主体所产生的梦想，是中国人民要实现国家富强、民族振兴、人民幸福的理想，既反映着一定时期特定的历史任务，又反映着每一个中国人的美丽梦想。大学生在坚定自己梦想的同时要坚定中华民族伟大复兴的信心。从教育部的调查数据看，高达百分之九十的学生对实现中国梦充满了信心。因此，这里的引导重点不是实现大学生对"中国梦"的信心，而是进一步夯实、坚定大学生的信心。对中国梦的实现充满信心是好事，但信心是否坚定，还需要接受考验。考验来临时能不能坚定立场则需要教育。只要教育大学生理智地而不是盲目地自信，就一定能坚定其实现中国梦的信心。因此，在教学中，需要特别讲解从时间上我们前所未有地接近了中国梦，从条件上党的领导及党领导人民所取得的巨大历史成就奠定了实现"中国梦"的最重要的基础；从信念上汇聚了几代人的夙愿，是每一名爱国者的共同期盼，进而进一步坚定大学生对中华民族伟大复兴的信心。

第三节 社会主义核心价值观与道德教育实践

一、道德教育与社会主义核心价值观的耦合

2014年5月4日,在北京大学师生座谈会上,习近平指出:"核心价值观其实就是一种德,既是个人的德,也是一种大德,就是国家的德、社会的德。国无德不兴,人无德不立。"2014年5月23日至5月24日,习近平在上海考察时又指出:"培育和践行社会主义核心价值观,贵在坚持知行合一、坚持行胜于言,在落细、落小、落实上下功夫。要注意把社会主义核心价值观日常化、具体化、形象化、生活化,使每个人都能感知它、领悟它,内化为精神追求,外化为实际行动,做到明大德、守公德、严私德。"要面向全社会做好这项工作,特别要抓好领导干部、公众人物、青少年、先进模范等重点人群。

(一)道德教育中需要体现社会主义核心价值观的明大德的要求

"大德"是天下之德、国家之德。明大德是根本,国无德不威。大德就是个体对于国家、民族的情感,是"苟利国家生死以,岂因祸福避趋之",是"位卑未敢忘忧国"。中国历来提倡和谐与共赢,重视责任与道义,"富强、民主、文明、和谐"的大德既是优秀传统文化的延续,又是对社会现实的理想呼唤,也是提升民众的向心力和凝聚力,营造风清气正的社会风气。

核心价值观的国家层面的道德要求可以概括为"明大德",它关注的是意识形态的建设,其根本任务在于引导受教育者将"实现大我"落实在"完善小我"中。对每个公民来说,"大德"就是个体对于国家、民族的情感,是将富强、民主、文明、和谐的"中国梦"当作个人信仰,并愿意为之奋斗和奉献。

(二)道德教育中需要体现社会主义核心价值观的守公德的要求

核心价值观的社会层面的道德要求可以概括为"守公德",它关注的是社会风尚的树立。公德是自觉履行现代社会对于公民的道德价值要求。公民的公德意识和水平是我们建设现代化国家和社会的重要内涵和表现,是现代化国家和社会文明的重要标志。只有全体公民普遍建立起高水平公德素养,才能营造我们所希望的和谐的现代社会环境。

核心价值观的社会层面所提出的自由、平等、公正、法治是现代社会的基本价值准则,体现了人类对于美好生活的追求,这些公德也与公民的日常生活息息相关。著名教育家蔡元培强调教育要以"公民道德教育为中坚":对每个公民来说,"公德"就是个体围绕"公民的塑造"与"公共精神的培育"而展开公民德性的树立和自我完善。

(三)道德教育中需要体现社会主义核心价值观的严私德的要求

人无德不立,严私德是关键。"君子以顺德,积小以高大。"最平凡、最细微的言行最能看出一个人的品德。由此看来,以"爱国、敬业、诚信、友善"为价值追求,是自我实现的道德前提。古代圣人孔子曾提倡"克己复礼为仁","克己"即自我进行道德修养,"复礼"即建立社会规则以制约人身上的"兽性",最后达到"仁"的最佳境界。

核心价值观的个体层面所提出的德育要求可以概括为严私德,它主要关注德性品质的养成。私德是对个人行为的严格约束,爱国、敬业、诚信、友善是基本内涵,爱国即明大德;敬业是对职业道德的要求,是将社会主义核心价值观的丰富内涵具体落实到职业道德准则和规范上。例如,医生的敬业就是"救死扶伤",教师的敬业就是"教书不倦、诲人不厌";诚信是重信守诺;友善是"仁者爱人",是"出入相友,守望相助",是"老吾老以及人之老,幼吾幼以及人之幼"。

明大德是国家之根本,守公德是社会之大势,严私德是个人之操守,唯有三者相辅相成,社会主义核心价值观的培育及伟大复兴的中国梦才可能最终实现。对于学校德育工作来说,社会主义核心价值观的分层(个体的价值取向、社会的价值需求和国家的价值目标)有着特别的意义——它为思想道德教育的整体设计指明了方向。党的十八大报告强调,一切教育活动都要将"立德树人"作为根本任务,以培养"德智体美全面发展的社会主义接班人"为最终目的。这一论断凸显了德育在整个教育体系中的核心位置。

二、道德教育中的社会主义核心价值观培育的具体实践

大学生道德教育的教学内容来自《思想道德修养与法律基础》第四章及第五章。教学过程结合《习近平论社会主义核心价值观——十八大以来重要论述选编》的有关中华民族优良道德传统与核心价值观关系的新论述和《习近平论群众路线》《习近平谈治国理政》等相关著作文献,概括为四个专题,分别是"继承和弘扬中华民族优良道德传统"专题;"践行和弘扬社会主义道德:为人民服务、集体主义"专题;"维护公共秩序,遵守社会公德"专题和"公民个人道德建设重点:诚实守信"专题。专题主线突出社会主义核心价值观中的价值取向,让学生理解、掌握促进社会健康发展必须有效地解决市场经济既排斥道德又要求道德的道德悖论。下面就每个专题的教学设计及实践逐一进行介绍:

(一)"继承和弘扬中华民族优良道德传统"专题中的教学设计及实践

课前提示:本专题的教学,是在学生已经理解掌握道德的起源、本质、功能和作用的基础上,进一步学习理解继承和发扬中华民族的优良道德传统的重要意义和主要内容;弘扬中华民族传统美德,践行社会主义核心价值观,实现两者的融合与创新。难点在于理解中华民族优良道德传统是涵养社会主义核心价值观的重要源泉,社会主义核心价值观要与中华民族优良道德传统相融相生。

教学内容：中华民族优良道德传统的形成和发展；中华民族优良道德传统的主要内容；中华民族优良道德传统与社会主义核心价值观的融合与创新

1. 中华民族优良道德传统的形成和发展

（1）中华民族优良道德传统的含义

一般来说，中华民族优良道德传统是指从先秦到辛亥革命时期，以儒家伦理道德为主要内容并包括墨家、道家、法家等传统伦理道德的思想精华。2000多年的历史过程中，儒、墨、道、法各家伦理思想及佛学中的心性之说，相互影响、相互吸收，形成了中华民族特有的伦理道德传统。

（2）中华民族优良道德传统的形成和发展

中华民族优良道德传统是怎样形成和发展的呢？"仁、义、礼、智、信"是中国古代儒家提出并归纳的五个最重要的道德要求，从文字记载看，距今已有2500多年历史，从口头传播来看，还要早得多（如有学者把研究上限延伸到黄帝，延伸到炎帝神农氏，对以他们为代表的早期中华民族优良道德传统进行研究继承）。在漫长的历史进程中，随着社会的演变和文明的推进，中华民族优良道德传统逐渐得到明确、规范、升华、丰富和发展。

先秦是中国思想文化的"母体"，也是中国传统道德产生、奠基的时期。历史上，最早意识到道德对于社会长治久安重要性的是周公。商纣王以为自己的权力是天佑神授，所以为所欲为，暴虐无道。结果牧野之战，顷刻覆亡。克商之后，鉴于殷商覆亡的教训，作为政治家的周公，对商朝的政治做了历史性的总结，认为商人覆亡的根本原因是失德，因而提出了把道德建设作为政权建设核心的主张。

春秋战国时期是中国传统道德的奠基时期。在思想领域出现了"百家争鸣"的局面，先后出现了儒、道、法诸子百家的伦理道德思想，提出了一系列"法治""德治"和"人治"等政治思想和伦理关系。在治国方略上，孔子特别主张德治，即"为政以德"，主张治国者应从道德的自我"修身"开始，到"齐家"，再到"平天下"，并希望这种完美的德性能通过人的自觉和自我完善逐步推广到民众，造就出理想的社会。关于贤才的标准，孔子认为应该是"志于道，据于德，依于仁，游于艺"（《论语·述而》）。简言之，贤才就是要有理想、有道德、有文化、有治国才能。其后的孟子也提倡"以德服人"和"行仁政"，认为"得道多助，失道寡助"。他说："善政，民畏之；善教，民爱之。"孟子还把"恻隐之心、羞恶之心、恭敬之心、是非之心"归纳为"仁、义、礼、智"，并把它们作为基本的道德规范、道德准则和道德理念。此外，荀子的"礼法并重"思想、商鞅的"法治"思想和韩非的"法、术、势"三结合思想，为中国传统道德的进一步发展奠定了坚实的基础。

汉代是中国传统道德体系的定型时期，明确提出了"三纲五常"的道德规范。董仲舒《春秋繁露·基义》："王道之三纲，可求于天。"《白虎通义·三纲六纪》："三纲者，何谓也？谓君臣、父子、夫妇也。"孔颖达疏引《礼纬·含义嘉》："君为臣纲、父为子纲、夫为妻纲。"同时，董仲舒在中国历史上第一次明确提出"仁、义、礼、智、信"这个"五常之道",即五大道德要素,并进一步发展成整个国家要提倡和遵循的道德纲领。宋代、明朝是中国传统道德的成熟时期。程朱理学把儒家以"三纲五常"为核心的纲常上升为"天理",赋予其至高无上的绝对权威。

近代中国以戊戌志士和辛亥革命志士为主体的资产阶级代表人物发动的"道德革命"使资产阶级伦理道德在中国出现。尽管最后未能完成任务,但他们对封建纲常礼教的批判、对新道德的提倡,使中国社会的道德风尚发生了显著变化,成为中国传统道德观向近代转型过程中的重要一页。

20世纪初,新文化运动的主要倡导者陈独秀、李大钊、鲁迅、刘半农等以提倡新道德、批判旧道德为主要内容,以磅礴的气势给封建专制主义、封建伦理道德、封建迷信和愚昧以前所未有的打击,使中国历史上出现了空前的思想解放运动。

2. 中华民族优良道德传统的主要内容

继承和弘扬中华民族优良道德传统是社会主义现代化建设的客观需求、内在要求以及个人健康成长的重要条件。其基本内容主要有:

注重整体利益、国家利益和民族利益,强调对社会、民族、国家的责任意识和奉献精神。在中国传统道德的发展演化中,公私之辩始终是一条主线。"公义胜私欲"是中国传统道德的根本要求。

推崇"仁爱"原则,追求人际和谐。中国传统伦理道德思想一直尊重人的尊严和价值,崇尚"仁爱"原则,主张"仁者爱人",强调要"推己及人",关心他人。

讲求谦敬礼让,强调克骄防矜。中国自古就有"礼仪之邦"的美誉,谦敬礼让是中华民族优良的道德传统。

倡导言行一致,强调恪守诚信。在中国古人看来,"诚"是指一种真实无妄、表里如一的品格,也是道德的根本,故"养心莫善于诚"。

追求精神境界,把道德理想的实现看作一种高层次的需要。中国传统道德认为,人之所以不同于其他动物,是因为人有道德,因而,人们除了有物质需要外,还有精神需要,而一切精神需要中最高尚的需要就是道德需要。

重视道德践履,强调修养的重要性,倡导道德主体要在完善自身中发挥自己的能动作用。中国传统道德观认为,在塑造理想人格的过程中,最重要的就是要奋发向上、切磋践履、修身养性。

3. 中华民族优良道德传统与社会主义核心价值观的融合与创新

社会主义核心价值观内含中华民族几千年来最深层的精神追求、道德规范和行为准则,具有鲜明的民族特色。中华传统美德是中华文化的精髓,蕴含着丰富的思想道德资源。在经济全球化的今天,闪耀着时代的光芒。特别是在当前培育和践行社会主义核心价值观中,仍然发挥着非常重要的作用。因此,对于中华民族优良道德传统必须理直气壮地科学继承、一如既往地发扬光大。这是我们在相互激荡、相互碰撞的世界文化中站稳脚跟的"定海神针"和可靠保证，也是培育和践行社会主义核心价值观的"发达根基""肥沃土壤""丰厚营养"和"雨露阳光"。

中华民族优良道德传统是民族复兴的强大动力。习近平总书记执政伊始，就提出了"中国梦"这个得到当代中国人普遍认同的国家、民族发展理想。"中国梦"内含着国家富强、民族振兴、人民幸福三重意蕴。传统道德中的"天下为公"鼓舞着人们为祖国的兴旺发达艰苦奋斗、矢志不渝。张骞出使西域、霍去病征西、苏武牧羊、花木兰从军、昭君出塞等，这些先贤事迹之所以世代传诵，就在于这种责任担当意识促进了国家民族发展、人民幸福安康。今天弘扬传统道德，就要求我们每一个人自觉为国出力、爱国报国，实现民族复兴。

中华民族优良道德传统是人际和谐、人民幸福的可靠保证。中华民族优良道德传统不仅为民族复兴提供精神动力，它还是一种行为规范，可以调节人际关系，实现社会和谐，并对民众的幸福生活起到保障、促进作用。中华民族自古以来传承的讲仁爱、重民本、守诚信、崇正义、尚和合、求大同等优良道德传统与社会主义核心价值观密切关联、一脉相承。社会主义核心价值观虽然包含国家价值目标、社会价值取向和公民价值准则三个层面，但其实践主体是公民个人，实践基础是公民个人的价值准则。传统道德历来注重人的生命存在问题、人的德行问题、人生的价值和意义问题，追求理想人格和崇高的人生境界，在个人修身养性、为人处世、服务社会、报效国家等方面形成了许多启人心智、催人奋进的道德理念，保证个人在人际交往中的和谐、幸福。

（二）"践行和弘扬社会主义道德：为人民服务、集体主义"专题中的教学设计及实践

课前提示：本专题从社会主义道德建设与社会主义市场经济的关系入手，展开对社会主义道德建设的核心和原则的思考和探讨，把握集体主义的科学内涵，认识个人主义的本质，抵御个人主义思想的腐蚀和影响。难点在于如何在新的时代背景下坚持为人民服务和弘扬集体主义精神，实现社会主义道德与核心价值观的融合与创新。

教学内容：社会主义道德建设与社会主义市场经济；社会主义道德建设的核心：为人民服务；社会主义道德建设的原则：集体主义；社会主义道德建设的核心和原则与社会主义核心价值观的融合与创新。

1. 社会主义道德建设与社会主义市场经济

市场经济其实也是道德经济。被尊称为"现代经济学之父"和"自由企业的守护神"的亚当·斯密，留下了两部传世巨著：《道德情操论》和《国民财富的性质和原因的研究》（被称为"市场经济圣经"的《国富论》），这两部巨著也是西方市场经济发展的伦理学基础和经济学基础。在《道德情操论》中，他强调道德对于市场经济的极端重要性。市场经济其实是以人的自私自利为基础的。换言之，市场的基因是有毒的，近代以来的西方国家依靠历史悠久的基督教传统和逐步建立的现代民主制度这两手来抗衡市场经济的毒性，才使得社会大体上保持健康运行，避免市场经济最终演变为冰冷僵化的市场社会。温家宝

总理在多个场合提到了这本书。2005年，温家宝总理在两会上对企业家说："亚当·斯密的《国富论》，各位都很熟悉，他所著的《道德情操论》同样精彩。"

诺贝尔经济学奖得主道格拉斯·诺斯说，一个有效率的市场制度，除了需要一个有效的产权和法律制度相配合之外，还需要一个在诚实、正直、合作、公平、正义等方面有良好道德的人去操作这个市场。在"市场在资源配置中起决定性作用"的后面，还有"良好道德的人"对市场的决定性作用。因此，社会主义道德建设必须立足于社会主义的经济制度，反映这一基本经济制度的要求，为坚持和完善这一基本经济制度服务。建立社会主义市场经济体制是我国经济振兴和社会进步的必由之路。发展市场经济，对社会主义道德建设提出了新的要求，最终形成了有利于市场经济顺利发展的道德风尚。

2. 社会主义道德建设的核心：为人民服务

坚持全心全意为人民服务的宗旨，是我们党区别于其他任何政党的一个显著标志，也是我们党受到人民群众拥护、领导人民夺取革命和建设事业胜利的关键所在。改革开放和社会主义市场经济体制的建立，给"为人民服务"注入了新的时代内容。

（1）为人民服务的形成、发展和完善

1944年9月8日，在中共中央警备团追悼张思德的大会上，毛泽东做了一场简短的讲演，指出："我们的共产党和共产党所领导的八路军、新四军，是革命的队伍。我们这个队伍完全是为着解放人民的，是彻底地为人民的利益工作的……因为我们是为人民服务的，所以，我们如果有缺点，就不怕别人批评指出。"这是毛泽东在公开场合第一次提出"为人民服务"的口号。这次著名的演讲后来收入《毛泽东选集》第3卷时，被定名为"为人民服务"。此后，他又多次强调这一点，并且指出，这是"我们共产党人区别于其他任何政党的又一个显著的标志"。

邓小平丰富和发展了毛泽东"为人民服务"的思想，并结合新时期道德建设的特点，创造性地提出"领导就是服务"的科学论断。1985年5月，邓小平在《在全国教育工作会议上的讲话》中指出："什么叫领导？领导就是服务。"每一个党员必须全心全意为人民服务，一切以人民利益为最高准绳。以人民拥护不拥护、人民赞成不赞成、人民高兴不高兴、人民答应不答应作为党的一切工作的出发点和归宿点。

江泽民提出了把发展社会主义市场经济同为人民服务统一起来的科学决策。党的十四届六中全会通过的《中共中央关于加强社会主义精神文明建设若干重要问题的决议》提出"社会主义道德建设要以为人民服务为核心"，指出"为人民服务是社会主义道德的集中体现"，强调"在发展社会主义市场经济条件下，更要在全体人民中提倡为人民服务和集体主义精神"。

胡锦涛提出建设服务型政府，全面提高为人民服务的能力和水平，是坚持党的全心全意为人民服务宗旨的根本要求，是深入贯彻落实科学发展观、构建社会主义和谐社会的必然要求，也是加快行政管理体制改革、加强政府自身建设的重要任务。

习近平强调我们党是为人民服务的，是要为人民做事的。他明确指出："我们讲宗旨，讲了很多话，但说到底还是为人民服务这句话。"这既重申了我们党的一贯主张，又具有很强的现实针对性，说出了新形势下共产党人必须坚守的政治本色。2014年2月7日，习近平在索契接受俄罗斯电视台专访时表示："中国共产党坚持执政为民，人民对美好生活的向往就是我们的奋斗目标。我的执政理念，概括起来说就是：为人民服务，担当起该担当的责任。"

从毛泽东提出为人民服务思想，到邓小平、江泽民、胡锦涛和习近平提出的一系列为人民服务的思想，是一脉相承的思想体系，同时反映了我们党解放思想、实事求是、与时俱进、开拓创新，不断发展深化"为人民服务"的认识与实践的历史过程。

（2）为人民服务是社会主义道德核心的理论和实践依据

为人民服务是社会主义经济基础和人际关系的客观要求。现阶段，我国实行的是以公有制为主体、多种所有制经济共同发展的基本经济制度和按劳分配为主体、多种分配方式并存的分配制度。每个社会主义的劳动者和建设者都在为社会、为他人同时也在为自己而劳动和工作，逐步形成了团结互助、平等友爱、共同进步的人际关系，每个人都是服务对象，又都为他人服务。

为人民服务是社会主义市场经济健康发展的要求。社会主义市场经济不仅不排斥为社会和他人服务，而且只有通过服务甚至是优质服务，才能实现市场主体自己的利益。每个市场主体要有为人民服务的思想，要自觉、积极、规范地在自主的基础上为人民服务，要把自身的特殊利益同国家和人民的利益结合起来。

为人民服务体现着社会主义道德建设的先进性和广泛性要求的统一。在社会主义初级阶段，对于不同利益群体和不同觉悟程度的人们，为人民服务的要求不可能完全一样，毫不利己、专门利人、无私奉献是为人民服务，遵纪守法、诚实劳动、合法经营，同样也是为人民服务。为人民服务的精神，就存在于社会生活和人际关系之中。那种认为为人民服务的思想在新的历史时期已经过时了的想法是没有根据的，那种认为为人民服务只适用于党员干部而不能推广到全体人民中去的看法是一种误解。当然，共产党员和领导干部应该对自己有更高的要求，必须牢记全心全意为人民服务的宗旨，做到始终代表最广大人民的根本利益。

3. 社会主义道德建设的原则：集体主义

"集体主义"的概念是马克思主义的核心概念，与社会主义、共产主义一同成为当代中国意识形态的重要组成部分。

（1）集体主义概念的由来

对"集体主义"这个概念最早做出表述的是卢梭的契约论，他认为个人只有服从团体的一般意愿，才能获得自己真正的存在和自由。"集体主义"作为一个道德原则却是无产阶级改造过的，具有全新的阶级基础和价值内涵。集体主义作为无产阶级的道德原则，最初是由斯大林做出完整表述的。1934年7月，斯大林在同英国作家赫伯特·乔治·威尔斯的谈话中明确提出："集体主义、社会主义并不否认个人利益，而是把个人利益和集体利益结合起来……个人和集体之间、个人利益和集体利益之间没有而且也不应当有不可调和的对立。不应当有这种对立，是因为集体主义、社会主义并不否认个人利益，而是把个人利益和集体利益结合起来。社会主义是不能撇开个人利益的。只有社会主义社会才能给这种个人利益以最充分的满足。此外，社会主义社会是保护个人利益唯一可靠的保证。"

毛泽东在总结我国民主革命和社会主义革命与建设的实践经验的基础上，对斯大林所表述的集体主义原则又做出了更加明确、更加具体的发挥。他指出，要反对自私自利的自发倾向，提倡以集体利益和个人利益相结合的原则为一切言论行动的标准的社会主义精神。

综上所述，所谓"集体主义（道德原则）"，就是要正确处理集体利益和个人利益的关系，在努力维护集体利益的前提下，把个人利益和集体利益结合起来。当个人利益和集体利益发生冲突时，能够顾全大局，做出必要的自我节制和牺牲，以维护集体利益和个人利益的和谐一致的发展。

（2）正确处理集体利益与个人利益的关系

依据我国经济生活和人们思想道德状况的实际，可将社会主义的集体主义道德要求具体分为三个层次：一是无私奉献、一心为公。这是集体主义的最高层次，是共产党员、先进分子应努力达到的道德目标；二是先公后私、先人后己。这是已经具有较高的社会主义道德觉悟的人们能够达到的道德目标；三是公私兼顾，不损公肥私。这是对我国公民最基本的道德要求。在此基础上，正确处理集体利益与个人利益的关系。

①社会主义的集体主义强调集体利益和个人利益的辩证统一。集体利益与个人利益在本质上是一致的。个人利益与集体利益是辩证统一的关系。一方面，个人利益与集体利益互为前提而存在；另一方面，个人利益与集体利益互相促进而共同发展。集体利益和个人利益本质一致、相辅相成，两者互为前提而存在，互相促进而发展，没有集体就谈不上个人，没有个人也不可能组成集体。集体利益并不排斥个人利益，实现个人利益更离不开集体利益做后盾，只要我们把两者有机融合在一起，集体利益与个人利益就能够兼顾和两全。

②社会主义集体利益强调集体利益高于个人利益。集体主义原则强调集体利益高于个人利益。但是，集体主义并非提倡无条件地牺牲个人利益，而是要求尽可能地做到兼顾个人利益和集体利益。不过，集体利益的实现是个人利益实现的前提和条件。因此，离开了集体，个人利益的实现、个人的全面发展都是不可能的。总的来说，集体利益一旦遭到严重损害，个人特殊的需要和发展即使有充分的正当理由，也难免受阻、扭曲甚至化为泡影。

③社会主义的集体主义强调重视和保障个人的正当利益。社会主义的集体主义既不束缚和压制个人，也不扼杀个人利益，而是要尽量发挥集体中每个成员的积极性和创造性，更好地保障和满足正当的个人利益，其约束和限制的是不正当的个人利益。强调重视正当的个人利益与强调集体主义原则两者并不矛盾。在社会主义社会，只有注意保障个人正当利益，实现个人的尊严、价值、权利，才能调动广大人民群众的积极性和主动性。

4. 社会主义道德建设的核心和原则与社会主义核心价值观的融合与创新

如何使社会主义核心价值观接地气，成为社会主义市场经济中的强大正能量？习近平总书记一直在深入地思考这个重大问题。中共中央在《关于培育和践行社会主义核心价值观的意见》中明确指出："确立经济发展目标和发展规划，出台经济社会政策和重大改革措施，开展各项生产经营活动，要遵循社会主义核心价值观要求，做到讲社会责任、讲社会效益、讲守法经营、讲公平竞争、讲诚信守约，形成有利于弘扬社会主义核心价值观的良好政策导向、利益机制和社会环境。与人们生产生活和现实利益密切相关的具体政策措施，要注重经济行为和价值导向有机统一、经济效益和社会效益有机统一，实现市场经济和道德建设的良性互动。建立完善相应的政策评估和纠偏机制，防止出现具体政策措施与社会主义核心价值观相背离的现象。"

清华大学教授吴潜涛在《党建》中撰文指出："人们对社会道德的价值认同就是追求社会主义核心价值体系所必不可少的元素，因为，没有道德意识的集中体现，就不能有社会主义荣辱观的精辟提炼，就无从谈起社会主义核心价值体系建设。"因此，树立为人民服务的思想，坚持集体主义原则，既是社会主义制度的本质要求，也是社会主义建设者健康成长的重要条件。在社会主义条件下，每一个社会成员应当正确理解和全面把握为人民服务的思想和集体主义原则，并将其贯穿于社会主义核心价值观建设的全过程，这样才能不断提高自己的道德水平，升华自己的道德境界，推动社会的道德进步，社会主义核心价值观才能转化为全民族的道德信仰，真正落到实处。

第四节 社会主义核心价值观与法制教育实践

大学生的法制教育不仅应具备知识性，而且应具有思想性；不仅应具备理论性，还应具备实践性。这与我国现阶段将高校学生的法制教育纳入学校思想政治教育这一做法是一致的。法制教育既有别于专门学校或综合性大学中的院、系以培养法律人才为目的而进行的系统化、理论化的专门教育，也有别于全社会一般的普法宣传教育，是普通高校非法学专业的法律教育。这种教育是高校思想政治教育的组成部分，其目的在于帮助非法学专业的大学生掌握马克思主义法学的基本观点，了解宪法和有关法律的基本内容、基本精神和原则，增强大学生的社会主义法治观念和法律意识，为社会主义法治国家建设奠定观念和意识基础。

一、大学生法制教育与社会主义核心价值观的耦合

大学生法制教育作为高校思想政治教育的有机组成部分，目的在于帮助学生掌握马克思主义法学的基本观点，了解基本法和具体法律的基本精神和基本结构，增强大学生的社

会主义法治观念和法律意识，渐次养成社会主义法治思维，达到法治信仰层面。有学者指出，"核心价值观可以简要地概括为'制度精神'，它实际上是一种国家制度、一个国家运作模式赖于立足、借以扩展、得以持续的灵魂。"从这一视角看，社会主义核心价值观是大学生法制教育的理论来源，理应将核心价值观理念贯穿于法制教育的全过程。在实践中应着重思考如何以社会主义核心价值观为指导充实拓展、更新现有的法制教育教学内容。社会主义核心价值观的引入必将推动法制教育知识体系和教学内容的重构和更新，同时对既有的大学生法制教育教学内容进行更好的挖掘，总结提炼，进一步丰富和发展核心价值观的内涵，使两者之间互为补充、水乳交融、相得益彰。社会主义核心价值观从国家、社会和个人三个不同层面提出了具体的要求，大学生法制教育的相关内容实际上也从不同角度强化和体现了社会主义核心价值观的基本要求。

（一）法制教育中体现社会主义核心价值观的价值目标

社会主义核心价值观把富强、民主、文明、和谐作为国家层面的价值目标，实质上表明了中国特色社会主义国家应当建成什么样的现代化国家，指明了国家建设和发展的目标和方向。国家奋斗目标的实现需要有一系列的制度措施以保障目标的顺利完成。因而在法制教育过程中首先要展示和体现国家的发展目标和方向，更重要的是在讲授相关法律的具体内容时需要将两者的关系讲透，并通过法律功能的发挥促进国家的发展，分析法律如何服务和保证社会发展目标的实现。

富强是从经济角度出发强调国家富强、人民富裕，意味着要努力发展经济，提高社会生产力，增强国家的综合国力，追求人民群众的生活共同富裕。这一目标价值的实现是国家兴旺发达、长治久安的根本保障。而任何法律都把维护自己的经济制度作为重要任务。我国社会主义法律确立和维护社会主义的经济制度，确认和维护人民民主专政赖以存在的经济基础。通过法律保障社会主义市场经济主体的合法权利，能够使市场主体平等地参与市场竞争和其他经济活动；维护市场秩序，处理经济领域中的矛盾和纠纷，打击经济领域中的违法犯罪活动，能够为市场经济进而为国家的富强创造良好的法制环境。特别在中国特色社会主义法治体系的形成过程中，法律制度的逐步完善过程就是社会主义制度的逐步完善过程，并且完善的法律制度在保障和促进经济的可持续发展方面起着不可取代的作用。

民主是我国在政治建设方面的价值目标。人民民主是社会主义的生命。没有民主就没有社会主义，就没有社会主义现代化。社会主义民主的本质是人民当家做主，社会主义国家的一切权力属于人民。发展社会主义民主政治，保障人民的政治权益，是党始终不渝的奋斗目标。通过法制教育让大学生明白，要建设社会主义民主政治，必须健全社会主义法制。法制是民主的保障，通过完善的法律体系建设，弘扬社会主义法治精神，维护社会公平正义，努力形成法治社会；在政府层面强调依法行政，提高各级领导干部及其工作人员依法办事的能力，确保人民群众的合法权益不被侵犯，任何组织或者个人都不得有超越宪法和法律的特权，在社会中不允许有以言代法、以权压法、徇私枉法的不正常现象的出现。

中国今天的社会民主的发展势头较好，主要得益于合理和强有力的法律制度的确认和保障。同时，更为完善的法律制度建设也为社会主义民主的进一步发挥提供了强有力的制度保障。

文明是我国在文化建设方面追求的价值目标。文化是民族的精神和灵魂，是国家发展和民族振兴的强大力量。应弘扬优秀的传统文化，建设与时代发展相一致的和谐文化。发展文化事业和文化产业，满足人民群众不断增长的精神文化需求，充分发挥文化引领社会、教育人民、推动发展的功能，建设民族共有的精神家园，增强民族凝聚力和创造力。

和谐是我国在社会建设方面追求的价值目标。我们的和谐社会，是指与人民的生产生活、幸福安康息息相关，能调动一切积极因素，符合民主法治、公平正义、诚信友爱、充满活力、安定有序等条件且人与自然和谐相处的良善社会。要追求和谐，更好地协调人与自然、人与人、人与社会的关系，促进人与自然、人与人、人与社会的和谐相处，有力促进经济、政治、文化、社会、生态的协调发展，使整个社会步入和谐发展的康庄大道。在整个社会形成社会和谐人人有责、社会和谐人人共享的局面。法律在协调和规范人与人、人与社会、人与自然的关系方面以明确的规则约定双方的权责，达到整个社会的和谐。在社会发展过程中规范和明确公共权力和公民权利、公共权力和政府责任、公民权利和义务的矛盾和冲突，以及促进社会和谐的关键就在于法律的制定和良好执行。

（二）法制教育中蕴含社会主义核心价值观的价值取向

大学生的法制教育，是通过对法律知识的学习，培养大学生的法治意识和公民意识，将抽象的法律知识转化为学生内在的稳定价值观和社会责任感，使其树立与时代发展相适应的社会主义法治思维，做一个合格的社会主义好公民。因此法制教育必然蕴含特定的价值取向。社会主义核心价值观倡导自由、平等、公正、法治观念。这与现代法律所蕴含的价值观念完全一致。

自由是人生而具有的属性，它体现人生存和发展的渴望。人的自由全面发展是社会主义的终极价值和根本指向，自由的实现意味着人类从支配自己命运的异己力量中解放出来，实现从必然王国向自由王国的飞跃。自由同样是法律的价值理念。法律通过明确的规则确定自由的范围和边界，并且保障自由免受侵犯，为自由的实现提供基本的保障，使自由在法律的保障下获得应有的社会意义。一个社会的自由度是由法律来保障的，个人的自由是以社会自由为支撑的，"自由不仅是一种个人善，而且是一种社会善"。

平等，同样是人类崇高的价值理念之一。人类社会的文明和进步，就是普通的社会公众从出身、性别、身份、社会地位等方面的不平等渐次走向平等的过程。现实生活中的平等价值理念主要是指在法律面前的平等，通过法律的方式尊重和保障公民的基本权利和自由，保证全体社会成员平等参与、平等发展和共享成果。从整个社会看，则是党和政府要随时倾听人民呼声、回应人民期待，保证权力在阳光下运行，社会各方面利益关系得到妥善协调，人民内部矛盾和其他社会矛盾得到正确处理，维护社会的公平正义，不断实现好、维护好、发展好最广大人民的根本利益，使发展成果更多、更公平地惠及全体人民，在经济社会不断发展的过程中，朝着共同富裕的方向稳步前进。法律上的平等价值体现为所有公民都必须平等地遵守法律，依法平等地享有和行使法律权利，平等地承担和履行法律义务，不存在有任何享有特权的公民。除此之外，平等还体现为尊重他人。所谓"己所不欲，勿施于人"，人们希望自己得到他人尊重的同时，理应尊重他人，这就使人与人之间的平等关系真正得以实现。

公正，是社会层面公平正义的简称，实质是指社会各方面的利益关系得到体现和使出现的问题得以解决。矛盾出现后能及时有效处理，使社会上的绝大多数民众能享受改革开放和社会主义现代化的成果，反对各种情形的特权现象出现。一般认为现代社会的公正最好的体现方式是明确的法律规范。法律规定了公民在不同法律关系中的法定权利和义务；明确如何行使权利，如何履行义务，从而树立正确的权利义务观念，养成遵纪守法的习惯，明确具体且具有操作意义的法律规范体系的存在和良好运行使得社会公正得到普遍认同，为社会公正的实现提供保证。而社会公正的实现无疑对整个社会的稳定和可持续发展奠定了坚实的基础。

毫无疑问，法治的追求就是在社会的各种治理方式中把法律置于最高地位，整个社会都按照法律来进行规范和治理，它为实现人与社会的和谐提供了明确的具有操作性的规范，还培养了公民的法律意识和公民意识，使得社会主义法律能够为社会公众所认可、接受和尊崇，并逐步奠定对社会主义法律的信仰，从而在事实上推进社会主义法治国家的进程。"法治是实现国家核心任务的手段和保障……法治必须服从国家在特定历史时期的大局。"建设社会主义法治国家既是国家的奋斗目标，也是法制教育的目标追求。通过有效的法制教育对大学生进行法治理念的培养和法治思维的训练必然有利于提升整个社会的法治水平。

自由、平等、公正、法治既是社会主义核心价值观的价值追求，同样也是法制教育的价值意蕴，并通过法律的具体规范体系在现实社会生活中的有效运用实现了社会的公正，有效解决了社会纠纷和矛盾，从而成功实现了社会主义的价值追求。

（三）法制教育中彰显社会主义核心价值观的价值准则

爱国、敬业、诚信、友善是我国各族人民在长期的生活实践过程中所形成并坚持的良好的道德情操。在社会主义核心价值观的内容体现方面，也将这四个方面作为个人行为中的价值准则。这一内容的确定充分表明社会主义核心价值观是在接受和吸纳优秀传统文化的基础上提炼和总结出来的，也是当代公民的基本道德要求。这几个方面不仅是道德要求，更重要的是通过法律规范将相关道德要求具体化、明确化，提出了更加明确的标准和可操作性。

爱国是中华民族的传统美德，正是生生不息的爱国传统将中华民族的各族儿女紧密地团结在一起，不断地推动着祖国的发展和进步。热爱生于斯长于斯的故土家园是人类的最原初的情感之一，最初表达为对土地、河流、山川的依恋之情，其次则体现为对这片土地在长期的历史演进过程中所形成的光辉灿烂的文化、优秀的传统、共同的信仰和生活习俗的情感，在阶级和国家出现后则表现为对国家的独立、统一、富强、发达而努力奋斗的理性表达。历史上我国的仁人志士为了国家和民族的安危不惜抛头颅、洒热血，历尽艰难、痴心不改，有的甚至以自己的生命为代价。他们的爱国精神永存，他们的事迹激励着一代又一代的中国人。爱国同时具有时代性，不同的时代对爱国的具体要求是不一样的。譬如古代爱国主要以维护中华文明的统一为主要内容，近现代爱国则是以拯救危亡困境中的中国和建立独立自主的新中国为主要内容，当代的爱国则主要体现在投身于中国特色社会主义建设的伟大洪流之中。当代青年应思考如何将强烈的爱国热情转化到建设社会主义祖国的实际行动之中。通过对爱国精神的弘扬，形成全国各族人民同心同德的巨大凝聚力，为实现中华民族伟大复兴的"中国梦"而努力奋斗。爱国不仅是道德情感，同时也是相应的法律要求。在法制教育中要对学生特别强调，对国家观念的认同和尊重同样是我国法律的基本规范。我国宪法规定："中华人民共和国公民有维护国家统一和全国各民族团结的义务。""保卫祖国、抵抗侵略是中华人民共和国每一个公民的神圣职责。"《中华人民共和国刑法》分则规定了"背叛国家罪""分裂国家罪"和"煽动分裂国家罪"等罪名。"勾结外国、阴谋危害祖国的主权、领土完整和安全权的，处无期徒刑或者十年以上有期徒刑。"因此爱国不仅仅是道德要求、政治原则，同时还是明确的法律规范，若有违犯必将受到法律最严厉的制裁。

敬业，是对个人的职业要求。简单而言就是在自己所从事的工作中，能树立主人翁的责任感和事业心，有自己的职业理想，热爱自己的工作岗位，尊重自己所从事的职业，能在工作中做到认真努力，不断提高自身业务水平，为社会做出自己的贡献。国家通过一系列的法律法规体现和保障了劳动者们的权益和促进其在职业生涯中有更强烈的责任心——既有适用于广大劳动者的劳动法、就业促进法、劳动合同法、劳动争议调解仲裁法等，同时又有适用于某一特定职业的公务员法、教师法、律师法、法官法、检察官法、人民警察法等。除此之外在涉及安全生产等一些相关的法律法规中还明确规定大量关于职工权利义务的条款。在法制教育中应该对这部分内容予以详尽的解读和说明，以更好地促进劳动者在职业生涯中培养认真踏实、恪守职责、精益求精的工作态度，使其更好地在本职工作中为社会的建设和发展贡献自己的毕生力量。

诚信，是诚实信用的简称，既是中国传统伦理道德的基本规范，属于先辈留给我们的宝贵的精神财富，也是社会主义道德的基本要求。诚信，既是做人的基本要求，也是公民与公民、公民与组织、公民与政府在一切社会事务活动中应当严格遵守的道德底线。诚信是一种道德品质和道德信念，也是每个公民的道德责任，更是一种崇高的人格力量。对诚信的尊崇和践行是实现人与人正常交往、生活稳定、经济秩序保持和发展的重要力量。现代社会生活中，诚信在社会政治生活、经济生活、文化建设和道德风尚等各个方面，日益显示出它的重要地位，特别在今天整个社会生活中的某些领域出现的道德失范现象，亟待通过诚信匡扶。从法制教育的角度看，诚信也是我国法律所鼓励和提倡的基本原则。如《中华人民共和国民法通则》第四条就明确规定"民事活动应当遵循自愿、公平、等价有偿、诚实信用原则。"在民事活动中不能以欺诈、胁迫以及乘人之危等方式与对方当事人产生民事法律关系，若有这样的法律关系，则无效，并对失信行为进行严厉惩处。以有效的法律机制防范各种失信行为，避免各种不诚信给社会和个人带来的损失。从法律层面保障对诚实信用的尊重和服从。

友善，是人与人相处的基本原则。对这一原则的遵守能促进社会和谐以及良好的人际关系的形成。若在整个社会中形成一种友善他人的良好氛围，则会产生进取的动力；反之，在冷漠的社会环境中必然产生压抑消极的情绪。因而应在全社会范围内营造一种宽松和谐的氛围，在与人交往的过程中做到互谅互让、互敬互爱，把友善作为处事的基本原则，能从大局、从整体、从长远的角度观察和思考，在他人遇到困难时，能够伸出援助之手，热情帮助，在危难关头，挺身而出，鼎力相助，与人交往过程中能相互理解、相互信任、相互尊重，有包容心，善于发现他人的优点和长处，能听取不同的意见和建议。在当今中国，还需要特别强调干群关系的和谐和友善的形成。通过对这一原则的弘扬和践行，使党员干部在工作中能真正将人民群众当成朋友，加以善待，热情服务，使群众切实感受到党和政府的温暖，增强党和政府在群众心目中的威望和公信力。对这一人际交往的基本原则，我国现有法律也是给予积极的肯定。如《中华人民共和国宪法》第53条规定公民在交往过程中必须尊重社会公德。

爱国、敬业、诚信、友善是社会主义核心价值观对个人层面的道德要求。法律则将这些社会所弘扬的主流道德要求具体化、规范化，把应遵循的道德规范和要求确认为公民的法定义务，对公民的道德行为实行直接的监督，使对道德的遵守不仅仅以舆论、传统和社会公众的内心信念来维系，而是有法律的强制规范：通过法律的规定，以国家强制力作为后盾，以此给社会公众更明确的导向。国家提倡、反对以及禁止什么都十分明确。通过法律的执行，合法行为得到鼓励，违法行为得到制裁，人们的道德观念向国家和社会认可和赞许的方向发展。这样，在法律的监督下，使公民逐步具备社会主义核心价值观所倡导的道德要求，使得新的道德观念在社会公众中逐步形成，进而为引领社会的全面进步奠定道德基础。

二、法制教育中的社会主义核心价值观培育的具体实践

法制教育的基本内容来自《思想道德修养与法律基础》教材第六章、第七章及第八章。需要强调的是，教材体系更多考虑教材本身的系统性、完整性、规范性和理论性等。因此在具体的教学设计中应以教学大纲及以教材为蓝本的课程教案为指导，根据理论的最新发展和学生的知识基础以及接受能力，灵活解读教材，把握教材的重难点，整合教材内容，将相关内容生活化、情景化、信息化，开拓和扩展教材内容，以教材的基本内容和教学的基本要求为依据，真正实现思想政治教育从知识体系到信仰体系的形成。教学设计应突出针对性、灵活性、适应性和现实性等特点。我们将现有的法制教育内容结合党的十八届四

中全会《中共中央关于全面推进依法治国重大问题的决定》的新思想,将其概括为四个专题,分别是"法律的基本问题"专题、"我国宪法的基本内容"专题、"社会主义法治观念的培养"专题和"社会主义法治思维的养成"专题,主线是突出社会主义核心价值观中的价值取向,主要让学生领会法的精神,培育法治理念,形成法治信仰,强调对学生法治精神和法治人格的塑造。下面就每个专题的教学设计及实践逐一介绍。

(一)"法律的基本问题"专题中的教学设计及实践

课前提示:本专题从法与法律的概念辨析入手展开对法律基本问题的讨论,着重分析法及法律的特征和作用,最后介绍法律的历史发展,难点在于理解中西方法与法律词义的文化差异。

教学内容:法的语源;法律的含义;法律的历史发展

1. 法的语源

(1) 古汉语中"法"的词义

从字源看,"法"字的基本含义大致有三:第一为公平,"法"字虽经千古演变,但其表示平之若水的水旁至今仍是"法"字不可或缺的组成部分。以此表明公平价值准则在法中的体现。第二为正直,正直一直是我国自法产生以来的重要的法的价值观念之一。第三为惩恶,实施刑罚、惩恶扬善。据此判定法是古代社会权威机构通过查明证据来判断是非曲直,并对罪者施以惩罚的一种社会活动,以维持社会秩序的存在。对公正的追求,始终是法的价值目标,其同样根植于国人的内心,在无形中影响国人的思维方式和行为模式。

中国最早将"法""律"二字合为"法律"一词以指称一种规范体系的人是春秋时代的管仲。他曾说:"法律政令者,吏民规矩绳墨也。"不过,在中国古代更为通用的是"刑律","法律"主要是近代以后的用法。

(2) 西方传统思想中法与法律的含义

在欧洲的几种主要民族语言中,如拉丁文的 Jus 和 Lex、德文的 Recht 和 Gesetz、法文的 Doit 和 Loi 等,均可译为"法"(Law)和"法律"。前者除有"法"的含义外,还兼有"权利""公平""正义"或"规律""法则"之意,因此它们常被人们理解为"客观法"或"理想法""应然法";后者则主要被理解为人们依主观意志和认识而制定的法律,即"主观法"或"现实法""实然法"。这与西方深厚的自然法观念和思想传统有着密切关联。

自然法是与人定法相对应的概念。在西方法文化传统中,人们凭借自然法概念将法与法律明确区别开来。自然法理论主张以自然和约定的区别为基础,认为自然法代表正义。它是由非人的意志所创立的法,不以任何世俗的立法者的意志为转移,有永恒性、超验性、绝对性的特征。它不仅先于任何社会的人定法或者人们之间的任何约定规则,而且是人定法或者人们之间的约定规则之道德正当性的来源,强调"恶法非法"。古罗马著名的法学家西塞罗认为:"真正的法律是与本性(nature)相合的正确的理性;它是普遍适用的、不变的和永恒的；它以其指令提出义务，并以其禁令来避免做坏事……无论谁不遵从，逃避自身并否认自己的本性，那么仅仅根据这一事实本身，他就将受到最严厉的刑罚，即使他逃脱了一般人所认为的那种惩罚。"

从东西方法的词源不难看出，法不仅仅是维护社会基本秩序的手段，同时有特定的价值意蕴，其中对公平正义的价值追求东西方没有差异。在进行社会主义法治国家的建设中应努力发掘我国传统法律文化的精华，将社会主义法治建设置于我国深厚的传统文化之中，以获得更旺盛的生命力和穿透力。

（3）"法"与"法律"的外延

广义的"法"同人类社会共始终。人类将继续着自己的生命历程，不管国家这种历史现象还将存在多久，人类的存在和发展都需要秩序，需要社会规范和行为规则。狭义的"法"则仅指国家出现以后的一种社会存在。狭义的"法"即法律，与国家有着直接的关联，因而，与国家一样乃是一种历史现象。

广义的"法律"是指法律的整体，在我国主要包括宪法、全国人大及常委会制定的法律、国务院制定的行政法规、地方国家机关制定的地方性法规，民族自治地方的人大制定的自治条例和单行条例等。狭义的"法律"则仅指全国人大及常委会制定的法律。

2. 法律的含义

我们探讨的法律是狭义的法，即由国家创制的法律。这里的特征是指法律区别于其他社会现象而呈现出自身的特点。

法律是由国家创制并由国家强制力保证实施的行为规范。宗教规范、道德规范、风俗习惯、社会礼仪乃至行业规章等都是维护社会秩序的规范。但法律规范与其他社会规范最大的不同在于，它由国家制定或认可并由国家强制力保证实施。一是制定，国家机关在法定职权范围内依照法律程序立、改、废规范性法律文件的活动。二是认可，对某些既存社会规范赋予法律效力。以现行《婚姻法》第二个司法解释为例："第十条 当事人请求返还按照习俗给付的彩礼的，如果查明属于以下情形，人民法院应当予以支持：（一）双方未办理结婚登记手续的；（二）双方办理结婚登记手续但确未共同生活的；（三）婚前给付并导致给付人生活困难的。适用前款第（二）、（三）项的规定，应当以双方离婚为条件。"之所以专门有这一司法解释出台是因为在现实生活中订婚时基于彩礼经常发生纠纷又无相关法律明确规定，实际是对既存社会事实的一种认可和规范。由于有国家强制力保证实施，因此法律具有高度的统一性、普遍适用性和权威性等特征。法律若没有国家强制力为后盾就不可能在现实生活中发挥作用。

法律是统治阶级意志的体现。马克思主义法学理论认为，在阶级社会中，法律是统治阶级意志的体现。由于统治阶级占据更多的社会资源和可资动员的国家机器，其利益和意志能够上升为国家意志，并通过法定程序变为法律。需要强调的是作为统治阶级的意志，不是个人意志也不是个别意志的简单相加，要求统治阶级的成员也遵守法律；上升为国家意志的那部分意志法律虽然体现统治阶级的意志，并不等于法律只适用于被统治阶级，当法律被创制出来后,则普遍适用于该社会或该国的全体公民。

法律是由社会物质生活条件决定的。这主要表现在两方面:一方面,社会物质生活条件的各个侧面,如物质生产方式、地理环境、人口状况等,对法都具有作用,其中物质生活方式还具有决定性作用;另一方面,法的诸多侧面,如法的产生、特征、本质、作用、价值、发展等许多环节,都决定于社会物质生活条件。此外,历史传统、国家形式、道德、宗教、政治观念、风俗习惯以至国际环境也都能对法产生重大影响。简单而言,不同的生产力发展水平条件下,人们对法律的需求是不同的。现阶段全社会都非常重视食品安全问题,因此一部完善的《食品卫生安全法》有极为重要的意义。但在茹毛饮血的时代则不可能制定出《食品卫生安全法》,同理,《道路交通安全法》也不可能在木牛流马的时代产生。

可见,法律是由国家制定或认可并依靠国家强制力保证实施的,反映特定社会物质生活条件所决定的统治阶级意志,是以权利和义务为主要内容,以确认、保护和发展有利于统治阶级的社会关系和社会秩序为目的的行为规范体系。

3. 法律的历史发展

按照历史唯物主义基本原理,作为社会上层建筑的法律发展决定于生产力的发展状况。除原始社会没有国家制定的法律外,法律发展史上也相应经历过奴隶制法、封建制法、资本主义法和社会主义法。法律是社会演进的产物,在遵循社会演进规律的同时形成了自身的演进规律。法律可以简单地分为剥削阶级类型法律和社会主义法律。

(1)剥削阶级类型法律

剥削阶级类型法律包括奴隶制法律、封建制法律和资本主义法律。在奴隶制法律下,在经济政治上处于主导地位的奴隶主阶级将法作为最重要的统治工具之一,广大的奴隶们完全被剥夺人格方面的权利,仅被视为会说话的工具而已。自由民之间也形成了严格的等级划分。同时,奴隶制法律极为严酷。如中国奴隶制社会中,针对罪者而形成了五刑——墨、劓、剕、宫、大辟,这五种处罚方式都是对人体器官或部位的直接残害,刑罚酷烈、滥施肉刑、广为株连,表现出了极端的野蛮和残忍。封建制法律相较于奴隶制法律有了一定程度的进步,开始赋予农民一定的人格权。但是在封建制度下农民对地主有严重的人身依附关系,因此没有完全的人格权的形成。在处罚罪者的手段方面,也有了新的变化。公元前167年,汉文帝下诏废除肉刑,这次刑制改革被誉为中国古代刑制从野蛮时期到文明时期的转折点。后来逐步形成了封建制度下新的五刑——笞、杖、徒、流、死。但就总体而言,古代社会的法律缺乏对人格尊严的尊重和保护,而且所施行的法律手段野蛮、残忍。总的特征没有根本性的改变。

资本主义法律建立在生产力水平高度发达、商品化程度极高的基础之上,法律在形式和内容规范方面都发生了深刻的变化。资本主义发端于欧洲,特别是西欧社会。在近代,特别经过文艺复兴运动、宗教改革运动以及启蒙运动后,欧洲人的观念和意识发生了全新的变化,这种变化在资本主义法律中得到了很好的体现。如在古代社会的人身依附关系状况下,人们享有权利、履行义务主要是依仗特定的身份,而资本主义条件下,个人取代了家族，权利义务的分配不再是按身份而是依靠个人的意愿进行的。在资本主义时期，随着社会的不断发展进步，"'个人'不断地代替了'家族'，成为民事法律所考虑的单位……用以代替的关系就是'契约'"。这就是广为人知的"从身份到契约"的变化。其次，法律规范的内容也发生了变化。学者们考证发现，无论是古巴比伦王国时期的《汉谟拉比法典》，还是罗马时期的《十二铜表法》，古代社会的法律内容主要以义务性规范占据绝对主导。而在资本主义时期，随着资本主义民主政治以及商品经济的发展，以义务为本位的法逐步被以权利为本位的法所取代。在个人与国家关系上，启蒙思想家们进行了一系列的解释和说明。如卢梭的《社会契约论》、孟德斯鸠的《论法的精神》、洛克的《政府论》等著作为国家与个人的关系提供了新的范式，不再强调个人无条件服从国家、个人对国家只是义务而无权利，而是强调个人与国家之间同样是一种契约关系，个人权利让渡给国家是为了更好地实现自身权利，权力不再是权利的来源，相反，国家权力来源于个人权利，个人权利才是国家权力的目的和归宿。需要强调的是，由于资本主义各国的历史传统、社会条件和发展道路的不完全一致，资本主义法律在其发展过程中形成了不同的法系。他们在法律渊源、法律结构、法官权限、诉讼程序等方面都有不一样之处。但也有一致之处，如都注重私有产权的保护，认为法律对私有财产权的有力保障是其他权利得以实现的前提和保证，没有对私有财产的保护就没有资本主义的产生和发展。还注重契约自由，认为与商品经济相一致的是个人契约自由的签署和履行，恣意违约者必定受到法律的严厉制裁。资本主义法律通过制度和程序对形式上的自由和平等给予了严格的规定和保障。不过由于是建立在私有制基础上的自由和平等，还没法真正将这些理念转化为现实。

（2）社会主义法律

在法律发展史上，社会主义法律是新型的非剥削阶级类型法律。社会主义生产关系是以生产资料公有制为基础，以按劳分配为原则，以社会普通劳动者共同占有劳动成果为基本特征，以共同富裕为目标的经济制度。社会主义法律是迄今为止人类历史上唯一以公有制为基础，以消灭剥削阶级、消除两极分化、实现共同富裕为自身使命的法律制度。如前所述，在剥削阶级类型的法律中，资本主义法律在取代人身奴役、专制统治等方面取得了巨大进步。但由于资本主义法律建立的经济基础以生产资料的资本主义私人占有为基本特征，特别在资本主义环境下，一切都以商品和金钱衡量个人的社会地位，因而这种自由和平等仅仅是"以物的依赖性为基础的人的独立性"。而社会主义法律下的平等与自由则摒弃了物的依赖性，强调人的全面而自由的发展，这个社会必将是"每个人的自由发展是一切人的自由发展的条件"。将自由与平等同整个社会制度的经济基础紧密相连，为实现更普遍意义的平等自由开辟了广阔的空间。我国的社会主义法律是在社会主义制度确立后在社会主义建设中不断发展而来的，工人阶级领导下的全体人民都是国家的主人。在人民内部，全体人民的根本利益是一致的。社会主义法律是工人阶级意志的体现，也是广大人民意志的体现。它所承担的历史使命及自己的历史目标是对既往一切法律制度的全面超越。

参考文献

[1] 马克思，恩格斯．马克思恩格斯全集（第40卷）[M]．北京：人民出版社，1982．

[2] 马克思，恩格斯．马克思恩格斯全集（第19卷）[M]．北京：人民出版社，1963．

[3] 马克思，恩格斯．马克思恩格斯选集（第1卷）[M]．北京：人民出版社，1956．

[4] 杨业华．当代中国大学生核心价值观研究[M]．北京：人民出版社，2011．

[5] 戴木才．中国特色核心价值观的传统、现实与前景[M]．南宁：广西人民出版社，2011．

[6] 陈志军．社会主义核心价值体系融入大学生思想政治教育全过程研究[M]．北京：光明日报出版社，2009．

[7] 中国社会科学院语言研究所．现代汉语词典[M]．北京：商务印书馆，1978．

[8] 杨宜音．社会心理领域的价值观研究述要[J]．中国社会科学，1998（2）．

[9] 李月娥，安建，孔繁繁，等．试谈大学生社会主义核心价值体系教育的系统化与生活化[J]．中国成人教育，2010（1）．

[10] 张凤莲．社会主义核心价值观刍议[J]．齐鲁学刊，2012（5）．

[11] 左亚文．社会主义核心价值观的凝练和深化[J]．江西社会科学，2013（1）．

[12] 方爱东．社会主义核心价值观的发展历程及其当代建构[D]．合肥：安徽大学，2010．

[13] 张燕妮．大学生社会主义核心价值体系教育研究[D]．太原：山西大学，2012．

[14] 朱颖原．社会主义核心价值观多维研究[D]．太原：山西大学．2013．

[15] 赵有田，李丹．在大学生中加强社会主义核心价值体系教育[N]．光明日报，2010-01-17（007）．